云南大学"西部发展与社会转型"创新团队建设成果；

云南大学中西部高校提升综合实力工程"创新团队建设项目（社科）"资助

国家社会科学基金青年项目"城市化进程中的'适度人口'动态测度及路径实现研究"（12CRK021）、

云南省应用基础研究计划面上项目"考虑空间外溢效应的城市适度人口动态区间及实现策略研究——以滇中城市群为例"（2014FB115）

Study on the Optimal

Situation of China's Urban Population
—Based on Cost-Benefit Analysis in an Urban Perspective

发展研究丛书

中国城市适度人口
决定与测度研究

——基于城市化发展收益成本效应视角

王 婷 著

中国财经出版传媒集团

经济科学出版社
Economic Science Press

图书在版编目（CIP）数据

中国城市适度人口决定与测度研究：基于城市化
发展收益成本效应视角/王婷著. —北京：经济科学
出版社，2016.6
ISBN 978 – 7 – 5141 – 7026 – 9

Ⅰ.①中… Ⅱ.①王… Ⅲ.①城市人口 – 研究 – 中国
Ⅳ.①C924.24

中国版本图书馆 CIP 数据核字（2016）第 141916 号

责任编辑：李　雪
责任校对：杨晓莹　靳玉环
责任印制：邱　天

中国城市适度人口决定与测度研究

——基于城市化发展收益成本效应视角

王　婷　著

经济科学出版社出版、发行　新华书店经销

社址：北京市海淀区阜成路甲 28 号　邮编：100142

总编部电话：010 – 88191217　发行部电话：010 – 88191522

网址：www.esp.com.cn

电子邮件：esp@esp.com.cn

天猫网店：经济科学出版社旗舰店

网址：http://jjkxcbs.tmall.com

北京季蜂印刷有限公司印装

710×1000　16 开　15.25 印张　240000 字

2016 年 6 月第 1 版　2016 年 6 月第 1 次印刷

ISBN 978 – 7 – 5141 – 7026 – 9　定价：52.00 元

（图书出现印装问题，本社负责调换。电话：010 – 88191502）

（版权所有　侵权必究　举报电话：010 – 88191586

电子邮箱：dbts@esp.com.cn）

总序

历史表明，经济发展是一个多维度、非线性，具有路径依赖和动态特征的过程。经济的发展既取决于经济体的初始条件、经济基础、社会文化与政治历史，也取决于对国际经济环境变化产生的机会窗口的把握和利用。基于上述条件对包括资源禀赋、组织形式和制度安排等增长要素的选择、依赖和替代，也在很大程度上决定着一个国家经济发展的水平和可持续性。中国经济创造了三十多年持续增长的记录，它的跌宕起伏同样也印证了长期发展过程的上述特征。要深刻理解这一过程，必须花一些精力深入研究那些重要的"发展的细节"。今天，中国经济已经从持续的高增长向新常态过渡，由周期性的需求拉动为主向结构性调整为主转换，多视角展开研究，把握典型事例和重要特征，对研究中国经济增长转型将十分有益。这就是出版本丛书的一个基本目的。

在全球价值链分工的位置与变动，是中国经济融入全球化必须考察的问题。经济全球化加速了要素资源在各国之间的流动，以全球价值链分工为基础的国际生产网络成为20世纪80年代以来国际经济的基本组织范式，各国的生产者不得不在全球价值链下考虑要素在全球的资源配置，以最大限度地降低生产成本和交易成本。吴明博士在对全球价值链及其相关研究的基础上，提出全球价值链空间分布的概念，从地理和价值两个维度研究全球价值链空间分布形成机制，并利用国际投入产出模型构建全球价值链空间分布测度指标体系，测度中国参与国际分工位置的变化及趋势，分析中国在全球价值链分工中位置变动的原因，并就进一步提升中国在国际分工中的位置提出了思路。

  资源对长期增长的约束，是发展研究中的一古老且重大的命题。早在古典经济学时代，马尔萨斯和李嘉图分别从不同的角度阐述了自然资源对经济增长的约束机制，赵鑫铖博士则从现代经济学的框架出发，研究了自然资源对中国经济增长的贡献及制约，以及如何突破资源制约瓶颈问题。他的研究拓展了一般增长模型，引入了自然资源变量，使度量自然资源对经济增长的贡献变为可能；研究设定了一个参照经济——自然资源与劳动力以相同的速度增长，并定义增长阻力概念，讨论了自然资源对中国经济的增长阻力及我国各省区经济的增长阻力。赵鑫铖研究发现，中国各省份在地域、文化、收入、教育等方面存在一定程度的差异，各个省面临的资源约束也是不同的，他以能源作为自然资源的代表，着重分析能源对各省份及全国的经济增长阻力。

  人口的均衡发展是宏观人口的发展目标和人口实践的新领域。基于均衡人口发展的分析框架，罗平博士构建了一个将人口与其生活其中的环境、所拥有的资源、所处的社会制度以及经济发展水平作为一个整体的分析系统，分为内部均衡与外部均衡两大部分。在此基础上利用指标体系、评价模型等对我国欠发达地区和发达地区的均衡人口发展程度进行比较研究。研究认为，我国总体上的人口均衡发展的程度都不高，都处于"不协调—基本协调—协调"的改进过程中。并认为人口均衡发展是一个动态均衡的螺旋式上升的过程，而经济发展水平并非是人口均衡发展的决定性因素，不同社会经济发展阶段都可以寻求人口的均衡发展。因此我国经济发展水平的不同地区，人口发展的进程、水平与阶段以及与经济社会、资源环境协调性，都具有自身的特性。

  在中国城市化浪潮中，需要人们冷静地思考城市化的相关约束条件。王婷博士的研究在厘清城市人口与资源环境内在关系的基础上，从动态视角测度城市适度人口的规模区间，挖掘制约城市适度人口的短板因素，并从实际人口出发探索达到城市适度人口上限的路径，从理论角度拓展了适度人口的内涵。伴随着我国城市人口数量激增，环境污染、资源枯竭等"城市病"也日益凸显，王婷的研究从动态视角测度我国城市"适度人口"，不仅有利于合理推进我国城市化发展，更重要的是对在我国城市化发展中寻找城市人口与资源环境的平衡关系进行理论探讨，这对我国实现城市可持续发展具有学术价值和现实意义。

我国城乡劳动力市场是否融合，决定着城市劳动力市场性质和农村劳动力转移人口在城市的非农就业可持续性。陈瑛博士通过考察我国城乡劳动力流动与工资决定机制的演变历程，指出我国城市中的就业不充分现象正逐步转变为自然失业和周期失业，农村劳动力非农就业"推—拉机制"中的动力与阻力因素发生较大转变，而城市劳动力市场的分割因素作用凸显。陈瑛的研究表明，农村影子工资水平的上升减弱了城乡收入差距在农村劳动力非农就业中的引力作用，人口素质上升成为农村劳动力非农就业的重要推力，但乡土社会的强关系不利于农村劳动力在城市中的融入，而新生代农民工因制度约束难以实现职业间的自由流动。因此，进一步推动农村劳动力非农就业需要超越劳动力市场本身的制度约束：需要如教育体制、土地流转制度以及户籍制度等方面的配套政策，改善城市劳动力市场就业分割导致的农村劳动力城市融入困难问题。显然，其观点具有相当的说服力。

虽然中国的工业化进程取得了举世瞩目的成就，但是其面临的深层次矛盾也在不断积累，突出表现在缺乏核心竞争力、低要素成本的生产环境不可持续以及资源环境，导致传统的工业化模式不可持续，必须通过转型来支撑未来的发展。基于这一背景，袁帆博士在国内外相关研究的基础上，以"国家产业集群"为切入点，研究工业化转型问题。他认为，国家产业集群演进是实现工业化转型的重要手段。其主要途径是通过新兴产业集群的培育、传统产业集群的产业链升级、出口产业集群的全球价值链升级来实现。在宏观层面上要重点推进重工业产业集群等核心集群的升级，对于特定的产业集群，推动其核心成员的升级是推动集群演进的重点。创新能力的培养是其中的关键。为了促进国家产业集群的演进，政府需要实施以集群为作用对象的产业政策，政策的重点在于引导、规制和国家创新系统的建设。

中国经济低碳化如何推进？这在很大程度上取决于工业部门的低碳化程度。何旭波博士尝试将能源利用效率和能源 R&D 投入统一到规范的经济学分析框架下进行研究。他将视角锁定在中国工业部门异质 R&D 投入对内生能源节约型技术进步的影响机制上，区分了能源 R&D 投入和非能源 R&D 投入，构建了基于异质 R&D 投入的工业部门内生能源节约型技术进步分析框架和数理模型，并试图回答下述问题：异质 R&D 投入如何内生能源节约型技术进步？中国工业分行业的能源节约型技术进步率如何估算？中国工业分行业的异质 R&D 投入对其能源节约型技术进步率有何影响？研究主张促进用能源节约型技术进步作为能源利用效率的度量指标，进而改善我国既有指标如能源效率、能源生产率等的不足，更完整地度量中国经济中的能源利用效率。

　　金融发展与经济增长之间关系的研究是一个古老但持久不衰的经济学课题，尤其是后金融危机时代，深度反思金融发展与经济增长关系并为一国的金融发展与改革提供新的理论指导和实践准则，已成为发展金融研究的一个新的热点。针对当前研究中关于金融发展和经济增长之间关系的线性范式与非线性范式所存在的分歧，杨洋博士从金融体系信用活动角度重新审视了金融发展和经济增长之间的内在关系，通过对货币与信用理论、金融发展理论、金融危机理论、经济发展理论等相关经济学理论的回顾与评析，探讨了金融体系信用膨胀的内涵特征及其对经济增长的正负效应与作用机制，提出了金融发展中的信用最优边界理论假说，对我国是否在金融发展进程中实现信用最优边界问题进行实证检验，并以此提出了推进我国金融体制改革的方向、重点和相关政策建议。

　　以上对本丛书的内容作了概括性介绍。多年前，云南大学发展研究院曾经出版过一套西部发展丛书，丛书作者从多方面探讨我国西部经济发展问题，诸如西部经济周期特点、东西部人口结构特征比较、能力结构与西部经济发展、生态修复与人口资源环境的再平衡等内容。该丛书出版有力地推动了我们对西部地区经济发展的研究，产生了较好的学术和社会影响。随着我国经济增长阶段的推进，未来发展环境存在更大的不确定性，面临的发展的挑战也日益增强，我院的一批中青年学者也与日俱进，不断拓展研究的视野，深入研究关系到我国经济发展一些重要问题。毋庸置疑，以上研究无论在广度和深度都无法涵盖发展研究这一主题，但是，作为中青年学者的学术研究努力，需要得到充分的肯定和赞许。

　　是为序。

杨先明
于云南大学东陆校区

前言

当前，人类社会正经历着历史上最快的城市化，中国作为世界上发展迅速的经济体，城市化率也从 1978 年的 17.92% 迅速上升到 2011 年的51.27%，据联合国预测，到 2050 年中国城市化率将达到 70%。合理的城市化能够创造就业、优化产业结构、提高生产效率等，但城市人口数量的激增和质量的不佳，会导致交通拥堵、环境污染、资源短缺等严重的"城市病"问题，对城市可持续发展产生不利影响。2011 年，我国"十二五"规划也明确提出，在坚持以人为本、节地节能、生态保护等原则基础上，要加强城市化管理，增强城市综合承载力能力，预防和治理"城市病"。当前，在我国高速城市化发展中，实现城市人口适度已经是一个不可回避的现实问题。

在中央高度重视可持续发展战略、积极推进城市化发展的现实背景下，针对我国城市人口激增所带来的社会发展缓慢、自然资源紧缺、生态环境恶化等客观问题，以提升资源环境承载力为依据研究我国城市适度人口的动态测度与路径实现，为拓展适度人口的理论内涵，协调城市人口与资源环境的关系，推进我国可持续城市化发展提供理论指导、实证支撑和政策参考。从理论来看，以提升资源环境承载力为主线，构建城市适度人口的动态测度体系，并从实际人口出发探索其实现路径，具有重要的学术价值。尽管相关研究早已开始关注城市适度人口问题，但大多都是在既定资源环境承载力条件下进行数量测度，忽视了资源环境承载力的提升空间，同时也缺乏对如何实现适度人口进行深入分析。本书结合人口学、经济学和生态学等多学科理论，在厘清城市人口与资源环境内在关系的基础上，从动态视角测度城市适度人口的规模区间，挖掘制约城市适度人口的短板因素，并从实际人口出发探索达到城市适度人口上限的路径，从理论角度拓展了适度人口的内涵。从实践上看，在我国当前正处于高速城市化发展中，研究城市适度人口问题，对实现我国城市人口与资源环境协调发展具有重要的应用价值。伴随着我国城市人口数量激增，所导致的环境污染、资源枯竭等"城市病"也日益凸显，较大程度上阻碍着我国城市化发展的推进。当前，中央政府也高度重视我国城市化的推进，并提出要适度控制特大城市的人口规模，提升城市的综合承载能力，并对"城市病"进行严格的预防和治理。本书从动态视角测度我国城市"适度人口"并提出实现路径，不仅有利于合理推进我国城市化发展，更重要的是能够在我国城市化发展中协调城市人口与资源环境的关系，实现我国城市可持续发展。

为此，本书以我国城市化面临的"城市病"为研究背景，以城市化发展中的城市人口、经济发展与资源环境内在关系为逻辑起点，紧紧围绕提升经济、资源与环境承载力这一主线，构建我国城市适度人口决定机制，并在城市分类的基础上进行实证测度与分析，最后探索各类城市实现适度人口的路径体系。

主要研究内容及形成观点包括：一是在城市适度人口理念塑造方面，必须以可持续发展、人口城市化和适度人口等理论为基础，同时厘清人口与社会经济、人口与资源环境两个关系。二是在我国城市化发展问题揭示方面，本书构建代表城市化水平和城市化质量指标体系，采用功效系数法和因子分析法得出各个地区的城市化发展水平和城市化质量现状，进一步运用数据包络分析法测算出各个地区的城市化效率，揭示出我国城市化发展中，尤其是 1996 年以后的城市化发展存在的人口与经济发展以及人口与资源环境发展的严重不协调。三是在决定城市适度人口上，首先采用行为博弈模型和面板数据模型分别验证城市人口的收益效应和成本效应，并根据城市人口边际收益效应等于边际成本效应的原则确定城市适度人口。根据这一思想理念，本书采用因素法分别构建了城市适度人口的静态基准规模和动态上限规模理论模型。四是在城市适度人口实证测度方面，本书选择了全国 287 个地级及以上城市作为样本并进行分类测度，根据承载能力不同找出城市适度人口的短板因素。发现大部分城市的实际人口已经超过适度人口静态基准规模，但低于适度人口动态上限规模，并不同程度地呈现出社会、经济、资源和环境的短板因素。五是在城市适度人口实现对策上，本书提出实现城市适度人口，关键是要从城市实际人口出发，提升适度人口标准，主要包括转变社会经济发展方式和改变资源环境利用模式，而关键都是要根据所存在的短板因素进行相应的短板弥补。

目录

第1章 总 论

作为历史发展的阶段性产物，城市化发展在世界各国或已经完成或正在经历。而中国的城市化发展始于新中国成立，历经 60 多年的发展和努力，如今我国的城市化发展已进入了高速时期。然而，城市化推动经济发展的同时也夹杂着诸多问题，资源短缺、环境恶化、城市拥挤等都体现了目前的城市化发展是不协调的，是不可持续的，而人口的不适度是导致这些问题的症结所在，同时也是阻碍城市化发展的核心所在。因此，如何解决适度人口问题，进而合理推进城市化发展，最终实现城市的可持续发展就成为本书研究的重中之重。

1.1 研究背景

在我国快速城市化与"城市病"并存的今天，要想合理推进城市化、最终实现城市的可持续发展目标，必须首先弄清城市化发展所隐藏的问题，然后根据问题提出有别于前人的研究方案，并以此体现本书的研究意义及价值。

1.1.1 研究问题的提出

当前，人类社会正经历着历史上最快的城市化发展，中国作为世界上发展迅速的第二大经济体，城市化率也从 1978 年的 17.92% 迅速上升到 2010 年的 49.95%，据联合国预测，到 2050 年我国城市化率将达到 70%。适度的城市化水平既能够促进社会经济的快速发展，又能够保证资源环境的合理利用，否则将导致社会经济和生态环境的不可持续。具体来看：如果城市化水平过低，将不利于生产要素的合理集聚，从而会抑制产业结构的优化，尤其将制约着第二、第三产业的快速发展，经济发展和居民收入均难以得到有效提升；盲目地推进城市化又会造成城市人口数量激增和质量不佳，这样不仅会影响城市居民的生活水平和社会福利，而且还会导致环境污染、资源短缺等问题，对城市可持续发展产生不利影响。因此，在城市化发展中实现适度的城市人口，对于合理推进城市化发展和实现人口、资源与环境的协调发展具有重要的战略意义。从1998年我国明确提出"城镇化"战略到当前所展开的城市化实践来看，城市化发展无疑对我国经济增长起到了较大推动作用，然而，随着城市化发展的推进，城市人口增长与社会经济和资源环境之间的关系却愈发难以调和。

1.1.1.1 从城市化自身发展的角度看，我国城市化存在着较强的非理性色彩，从而导致城市化发展呈现出无序性，无论是总量增长还是区域结构均失去其内在规律

卡尔·亨利希·马克思和恩格斯（Karl Heinrich Marx & Friedrich Von Engels，1846）指出"一切发达的、以商品交换为媒介的分工的基础，都是城乡的分离。可以说，社会的全部经济史，都概括为这种对立的运动"。朱铁臻（2001）认为，人口的迁移与集中仅仅是城市化的表象，生产发展方式的转变才是城市化的最终结果。刘耀彬等（2011）指出，在城市化发展中还要注意提高资源环境的利用效率，将生产方式转化为主要依靠技术进步，这样才可能实现城市可持续发展。根据这些研究可知，推进城市化的内生动力主要表现为产业结构调整和经济快速增长，但这个过程需要市场发挥内生性作用，政府主要为城市化发展创造条件（曹强，2009）。换句话理解，城市化虽然能够通过聚集产业、降低成本等来带动经济增长，但城市化是市场化和工业化的自然发展过程，并不是一个独立的经济增长阶段，在城市化发展中要充分注重城市人口增长、社会经济发展与资源环境利用间的关系。然而，在我国快速的城市化发展中，某种程度上并不是由经济发展内生需求所引致的，而是在相关政策目标的导向下通过行政等手段来实现，比如有的地区为了追求城市化对经济增长的短期效应，甚至是为了完成上级政府提出的城市化发展目标任务，在各种不同的规划文件中频频出现"在未来五年要将城市化率提升到70%左右"等类似的提法。毫无疑间，这样的城市化并没有遵循城市化发展的客观规律，而是由一种非理性动机所致，从而使得我国的城市化表现出非有序性特征。

（1）总体上增长过快：不可否认，我国的城市化水平在世界各国中还处于落后位置，以 2010 年为例，我国城市人口比重为 44.9%[①]，比世界平均水平低出 6 个百分点，并远远低于美国、日本、德国、法国、意大利等发达国家，甚至低于印度尼西亚、马来西亚、墨西哥、巴西等发展中国家。但是，2000～2010 年，我国城市化水平在仅有的 10 年间就提升了 9.10 个百分点，仅次于印度尼西亚、马来西亚等国。换个角度讲，城市化率从 35.8% 提升到 44.9% 的进程，英国经历时间约为 40 年，美国经历时间约为 45 年，日本经历时间约为 20 年[②]，均远远超过中国所经历的时间。另外，根据世界各国城市化发展规律来看，城市化率从 20%～40% 的阶段较快，但从 40%～60% 却要经历一段较长的时间过程。以西方发达国家的历史经验为例，城市化率从 40% 提升到 70% 的过程，少则经历了 73 年，多则经历了 125 年[③]。虽然我国城市化才刚进入以 40% 为起点的第二个阶段，但部分地区已经处于第二个阶段并实现了高速增长，比如，江苏省 2000 年城市人口比重为 41.5%，2010 年城市人口比重已经达到 60.6%，年增长 1.91 个百分点，按此计算，到 2015 年江苏城市人口比重就将达到 70%，该阶段将仅用 15 年的时间；另外，浙江 2011 年城市化率达 62.3%，比 1999 年的 39.5% 提高 22.8 个百分点，年均提升 1.9 个百分点，换句话说，仅用 12 年的时间就实现了城市化率从 40%～60% 的阶段。

（2）结构上呈现失衡：仍然以 2010 年为例，全国城市人口比重为 44.9%，但从区域布局来看呈现出极端不平衡，东部、中部和西部地区城市人口平均占比分别为 61.88%、45.87% 和 39.55%，城市化率较高的地区为上海、北京、天津、广东、辽宁，其城镇人口占比已分别高达 88.60%、85.00%、78.00%、63.40%、60.35%；城市化率较低的地区为西藏、贵州、甘肃、云南和河南，其城镇人口占比仅分别为 23.80%、

---

① 数据来源：《国际统计年鉴》（2012）。

② 该数据根据网页 http://wenku.baidu.com/view/701a3df54693daef5ef73db2.html 显示的"图 2.21 几个国家城市化发展"进行推断。

③ 数据来源：王仲君. 城市化的非理性行为分析［J］. 苏州科技学院学报，2007（2）。

29.89%、32.65%、34.00%和37.77%，两类地区的城市化率极值比达2.39。在这种城市化非均衡发展战略格局下，演化出两类不同区域的困境：一是城市化发展与经济发展的关系困境，2010年，全国31个省（市、自治区）城镇人口比重与人均地区生产总值的相关系数高达0.9342，呈现出高度正相关性，换句话说，城市化率高的地方实现了经济的快速发展，但是针对城市化率低的地区其经济发展却较为缓慢，尤其是中西部地区，与较低的城市化水平相伴随的经济发展落后，中部和西部人均地区生产总值分别仅为25521.25元和23482.42元，相当于东部地区的一半；二是城市化发展与资源环境的关系困境，2010年，全国31个省（市、自治区）城镇人口比重与非建设用地占比和人均水资源存量的相关系数分别为 -0.7880 和 -0.3495，呈现出高度的负相关性，换句话说，城市化率低的地方实现了资源环境的保护，但针对城市化率高的地方却导致了资源环境的较大耗竭，尤其是东部地区，与较高城市化水平相伴随的是资源环境存量较低，东部地区非建设用地占比仅为85.65%，比中西部地区低出 7.94 个和 12.61 个百分点，东部地区人均水资源总量仅为 1576.69 立方米，仅占西部地区人均水资源总量的1/10。综上所述，在城市化呈现区域失衡的格局下，城市化水平较高的地区面临资源环境问题，城市化水平较低的地区面临经济发展问题。

1.1.1.2 从城市化外部影响的角度看，由于经济发展方式和资源环境利用方式并没有跟上城市化步伐，使得我国资源利用效率较低，环境污染较为严重

城市化对吸收农村剩余劳动力、促进工业产业集聚和加快区域经济发展起着关键性的作用，城市化是我国当前和未来经济发展的必然趋势，我们不仅不能控制城市化，还需要积极地加快城市化发展。但是，我们也不能忽视盲目和无序的城市化对资源环境产生的巨大破坏，一味追求经济增长而忽略了资源环境合理开发的城市化已经给整个城市发展带来了较大的危害，城市生态承载能力逐渐减弱。张文忠（1999）指出，我国城市化发展中已经出现城市建设过度占用土地和耕地以及城市土地利用结构和利用效率低下的问题。陈波翀等（2005）从供给和需求的角度分析得出自然资源将是我国快速城市化发展的硬约束。蒋南平等（2012）围绕土地资源和城市化发展的关系，认为我国城市化发展中期存在着急剧增长的城市土地需求，从而引致以占用耕地为主的城市土地供给增加，进而带来与农业用地及耕地保护间的矛盾。蒋洪强等（2012）指出，我国城市化发展与环境污染之间存在十分突出的矛盾，尤其是在 1996～2009 年，城市化每增长 1 个百分点带来的城镇生活污水排放量、COD 产生量、NH3－N 产生量、NOx 排放量、CO_2 排放量和城镇生活垃圾产生量呈上升趋势。总而言之，城市化对资源环境的影响具体表现为：一是伴随着人口从农村向城市迁移，以经济增长为导向的开发模式导致土地、水体等居民赖以生存的城市资源不断变得稀缺；二是与城市化相伴随的城市人口增加、工业规模增大等现象，必然导致城市环境面临严重的大气污染、水体污染和固体废弃物污染等。

（1）过度的资源开发：以土地资源利用为例，城市化发展使得大量的农田转化为非农业土地，加上粗放型的经济发展模式，在导致农民赖以生存的农田大面积减少的同时，城市土地开发效率也呈现较低水平。1985～2010 年，我国城市建成区面积从 9386 平方公里增加到 41458.01 平方公里，平均每年增加 2138.13 平方公里，而建成区面积的扩张主要以牺牲耕地面积为代价，耕地面积的减少与我国城市化发展基本保持一致，与此同时，城市人口密度还相应从 262 人/平方公里提升到 2209 人/平方公里。进一步，为了衡量城市发展占地的合理性，本书采用"城市扩展合理性系数"① 来分析，2000～2010 年，我国城市建成区面积从 22439.28 平方公里增长到41458.01 平方公里，年均增长率为 6.33%；相应地我国城镇人口从 25094 万人增长到 66978 万人，年均增长率为 4.01%。10 年间我国城市扩展合理性系数为 2.05，远高于 1.12 的标准水平，说明我国城市化用地扩展较快。从各区域城市化用地扩展系数分布来看，东部为 2.71，中部为 1.37，西部为 1.66，东部地区城市化发展中的土地利用尤为不合理。

（2）严重的环境污染：从大气污染情况来看，我国城市空气状况相对前几年有所好转，但整体上的污染水平仍较为严重，被监测的 325 个地级

---

① "城市扩展合理性系数"指标参见《我国城市化发展中应注意土地资源减少的几个问题》（张文忠，1999.01），具体表示为城市化用地增长率与城市人口增长率的比值，根据城市规划院研究结果，我国的城市用地扩展率应该在 1.12 左右。

及地级以上城市中，2011 年大气环境质量符合国家一级标准的城市仅占 3.1%，还有 11% 的城市未达到城市空气质量标准，属于重度污染。从酸雨污染情况来看，在监测的 468 个市（县）城市中，2011 年 48.5% 的市（县）城市存在酸雨，主要分布在浙江、江西、福建、湖南、重庆等大部分地区，以及长三角、珠三角、湖北西部、四川东南部、广西北部地区。从水体污染情况来看，2011 年全国水体污染仍然严重，湖泊富营养化突出，在监测的长江、黄河和珠江等 469 个国控断面中，39% 低于Ⅳ类水质，主要污染为化学需氧量、生化需氧量和总磷；在监测的 26 个国控重点湖泊中，77.7% 低于Ⅳ类水质，尤其是城市内湖中均不存在Ⅰ、Ⅱ类水质，其中北京的昆明湖水质还从原来的Ⅲ类下降为Ⅳ类；在全国 200 个城市展开的 4727 个地下水监测点中，较差和极差水质的监测点占 55%，其中有 15.2% 的监测点水质变差。从固体污染情况看，2011 年全国工业固体废弃物产量为 325140.6 万吨，相比于 2001 年的 88840 万吨增加了 3.65 倍，以平均每年 23630 万吨的速度增长，而综合利用率仅从 52.1% 提升到 60.5%[①]。除此之外，伴随着城市化的发展，城市还面临着交通拥堵、噪声污染、辐射污染等其他"城市病"问题。

1.1.2 研究意义及价值

综上所述，伴随着我国城市化发展的不断推进，在经济发展、自然资源和生态环境制约下，保证城市人口在"数量"和"质量"上的适度，实现城市人口、经济发展与资源环境的协调，已经成为我国城市化政策不可回避的一个现实问题。2011 年，我国"十二五"规划明确提出，要在坚持以人为本、节地节能和生态保护等原则基础上，加强城市化管理，增强城市综合承载能力，预防和治理"城市病"。因此，在中央高度重视可持续发展战略、积极推进城市化发展的现实背景下，针对我国城市人口激增所带来的生活质量下降、自然资源紧缺、生态环境恶化等客观问题，以提升经济、资源和环境承载力为依据研究我国城市适度人口问题，旨在为拓展适度人口的理论内涵，协调城市人口、经济发展与资源环境的关系，推进我

---

① 数据来源：《2011 年中国环境状况公报》和《中国统计年鉴》。

国可持续城市化发展提供理论指导、实证支撑和政策参考。

（1）从理论上看，以提升经济、资源与环境承载力为主线，构建城市适度人口的测度体系，并从实际人口出发探索其实现路径，具有重要的学术价值。尽管相关研究早已开始关注城市适度人口问题，但大多都是在既定经济发展模式和资源环境承载力条件下进行的数量测度，忽视了经济发展的转变和资源环境承载力的提升空间，同时也缺乏对如何实现适度人口进行深入分析。本书将结合人口学、经济学和生态学等多学科理论，在厘清城市人口、经济发展与资源环境间内在关系的基础上，从动态视角测度城市适度人口的规模区间，并从实际人口出发探索达到城市适度人口上限规模的有效路径，这有利于从理论角度拓展适度人口的内涵。

（2）从实践上看，我国当前正处于高速城市化发展中，研究城市适度人口问题，对于实现我国城市人口、经济发展与资源环境间的协调具有重要的应用价值。伴随着我国城市人口数量激增所导致的生活质量下降，以及环境污染、资源枯竭等"城市病"的日益凸显，较大程度地阻碍了我国城市化的推进。当前，中央政府也高度重视城市化问题，提出要适度控制特大城市的人口规模，提升城市的综合承载能力，并对"城市病"要进行严格的预防和治理。本书从动态视角测度我国不同类型城市的适度人口并提出相应实现路径，不仅有利于合理推进我国城市化，更重要的是能够在我国城市化发展中协调城市人口、经济发展与资源环境的关系，通过提升经济、资源与环境承载力来实现我国城市可持续发展。

1.2　国内外研究进展及评述

本书是关于中国城市适度人口问题的理论与实证研究，为了全面认识城市适度人口的内涵，在研究的过程中对国内外相关文献进行简要回顾，与本书相关的研究主要围绕适度人口理念和测度两个问题展开。

1.2.1　适度人口理念研究回顾

当前，专门针对城市适度人口的研究并不多，从仅有的国内几篇文献来看，几乎都是基于传统静态适度人口理论进行的相关阐述，并没有将城市化发展要求与适度人口内在理念相结合。形成的结论便是，各地区实际城市人口数量已经超过城市适度人口，从而需要放缓城市化速度，控制城市人口数量。显然，在我国正处于城市化发展的起飞阶段，这种观点陷入理论误区。实际上，在各地快速推进城市化的进程中，总会面临城市人口数量增长与城市资源环境承载力间的矛盾，如果一味强调从城市人口数量去寻找出路，那么城市化发展将无法推进。因此，在城市化发展中，需要通过提升城市资源环境承载力，即降低城市人口的"边际社会成本"或提高城市人口的"边际社会收益"，以此提升城市"适度人口"空间，这样的城市"适度人口"理念才能适应城市化发展的需求。

（1）国外关于适度人口理念的认识。早在19世纪末期，爱德温·坎南（Edwin Cannan，1888）围绕产业发展的最大收益提出要适度增加或者适度减少人口，基于人口与经济的关系开创了适度人口研究的先河。20世纪初，西方发达国家人口增长缓慢、工农业扩张对劳动力需求增大，与资本主义经济发展相适应的人口数量成为当时人口学研究的热点，适度人口概念也得到了系统的阐述。克努特·维克塞尔（Johan G. Knut Wicksell，1910）将适度人口定义为，在一定时期内一个国家工农业生产潜力允许达到最大生产率所能容纳的人口数量。阿尔弗雷德·索维（Alfred Sauvy，1952）提出现代适度人口观点，认为适度人口是一个以最令人满意的方式达到某项特定目标的人口，从而根据目标的差异将适度人口划分为经济适度人口和实力适度人口，经济适度人口是实现福利最大化的人口，实力适度人口是国家能得到最大收益的人口。基哈德斯密特 – 林克（J. Schmitt – Rink，1960）将适度人口的判断标准确定为总人口抚养率最小、经济负担率最小、净人均消费最大。科兰·俄林（Coran Ohin，1968）等对适度人口理论做出进一步拓展，不仅扩大了研究领域，而且还指出适度人口要以经济福利为目标，并提出适度人口增长率概念。伴随着世界人口递增，工业生产规模扩大，资源耗竭、环境恶化等问题日益严重，保罗·艾瑞希（Paul R. Ehrlich，1971）等人口生态学家开始将资源环境因素纳入适度人口研究，逐渐形成了生态适度人口理论。约瑟夫·L·费雪（Joseph L. Fisher，1971）主要检验美国的人口增长和区域人口分布对资源利用的有效性和环境质量的影响，并提出如何优化人口结构和资源环境的利用方式。戴维·皮门特尔和丽贝卡·哈曼（David Pimentel & Rebecca Harman，1994）通过分析维持人类生存的自然资源和人类生产及生活的相互依赖和影响，提出从提升资源利用率作为确定适度人口的依据。

国外关于适度人口的研究，不仅是实现了早期经济适度人口，到现代经济适度人口，再到生态适度人口的发展过程，而且始终将"潜在收益"与"潜在福利"贯穿于适度人口理念的始终，并从质量上强调适度人口，而不单是数量上的适度，而这种理念从国内相关研究来看，还处于逐步体现的进程当中。

（2）国内关于适度人口理念的认识。国内关于适度人口的研究始于 20世纪 50 年代初，孙本书（1957）根据粮食生产水平和劳动就业人数讨论了中国的适度人口问题，并提出中国当时人口数量限制在 8 亿比较合适。田雪原、陈玉光（1981）从经济发展的角度研究中国的适度人口问题。宋健等（1985）以实物生产和淡水资源为基础来探讨中国的适度人口。毛志锋（1995）将适度人口划分为经济适度人口、生态适度人口和社会适度人口。原新（1999）结合西方适度人口理论，提出适度人口是人口与社会经济系统和资源环境系统相互作用的最佳状态。朱栋梁（2000）通过人口环境的特征，描述出人口对环境的压力和环境对人口的威胁，为确立适度人口奠定基础。田雪原（2001）提出全方位适度人口的定义，即相对于一定历史条件下的资源、环境、经济和社会来说，人口数量是适度的、质量是稳步提高的、结构是比较合理的，即能够促进人口与其他因素协调发展的人口。另外，田雪原（2001）在另一篇文章中高度概括了人口增长、资源环境和经济发展间的关系，即资源是可持续发展的起点和条件，人口是可持续发展的关键，经济发展是可持续发展的终点和目标，经济和社会则是可持续发展的路径。陈如勇（2000）在回顾适度人口理论演变的基础上，分析了中国适度人口研究忽视了人口质量、人口结构等问题。杨垣国（2001）提出适度人口就是在一定时期内社会物质生产部门和非物质生产部门所需要的适度劳动力人口，以及由此产生的社会必要被赡养人口之和。原华荣（2002）指出，经济适度人口的宗旨是追求利益最大化，而生态适度人口是追求人口与生态环境的均衡。吴瑞君等（2003）指出适度人口是一个国家或地区在一定时期内所能供养的最优人口数，一是取决于人口的最大承载能力，即人口容量并构成适度人口的上限，二是一定时期与经济发展水平相适应的生活方式、生活质量、环境质量等标准。俞宪忠（2005）根据适度人口理论，提出了适度流动人口理论概念。王新建、高建昆（2010）提出将人均较高生活水平纳入适度人口理论体系，旨在纠正我国适度人口研究的导向错误。

国内研究从人口增长、人口容量等方面，结合我国人口、经济和生态状况，对适度人口进行不同视角的阐述，尤其是在考虑适度人口影响因素方面做出较多的创新，比如将人口结构、人口质量、生活方式、生活水平等因素纳入适度人口的确定体系。不可否认，以上研究已经深刻揭示出适度人口产生于人口增长与经济发展及生态环境间的矛盾根源，适应了不同时期的发展需求，在我国适度人口研究领域中实现较大突破。然而，伴随着人口数量的递增，尤其是城市化发展中城市人口的激增，这种静态上的适度人口理念已经不适应当前可持续发展的需求，需要从"静态"上的适度拓展到"动态"上的适度。

1.2.2 适度人口测度研究回顾

在明确城市适度人口理念的基础上，面临的重要问题便是如何实现城市适度人口目标，具体而言，需要解决数量测度和路径选择问题。就数量测度而言，需要明确城市适度人口为多少比较合适，即选择相关因素来估计和预测城市人口的最优规模；就路径选择而言，主要是在城市实际人口的基础上，确定选择何种手段来达到城市适度人口的数量目标。两者互为联系，城市适度人口目标实现的路径选择，实质上是在适度人口数量测度的基础上进行质量上的拓展，另外，城市适度人口数量测度的依据也是其路径选择的基础。从国内外相关文献来看，针对适度人口测度的研究较多，但多数均是静态上的数量测度，所形成的适度人口实现路径也无非就是人口数量的增加或减少，根本谈不上质量上的路径选择。然而，本书既然将城市适度人口内涵界定为动态上的适度人口空间，其目标实现就不是静态上的数量测度，而应该是动态上的城市适度人口数量测度，除此之外，还应该包括质量上的城市适度人口路径选择。

（1）国外关于适度人口测度研究。国外早期的适度人口测度主要针对的是经济适度人口测度，其中，具有代表性的包括保罗·萨缪尔森（Paul

A. Samuelson，1970）通过建立人均产量 y 与人口数量 P 的关系（$y = A + aP - bP^2$），并以最大化人均产出为目标求出最优的人口规模（$P^* = a/2b$）。而杰姆斯·A·杨克（James A. Yunker，1973）指出以上适度人口的最优公式不适用于其他时期的适度人口测算，公式中的系数应该有一个时间函数，由此提出了包含时间变量在内的动态适度人口测度模型（$y = A + (m + m^2)P - bP^2$）。随后，部分学者将适度人口的经济目标拓展到社会福利目标，蒂莫西·D·霍根（Timothy D. Hogan，1974）提出一定时期的适度人口是一个有约束的社会福利最大化问题，因此在杰姆斯·A·杨克的基础上通过建立取决于人均产出的社会福利方程来确定适度人口数量。杰姆斯·A·杨克（1974）针对 Hogan 所构建的社会福利目标确定适度人口模型，指出社会福利函数除了受到人均产出影响外，还受到与人口数量相关的"goods"和"bads"向量的影响，从而优化了适度人口测度模型。玛丽埃塔·A·康斯坦丁尼德斯（Marietta A. Constantinides，1987）仍然以社会福利水平最大化为目标来考虑适度人口，但是将原来的当期决定模型拓展到世代交替的跨期选择模型。另外，M. R. 那罗衍那（M. R. Narayana，1988）通过数理统计方法来分析人口数量与区域经济发展的关系，以此构建区域人口适度模型。P. S. 达斯古普塔（P. S. Dasgupta，1999）以不变规模报酬的生产函数为基础，通过固定经济环境中的先行变量发生来预测适度人口规模。J·肯尼斯斯梅尔（J. Kenneth Smail，2003）根据 Malthus II 的观点，提出估计人力持续性人口需要考虑全球经济长期增长和全球经济的承载力水平。克劳斯耶格和沃尔夫冈库勒（Klaus Jaeger & Wolfgang Kuhle，2009）采用新古典两阶段世代交替模型求解出人口内生最优增长率的一般条件，即不同的人口动态增长路径对应经济发展增长水平的差异。托马斯伦斯特伦和卢卡斯帕塔罗（Thomas Renström & Luca Spataro，2011）从功利主义效用的角度，通过描述最优消费、最优资本和最优人口增长率对经济产出的影响，并采用比较静态的分析法来求解最优人口增长率。

从国外适度人口测度研究情况看，适度人口测度的重点是考虑经济增长最优、社会福利最大化等目标，并设计相关约束条件，以此建立人口数量与经济增长的各种数理模型，包括静态函数和动态跨期，通过有约束条件的最优化求解得出一定时期各地区的最优适度人口。以上研究所考虑的因素虽然较为单一，但在方法上为本书测度城市适度人口提供了有力借鉴。

（2）国内关于适度人口测度研究。国内关于适度人口的测度方法也是众多学者的研究热点。早期，朱国宏（1995）所研究的"人地关系论"通过人口增长和土地面积的简单对比其实就揭示出一定土地面积上拥有适度人口的核算方法。徐亲知、徐大鹏（2000）以大庆为例，选择出人均石油资源储备、人均国内生产总值、人均积累基金和消费水平、人均技术装备水平、研究和发展经费占国内生产总值（GDP）的比例、万人大学本科、硕士和博士人数等指标，并将各指标标准确定在全国平均水平以上，以此判断大庆的适度人口。张帆、王新心（2001）通过分析秦皇岛城市的性质和功能定位，并挖掘该城市的短板因素，得出城市适度人口主要取决于水资源，并通过历史水资源承载人口标准作为未来适度人口的判断。徐琳瑜等（2003）主要考虑资源承载力和生活舒适度对适度人口的影响，以不同经济发展水平下的人口状态为依据，提出 R–S 双向寻优方法来确定城市适度人口，并以广州市为例进行案例测算。吴瑞君等（2003）提出就业水平是制约人口容量乃至适度人口规模的一个重要因素，即在一个社会平均抚养系数下，一个地区可以提供的就业岗位数量和质量决定该地区适度人口，因此区域适度人口等于就业需求量乘以 1 加上平均抚养系数。曾勇等（2004）以国外人居建设用地和用地结构为参考标准，通过不同类型的地区建设用地总有效供给和人均建设用地指标值来求出浦东新区不同类型地区的适度人口。王爱民、尹向东（2006）基于适度人口评价多目标体系，采用不同方法来评价经济适度人口、资源适度人口、生态适度人口和空间适度人口，其中，经济适度人口主要采用不同时期 GDP 的预测和居民预期生活水平来测算；资源适度人口主要根据不同供水条件和供水定额，采用多目标分析模型确定水资源适度人口；生态适度人口主要将生态用地换算成生态林地，再根据人均占有森林面积标准确定生态适度人口；空间适度人口主要将区域分为高度城市化区、次城市化区、生态敏感区进行分类测算。刘雅轩（2007），刘雁、刘春艳（2009）等均分别采用 P–R–E 模型来分析新疆和吉林的适度人口，P–E–R 模型主要是通过计算经济—资源人口容量，来求得各地区人口经济—资源压力系数，用以评价区域人口与经济—资源的协调度，其实质是以全国人均 GDP、全国人均粮食产量作为计算标准。

王颖等（2011）从吃、用、国家实力、人口动态过程和人口国际竞争力等方面选择指标，并采用"可能—满意度"方法，利用系统工程多目标决策技术对中国适度人口规模和结构进行测度。彭宇柯（2011）采用适于经济发展的人口规模测算模型（EOP - MM 模型）对湖南省 2001～2009 年的经济适度人口进行数量测度，EOP - MM 模型是在系统剖析人口数量、质量、结构与经济等多边拓扑关系和相互依存的角度而形成。

国内关于适度人口的测度研究较晚，在分析过程中对经济、资源和环境等均有所考虑，而测度方法大致可分为单因素分析法、土地资源分析法、多目标决策分析法、R－S 双向寻优法、P－R－E 模型法和 EOP－MM 模型法等，但其实质均是以因素法为基础，寻找影响人口数量的因素，并构建各因素负担人口的标准，而这个标准要么采用主观判断，要么选择历史平均标准，还有的选择其他地区作为参考。这些研究均为本书思考城市适度人口测度方法和实现路径提供较多借鉴，但已有研究主要从静态角度来测度适度人口，因此所提出的方法也主要是依据相关因素的既存数量来确定适度人口的规模与增长，缺乏适度人口动态提升上的考虑，更谈不上如何实现适度人口目标的问题。

1.3 研究方案设计

1.3.1 研究目标

在我国城市化发展和城市病症状存在矛盾的背景下，紧紧围绕提升经济、资源与环境承载能力，构建我国城市适度人口的动态测度和实现路径体系，以此协调城市人口、经济发展与资源环境的关系，推进我国可持续城市化发展。具体目标包括：一是，通过分析我国城市化发展和发展现状，揭示当前我国城市化发展中面临的经济发展、资源环境等城市病问题；二是，揭示城市人口分别与经济发展和资源环境间的内在影响机制；三是，构建基于经济、资源与环境承载力提升的城市适度人口决定模型，并测度各类城市适度人口区间；四是，如何通过城市人口、经济发展与资源环境协调发展，构建各类城市适度人口实现的路径。

1.3.2 研究内容

本书将以我国当前城市化发展面临的城市病问题为研究背景,以城市化发展中的城市人口、经济发展与资源环境内在关系为逻辑起点,紧紧围绕提升经济、资源与环境承载力,构建我国城市适度人口动态测度体系,并在城市分类的基础上进行实证测度与分析,最后,以城市人口、经济发展与资源环境协调发展为目标,探索各类城市实现适度人口的路径体系。重点包括问题提出、逻辑起点、理论模型、实证研究、路径设计五个方面的主要内容,如图1-1所示。一是问题提出:中国城市化发展面临的问题。该部分作为本书研究的背景,主要在分析我国城市化发展特点、城市化区域差异及特点的基础上,揭示当前我国城市化发展中经济发展、资源环境等方面面临的城市问题,以此揭示为什么要研究城市适度人口问题。二是逻辑起点:城市化发展的收益效应和成本效应。该部分作为本书研究的逻辑起点,主要在我国城市化发展背景下构建城市人口、经济发展与资源环境的关系框架,主要包括城市化发展的收益效应和成本效应,为如何在提升经济、资源与资源环境承载力条件下构建城市适度人口动态测度和路径实现体系奠定基础。三是理论模型:城市适度人口测度体系构建。该部分是如何协调城市人口、经济发展与资源环境关系的首要步骤,即基于经济、资源与资源环境承载力提升目标来确定城市适度人口规模的动态区间,包括静态基准规模测度和动态上限规模测度,属于城市适度人口的数量测度范畴。四是实证研究:城市适度人口的测度与分析。该部分按照城市分类选取不同类型的城市样本,根据城市适度人口动态测度理论模型的构建,对不同城市的适度人口区间进行测度与分析,检验城市适度人口动态测度模型的科学性和可信性,并为构建其实现路径提供依据。五是路径设计:从城市实际人口到适度人口的调整。该部分是如何协调城市人口、经济发展与资源环境关系的重要环节,即从城市实际人口出发,研究如何逐步提升经济、资源与环境承载力,以此确定如何实现城市适度人口,包括转变社会经济发展方式、转变资源环境利用模式等方面,属于城市人口的质量适度研究范畴。

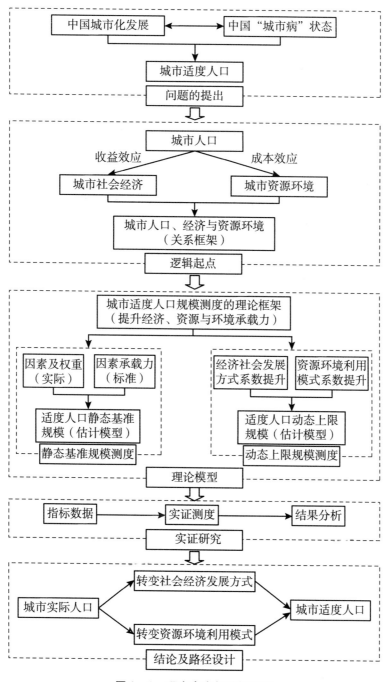

图 1 – 1　研究内容与结构框架

1.3.3 研究方法

本书主要借鉴人口经济学、环境经济学、生态经济学等理论，以及数学分析、系统科学等方法，进行理论研究与实证分析，主要方法包括：一是通过文献研究、理论分析等厘清城市人口、经济发展与资源环境间的关系，并以此界定城市适度人口的内涵；二是采用功效系数法、因子分析法、DEA 数据包络分析法对我国城市化发展情况进行评价，揭示我国城市化发展中存在的问题；三是采用博弈论模型、时间序列模型、面板数据模型等计量经济学方法，并检验城市人口、经济发展与资源环境间的关系；四是采用因子分析法、主成分回归等方法估计和测度独立经济、资源和环境因子对城市人口的标准承载力，以此确定城市适度人口静态基准规模和动态上限规模测度模型并进行实证测度；五是采用制度分析法，构建实现城市适度人口的路径体系。

第 2 章　城市适度人口的理论基础

理论是人们关于事物知识的理解与论述，真正的理论是从客观实际中抽象出来，又能得到客观实际的证明，任何社会经济问题的研究，不仅离不开实践经验，更离不开理论指导，这本身也是理论发展的一个过程。本书研究的问题是中国城市适度人口，其内核是在城市人口、社会经济和资源环境协调发展下确定城市适度人口规模与实现路径。对于本书而言，一是需要有相关理论的指导，其中，可持续发展理论是贯穿全书内容的基本要求和重要目标，人口城市化理论是解释城市化及城市化问题的基础条件，适度人口理论是指导城市适度人口测度与实现的重要保障；二是在理论指导下还必须理解人口与社会经济、人口与资源环境的关系，这是理解城市人口边际社会收益与边际社会成本，并以此确定适度人口的核心依据；三是还需要形成城市适度人口的概念框架。以下将围绕"三个理论、两个关系、一个概念"进行阐述和归纳，为本书接下来的研究奠定基础。

2.1　理论借鉴

城市适度人口可以理解为既能促进经济发展又能保护生态资源的可持续城市人口，是在一定发展阶段城市人口、社会经济与资源环境相协调的表现。梳理可持续发展理论、人口城市化理论和适度人口理论，有助于正确树立城市适度人口确定理念和实现路径。

2.1.1　可持续发展理论

可持续发展（Sustainable Development）产生于 20 世纪 80 年代末 90 年

代初期，是在人口快速增长、科学技术不断进步、生态水平迅猛提升，以及资源大量损耗和环境日益恶化的背景下形成的高层次发展理念，在时间上兼顾当代与后代的协调发展，在空间上涉及整个区域协调发展。

2.1.1.1　可持续发展的思想渊源

可持续发展思想源于人口增长、经济发展与资源环境间关系的理解，其思想渊源可以追溯到18世纪中叶。最早，亚当·斯密（Adam Smith，1755－1764）提出"人口与经济增长的限度论"，他认为生产资料不足是限制人口增长的重要动因，并且经济的长期增长是有限度的，主要受到一个国家的土地、资源等因素的约束。马尔萨斯（Thomas Robert Malthus，1798）在其《人口原理》中阐述了"资源绝对稀缺"的观点，从人口生产与资源供给的关系来看：一是人口在数量上的增长是无限制的；二是人类自然资源在数量上是有限的；三是从短期静态来看人口与资源矛盾不突出，但从长期动态来看，人口增长将超过自然资源的承受能力；四是如果人类没有认识到这种有限性，不仅自然资源会遭到破坏，而且伴随着人口的增多将出现人口灾难。相反，大卫·李嘉图（David Ricardo，1817）否认了绝对资源稀缺和人类对自然资源经济利用的绝对局限，提出"资源相对稀缺理论"。约翰·穆勒（John Stuart Mill，1848）承认资源绝对稀缺的概念，即有限土地和有限生产力构成真实的生产极限，但这种极限是未来的事情，社会进步和技术革新不仅能够拓展这一极限，而且还能推延这一极限，虽然他相信人类具备克服这一极限的能力，但是他并不赞同人类利用这种能力去无限制消耗资源，并提出资源环境、人口增长和经济财富应保持在一个静止稳定的水平，而这一水平要远离自然资源的极限水平，以防止出现食物缺乏和自然美的大量消失，即所谓的"静态经济理论"。

关于人口与资源、人口与环境等问题被广泛讨论，埃里奇大妇（Ehrlich，P. R. & A. H.，1993）在其《人口炸弹》中论述了人口生存的空间观，即人类所生存的地球空间是有限的，并且日益受到严重的污染和破坏，因此必须把人口控制在同生态环境相适应的适度规模上来。丹尼斯·梅多斯（D. Meadows，1972）在其《增长的极限》中提出，由于地球的承载力将会达到极限，经济增长将发生不可控制的衰退，因此要解决由超越地球资源极限而导致世界崩溃问题的最优办法就是实行零人口增长和零经济增长，这样既能够保护环境又能够维护人们的物质和服务需求。

随后，关于人口增长、经济发展会导致资源短缺和环境恶化的问题，以及梅多斯所提出的"增长极限理论"引起了激烈的争论，一部分学者赞同马尔萨斯等人的观点，认为人口增长过快会导致资源枯竭和环境恶化，相反，另外一部分学者支持大卫·李嘉图的观点，认为人口增长也会带动技术进步，这样能够克服资源环境的过度耗竭问题。由此可见，关于人口、经济、资源与环境间关系的看法并不具有统一性，要么强调社会经济发展，要么强调资源环境保护，正是由于这种思想交锋的存在，可持续发展理论由此形成。

2.1.1.2　可持续发展的概念形成

之前关于人口、经济、资源与环境方面的争论，为可持续发展理念的提出奠定了坚实的基础。1987 年，世界环境发展委员会（WECD）向联合国大会提交了《我们共同的未来》，该报告将注意力集中于人口、粮食、物种和遗传资源、能源、工业和人类居住等方面，在系统探讨了人类面临的经济、社会和环境问题之后，由布伦特兰（Brundtland，1987）正式提出了可持续发展概念："既满足当代人的需要，又不对后代人满足其需要的能力构成危害的发展"。这一概念将可持续发展从最初单纯考虑环境保护或经济发展的角度上升到将环境保护与经济发展相结合的角度，使得对人类环境保护和可持续发展有了新的认识。在 1992 年召开的联合国环境与发展大会（UNECD）上，可持续发展得到世界最广泛的和最高级别的认可。此外，英国经济学家皮尔斯和沃福德（Pearce & Warford，1993）在其《世界无末日：经济学、环境与可持续发展》提出的"当发展能保证当代人的福利增加时，也不应使后代人的福利减少"。以上对可持续发展的定义均蕴含着两层含义：一是社会要发展，就要满足人类的发展需求；二是不能以损害自然界为代价来支持当代人和后代人的生存能力。

关于可持续发展还存在不同学科视角的定义，从自然科学视角出发，可持续性主要指生态可持续性，1981 年国际生态学联合会（INTECOL）和国际生物科学联合会（IUBS）将其定义为"保护和加强环境系统的生产和更新能力"，换句话说，可持续发展就是不超越环境系统再生能力的发展。另外，福尔曼（R. T. Forman，1995）认为，可持续发展是寻求一种最佳的生态系统和土地利用模式，以保持生态的完整性，使人类生存环境得以持续。从社会角度来看，1991 年世界自然保护同盟（IUCN）、联合国环境规划署（UNEP）和世界野生生物基金会（WWF）在《保护地球：可持续生存战略》中将可持续发展定义为"在生存不超出维持生态系统涵容能力的情况下，提高人类的生活质量"，即强调人类在提升生活质量的同时要注重自然资源的合理开发和利用。从经济角度来看，巴比尔（Edward B. Barbier）在《经济、自然资源：不足和发展》中提出，可持续发展是"在保护自然资源的质量和其所提供服务的前提下，使经济发展的净利益增加到最大限度"；朗克·哈尼（1992）认为，可持续发展是为全世界而不是为少数人的特权而提供公平机会的经济增长，不进一步消耗世界自然资源的绝对量和涵容能力，对自然资源的利用不应因对地球承载能力和涵容能力的过度开发而导致生态负债。从科技方面来看，J. G. 斯帕思（J. G. Spath，1989）认为"可持续发展就是转向更清洁、更有效的技术——尽可能接近'零排放'或'密封式'的工艺方法——尽可能减少能源和其他自然资源的消耗"。

2.1.1.3 可持续发展的研究拓展

1994 年，联合国人口与发展大会提出的决议报告和《行动纲领》对可持续发展的战略思想、基本原则、必要条件和具体路径等做出详细阐述，具体包括：一是基于以人为本的思想，阐明了人口问题在可持续发展中的地位和作用；二是呼吁消除非可持续发展的生产和消费模式；三是关注人口与经济、社会、资源、环境的协调发展；四是将摆脱和消除贫困作为可持续发展的目标。总体来看，可持续发展已经从社会经济发展与资源环境的保护上升到以人为本、代际公平、资源环境可持续等重要思想上来。随后，关于可持续发展的一些具体问题开始受到西方学者的关注，比如，V. 斯密尔（V. Smil，1994）等人开始关注在粮食生产能力和土地承载能力条件下能够持有多少人口的问题。另外，兰法尔（Ramohal, A., 1996）、普拉格（Praeger，1996）等不断地探讨人口增长对资源环境的影响问题。H. 戴利（H. Daly，1996）在其《超越增长：可持续发展经济学》中对可持续发展进行定义，即具有可持续的发展，而可持续性意味着资源使用水平既能满足人口过好生活的需要，又处在环境负载能力范围内。N. 凯费兹

（N. Keyfitz，1996）强调应该关注人口增长与环境发展间的关系，并要求在注重人口数量增长的同时，要注重人口素质的提升。在 2012 年召开的"里约＋20"峰会上，可持续发展机制建设成为峰会的主题。

在国内，可持续发展问题也备受关注，早在 1992 年中国就将可持续发展纳入我国经济和社会发展的长远规划，1997 年中共十五大把可持续发展战略确定为我国"现代化建设中必须实施"的战略。2003 年我国发布了《中国 21 世纪可持续发展行动纲要》，从经济、社会、资源、生态、环境和能力六大领域推进可持续发展。党的十八大报告强调坚持以人为本，全面协调的可持续发展，并将生态文明建设纳入"五位一体"的总体布局。另外，根据中国知网数据统计，截至 2012 年 11 月 18 日，以"可持续发展"为篇名检索词所检索出的核心期刊文章就有 15652 篇。

评述：可持续发展理论紧紧围绕人口与经济、生态、资源、环境的关系，从发展、协调和公平等视角提出了较高层次的社会经济发展范式，对我国转变经济发展方式尤其是在城市化发展中协调人口、资源与环境间关系具有很强的启发性。一方面，可持续发展理论的核心是发展，而城市化本身就是推动我国经济发展的一种动力模式，因此必须坚持城市化建设道路，尤其是针对落后的地区更应该快速推进城市化，但是不能够仅仅注重城市化速度，还需要兼顾城市化质量，实现具有可持续意义上的城市化。另一方面，可持续发展的关键是要有限度，而作为城市化行为就是要实现城市人口的适度，关键是要以合理利用城市资源为基础，同城市环境承载力相协调，城市化发展及实现的经济发展不能超越资源环境的承载能力，因此就需要通过提高人口素质、转变经济发展方式、改变资源利用方式来提升资源环境承载能力。因此，可持续发展理论将指导着城市适度人口研究的整个环节，包括问题提出、规模确定和目标实现三个方面。不可否认，可持续发展理论为城市适度人口的确定提供思想，尤其是如何协调人口与经济、资源、环境的关系，以及如何提升其协调度，但还没有将这种思想转化为数量测度方法和质量提升手段，这将成为本书研究中需要注意和解决的问题。

2.1.2 人口城市化理论

人口城市化过程的实质是人口迁移行为的一种变现，即随着工业化不断发展而出现的农村人口转变为城市人口，这种转变不仅仅是农村居民通过迁移向城市聚集，从而变成城市居民的过程，而且还是其工作性质、生活方式和思维意识均逐渐非农化并具有城市性的过程。

2.1.2.1 人口城市化的理论基础

人口迁移是人口城市化的理论基础，简单地理解，就是人口在地域间流动。联合国对此进行了规范的定义，即人口在两个地区之间的地理流动或者空间流动，这种流动通常会涉及永久性居住地由迁出地到迁入地的变化。这种迁移被称为永久性迁移，它不同于其他形式的、不涉及永久性居住地变化的人口移动。

关于人口迁移规律问题，具有开创性研究的是 E. G. 雷文斯坦（E. G. Ravenstein，1885、1889）发表的《论迁移规律》，分别就迁移模式、迁移距离、迁移动机、迁移特征等总结出七大迁移规律，他认为人们进行迁移的主要目的是为了改善自身的经济状况。在此基础上，E. S. 李（E. S. Lee，1966）又发表了《迁移理论》，主要修正了雷文斯坦的迁移规律，以更精确的形式将迁移规律进行论述。随后，K. 斯温德尔（K. Swindell，1975）和 R. G. 福特（R. G. Ford，1975）将迁移规律的研究方向向前推进，将迁移过程看成地区、迁移者和组织三个要素构成的体系，其重要贡献是强调了迁移过程中要素间相互作用的重要性。关于人口迁移机制问题，R. 赫伯尔（R. Herberle，1938）在其论文《乡村—城市迁移的原因》中提出推力—拉力理论模式，换句话说，迁移是由一系列力量引起，这些力量包括促使一个人离开一个地方的推力和吸引他到另外一个地方的拉力。随后，D. J. 博格（D. J. Bogue，1959、1969）在其《国内迁移》中进行拓展论述，即具体将人口迁移的推力和拉力分别具体为 12 个和 6 个因素。关于人口迁移因素问题，不同的学者分别从单一角度提出各类观点，例如，G. S. 托尼（G. S. Tolley，1963）认为距离是迁移的障碍；G. E. 兹普（G. E. Zipf，1949）将引力概念应用于迁移研究中，将距离和引力因素表述为，在任何两个社区间迁移，与两个社区人口乘积成正比，与其交通距离成反比；

S. A. 斯图费（S. A. Stouffer，1940）指出，迁移不仅和距离、人口有关系，还与介入机会有密切关系；I. S. 萧（I. S. Lowry，1966）在《迁移和大城市增长：两个分析模型》中提出了著名的劳里回归模型，该模型将两地失业率比、制造业小时工资、非农业劳动力数量、两地间距离均作为迁移人数的函数；A. 霍利（A. Hawley，1950）在其《生态学：人类生态学》中提出迁移生态学理论，主要是将迁移看成人口作为一个整体对生态变化反应的典型的宏观理论，该理论还被用于解释美国发生的乡村—城市迁移；A. K. 马博贡杰（A. K. Mabogunje，1970）在其论文《乡村城市迁移的系统研究》中构建了一个迁移系统，包括：潜在的迁移者、多种制度或控制次系统、各种社会经济和社会力量。

除了上述关于人口迁移的理论研究以外，相关的实证研究也较多。较为典型的包括，威廉姆森（Williamson，1988）通过对城市劳动力市场分析，指出人口迁移和城市发展的驱动力主要可以归结为受到城市内生增长的"制约"，以及城市外在环境的内部事件（如土地稀缺等）和外部事件（如对外部市场和力量的依赖）的影响。另外，约翰逊（Johnson，2003）、范（Fan，2005）等学者也认为不同地区经济发展差异的不断拉大是人口迁移的重要原因。森（Shen，1996）、梁和怀特（Liang & White，1996）、张和宋（Zhang & Song，2003）等指出各地区存在的区位条件、产业结构以及迁移政策等非经济因素对人口迁移也有较大的影响。恩格斯（Engels，1974）通过研究发现，"拉力"在人口迁移过程中发挥主导作用，相反，雷德福德（Redford，1968）则认为迁入城市的居民是由于农业用地紧缺所引起，此时"推力"在人口迁移中发挥主导作用。

2.1.2.2　人口城市化的产生机制

在人口迁移理论的基础上，人口城市化理论逐渐从中分离出来并形成了独立的理论体系。从历史发展来看，人口城市化发展实际上是工业化进程的产物，随着西方经济的快速发展，尤其是工业化的不断推进，农村人口不断向城市迁移，城市人口快速增长和高度聚集，城市化问题也因此备受关注。从西方关于人口城市化的研究来看，主要考察的重点是人口发展过程和社会经济发展过程之间的联系，即人口城市化与社会经济发展的关系，以及人口城市化对社会经济和资源环境造成的影响。关于人口城市化最有影响的理论可以追溯到 M. 韦伯（M. Weber, 1899）出版的《19 世纪城市的兴起》，主要论述了随着工业化的发展如何形成和兴起城市。随后，人口城市化研究通常和人口迁移问题相互联系，较为典型的是杜德（Dutt, 1925）撰写的《迁移与城市化》。

关于人口城市化的基础理论，可以从以下三个最具代表性的模型中得以解释。一是冯·屠能（Von Thunen, 1875）、A. 韦伯（Alfred Weber, 1929）等所提出的"区位理论模型"，即认为城市扩展及城市人口增长主要与所处的区位有较大关系，因为人口分布高度依赖于经济分布，分析人口城市化需要考虑区位支配原则，而区位布局以及人口城市化又主要依赖边际成本和边际收益的比较。二是克里斯塔勒（Christaller, 1933）等所提出的，以及后来 I. 沃勒斯坦（I. Wallerstein, 1974）发展起来的"中心地理理论"，该理论认为城市扩张和城市人口的增长主要是核心经济中心发生作用的结果，原因是经济中心具有各类行业业务的能力，从而具备集聚资本和劳动的功能，因此人口城市化必然在经济中心发展起来。三是 W. A. 刘易斯（W. A. Lewis, 1954）所提出的"二元经济结构理论模型"，该模型将城市和农村劳动力迁移看成人口城市化发展的动力和条件，其根本原因是城市和农村在收入水平、生活水平以及就业机会等方面都存在差距，从而导致农村剩余劳动力向城市转移，进而推动着城市化发展。以上三个模型重点解决了人口城市化形成的机制问题，随后，很多学者又开始关心人口城市化所引发的社会经济和生态环境问题。

2.1.2.3 人口城市化的影响问题

伴随着世界城市人口数量的剧增，尤其是发达国家出现的"逆城市化"现象，以及发展中国家将城市化作为社会经济发展的主要战略，人口城市化对资源、环境、贫困等影响的问题开始不断受到关注。J. E. 哈多伊（J. E. Hardoy, 1984）通过对第三世界国家城市发展的考察，提出了城市化所产生的环境和贫困问题。E. 米尔斯（E. Mills, 1984）在其《城市经济学》中不仅阐述了城市扩张和城市人口增长所带来的住房、交通、文化、犯罪、环境、就业等问题，还提出了"城市化经济学"概念。另外，从具体的生态学角度看，B. J. L. 贝利（B. J. L. Berry, 1970）在其《比较城市生态学》中详细阐述了城市及城市人口的迅速增加对生态环境产生的破坏作用，以及对未来城市化发展的限制。I. S. 劳里（1990）认为城市是文明和经济进步的核心，虽然城市能够带来工业发展和经济繁荣，但是也将造成生态环境灾难。A. 哈姆扎（A. Humza，1992）在考察发展中国家的城市居住环境时指出，虽然恶劣的环境是导致疾病的原因，但低收入和营养不良是缺乏生活能力的基础，因此，在发展中国家城市化发展中所产生的环境污染、交通堵塞等问题需要制定城市发展规划来予以解决。G. 琼斯（Gavin Jones，1997）主编的《大发展中国家的城市化》一书认为，中国、印度、巴西等人口大国的城市化问题主要集中在以下六个方面：一是城市人口增长速度迅速提高；二是城市人口占总人口比例增高；三是特大城市和首位城市的增长；四是城市基础设施供给不足；五是农村—城市劳动力转移就业问题；六是城市化和地区发展的联系问题，因此，在城市化发展过程中不仅要注重贫困问题的解决，更要注重城市规模问题。

评述：人口城市化理论对本书的启示在于，城市化发展对于城市来说就是一种人口增加的表现，加快推进人口城市化发展能够实现资源优化配置，进而促进经济增长，但是人口城市化加速推进中必然又会导致对资源、环境的影响。具体而言，基于人口迁移理论的人口城市化，本身就是伴随着经济发展的一种内生行为，即推力与拉力不断博弈而形成的自然均衡状态，由此可以得到：一是人口城市化是人口在城市和农村间不断实现最优配置的过程，具有帕累托改进特征；二是人口城市化是由诸多内生因素所推动，而不是外生行为，因此城市化不能盲目推进。此外，在促进社会经济快速发展的同时，人口城市化也具有发展成本，尤其是在城市化推进过程中势必产生更多的环境污染，并形成更高的资源消耗，从而导致"城市病"等问题的不断出现。因此，在人口城市化存在社会收益和社会成本的情况下，从经济学角度讲就客观地存在城市适度人口，实现城市适度人口也就是实现城市可持续发展的客观体现。

2.1.3　适度人口理论

从人口数量与资源配置的关系来看，适度人口就是最优人口，既未"过剩"也非"不足"的"最理想"的人口规模或人口增长率，在此人口规模条件下能够实现该地区最大的经济利益和最优的社会福利。

2.1.3.1 适度人口的思想渊源

西方适度人口思想可以追溯到古希腊时期,比如,古希腊哲学家柏拉图(Plato,公元前 387)在其《理想国》中就提出,所建立城邦中的人口规模应该与其供应能力相一致,即人口应有最佳限度。之后,重农主义学派的创始人弗朗斯瓦·魁奈(Francois Quesnay,1757)在其《人口论》中表述了适度人口思想,重点强调人在财富创造中的作用。马尔萨斯(Malthus,1798)在其《人口原理》中论述到,生活资料是按算术级数增加,而人口是按几何级数增长,生活资料增加赶不上人口增长,因此,他指出人口增长必须有一个适当的限度。约翰·穆勒(John Stuart Mill,1806 - 1873)认为,人口如果增长较快并达到某一点后,人均产量自然就会下降,并指出在农业人口增长中已经处于报酬递减状态。以上这些关于人口的论述并没有直接提及适度人口,但为适度人口观点和概念的提出奠定了坚实的基础。

关于适度人口观点,最先被英国经济学家 E. 坎南(Edwin Cannan,1888)在其论著《初级政治经济学》中提出,即"在任何一定时期,存在于一定的土地之上,能够获得产业的最大化生产力的人口数量是一定的",换句话说,在产业最大化目标下存在适度人口。之后,他在另外一本论著《财富论》中又指出,适度人口就是平均生产能力最大点的人口,或者说报酬最大点的人口,并指出适度人口还会随着知识进步等改变而变化。此外,他还将报酬递减规律应用于适度人口理论研究中,他指出"在任何一定时期,知识和环境保持不变,刚好每一个产业有一个最大收益点。所以,把所有产业加在一起也一定有一个最大收益点。如果人口规模没有足以达到使所有产业达到最大收益点,收益将会少于应该有的水平;另外,人口规模如此之大,以至超过了所有产业收益最大点要求的人口,那么收益也会低于其应有的水平"。

关于适度人口的概念,最先被瑞典经济学家 J. G. K. 维克塞尔(J. G. K. Wicksell,1910)在其论著《论适度人口》中使用。他认为,一个国家应该有适度的人口规模和合理的人口密度,应该从国家的经济发展水平和科学技术进步的程度来考察,特别要考察工农业生产能力和供养能力。因此,适度人口就是在一定时期内,能够实现一个国家工农业生产潜力达到最大化所容纳的人口。他主要将边际分析法引入适度人口理论，同时他还严格区分了适度人口和最大限度人口的本质区别。进一步他还指出，适度人口的实现是人口增长两种效应相互抵消的结果：一方面，人口增长会导致人均土地和自然资源水平减少；另一方面，人口增加能够促进协作和劳动分工。如果是人口增长正向促进效应占据优势，人口增加能够实现人均产出增加，说明尚未达到适度人口规模；如果是人口增长负向抑制效应占据优势，则人口增加将降低人均收入，说明已经超过适度人口规模。

E. 坎南和 J. G. K. 维克塞尔所提出的适度人口理论，基本尚未考虑适度人口变化的条件，主要从静态角度研究适度人口。随后，基于动态层面的适度人口也开始引起一定关注，H. 西季威克（H. Sidgwick，1838 – 1900）指出，土地与劳动的比率增长到一定程度后，劳动生产率就会下降，实际上人均收益水平是与技术状况、资本积累和知识进步等因素相互联系，换句话说，可以通过改变技术等其他条件来实现更高层次的适度人口规模。如果还是要保持现有层次适度人口条件，也可以直接控制人口数量，比如卡尔 – 桑德斯（1922）在其《人口问题：人类进化的研究》中提出，可以通过节制生育等办法来控制人口数量，从而实现适度人口。

以上关于适度人口的论述，已经基本形成了适度人口理论的核心体系，主要突出以下特点：一是从经济的角度研究适度人口；二是主要从静态角度研究适度人口；三是将人口看成对经济影响的外生变量；四是主要从人口规模角度考察适度人口。

2.1.3.2 适度人口的理论诞生

从 20 世纪 40 年代开始形成的适度人口理论被称之为现代适度人口理论，之前的均称为早期适度人口理论，现代适度人口理论主要经历了以下四个发展阶段：第一阶段（20 世纪 40 年代中期到 50 年代末期），主要还是人口适度规模理论的延续。在该时期，R. F. 哈罗德（R. F. Harrod，1900 – 1975）等经济学家将人口作为经济增长的长期内生变量，为了实现经济稳定和平衡增长，由此提出适度人口理论。另外，A. 索维（A. Sauvy，1966）在其论著《人口通论》中指出，既然技术进步作为经济增长的内生变量，因此可以通过改变技术来实现动态上的适度人口，由此创立了动态适度人口理论。第二阶段（20 世纪 60 年代初期到 70 年代中期），主要是人口增长理论的创立与发展阶段。在该时期，主要从适度人口短期和静态的分析转向长期和动态的分析，如 A. 索维（A. Sauvy）、A. 柯尔（A. Coale）等人认为人口增长在经济发展中已经具有越来越重要的作用，并将增长率以及时间变化等核心问题引入适度人口增长的理论模型。第三阶段（20 世纪 70 年代中期到 80 年代中期），主要是适度人口零增长理论的兴起阶段。在这一阶段，提出了具有代表性的人口零增长理论，从而形成了动态适度人口的新思想，即保持人口与经济的均衡状态。第四阶段（20 世纪 80 年代末期到 20 世纪末期），主要是可持续发展目标下的适度人口理论产生的阶段。在该时期，由于西方人口增长长期处于停滞状态，适度人口理论也随之停滞，但在该阶段所产生的可持续发展理论中又蕴含着适度人口观点，即实现可持续发展的适度人口理论。

现代适度人口理论在早期适度人口理论基础上进行了多角度的拓展，较为突出的特点如下：一是不断重视福利因素，并将人类幸福、生活质量等因素纳入适度人口理论体系；二是将技术进步、经济结构和时期变化等因素纳入适度人口体系，构建了动态适度人口理论；三是将人口作为经济、社会、环境相互作用的内生变量，从而为系统研究适度人口奠定基础；四是将从理念上的适度人口过渡到方法指标上的适度人口，实现操作性目标；五是将可持续性发展目标纳入适度人口体系，从而将可持续发展与适度人口进行探索性的结合。

2.1.3.3 适度人口的典型理论

（1）人口规模适度理论。从概念上来看，A. 索维在单一化适度人口概念基础上提出多元化适度人口目标，他认为适度人口就是"一个以最令人满意的方式达到某项特定目标的人口"，这些目标主要包括个人福利、增加财富、就业、实力、健康长寿等。人口规模适度包括两种分析方式：一是人口规模适度的静态分析，主要考虑了经济适度人口和实力适度人口，经济静态适度人口主要是不考虑技术进步和劳动生产率等因素的变化，仅仅考察最高生活水平和边际产量相一致的最佳人口规模；实力适度人口不仅考虑经济、福利等目标的适度人口，而且还考虑军事适度人口。二是人口规模适度的动态分析，主要将技术进步引入适度人口理论，具体从技术进步和生产率提升角度入手，并从由此引出的适度人口规模的变化展开研究，从而形成了动态适度人口理论，重点区分了减人型技术进步和增人型技术进步。

（2）人口福利适度理论。早期的人口福利适度理论，仅仅是将人均产出最大化目标转换为人均收入最大化目标，但现代福利适度人口理论重点探讨人口、社会、经济以及自然资源的最优化配置，从而实现"最大多数人的最大幸福"。例如，J. 米德（1955）认为社会福利不仅是人均产量的体现，而且还应该依赖于人口自身，即人口增长将导致消费增长和劳动力人口增加，从而带来更大的社会福利。W. 阿瑟（1974）构建了社会福利函数，包括人均消费水平、拥挤程度、环境状况、家庭规模目标未实现程度等，并以此作为衡量适度人口的依据。J. D. 皮切福特（1974）首先指出适度人口应该与人均最大福利相互联系，而人均最大福利主要应该考虑对外贸易情况和自然资源条件。

（3）人口增长适度理论。人口适度增长理论主要是将适度人口纳入长期化、动态化的增长模型中来研究，其核心问题是适度人口增长率的变化。例如，A. 索维认为适度人口的目标就是要寻找人口变动的适度节奏，主要通过人口变动的成本和收益来分析适度人口增长问题，具体来讲，人口增长可能会加重其负担，所以需要更多的人口投资，但同时人口增长也会带来收益。P. 纪尧姆主张在长期内应该促进人口增长，但短期内不可以增长过快，并提出了稳定的人口增长率假说。

（4）人口调控适度理论。该理论主要以调控最优人口理论为目标，具有代表性的是 J. D. 皮切福特提出的适度人口调控思想，他主要构建了一个包括控制人口成本在内的长期经济变化模型，采用边际分析和成本收益分析法，阐述了人口控制成本、预期收益和适度人口的变动关系，为适度人口调整工具的选择提供依据。

评述：在总结适度人口理论的基础上，我们可以看出从不同视角对适度人口的探讨已经成为人口研究领域的热点问题，但从其适应性、操作性以及在整个人口发展进程中的实践应用来看，适度人口理论仍然处于以逻辑推理和局部适应为主的发展阶段。尽管如此，西方适度人口理论为本书研究城市适度人口提供了有益借鉴，具体来看：第一，城市化发展对于城市发展而言，本身就涉及城市人口增加的问题，按照现代适度人口理论，人口作为经济、社会、环境相互作用的内生变量，在城市化发展中需要考虑适度人口问题。第二，人口福利适度理论指出，适度人口规模不仅是考虑经济增长目标，还需要从人均收入、生活质量、生态环境、资源利用等方面加以考虑，因此在城市适度人口确定需要强调目标的多元化。第三，动态适度人口理论重点强调了技术进步、经济结构和时间变化等因素对适度人口规模的影响，因此，城市适度人口也需要从动态角度考虑，一是需要考虑如何转变社会经济发展方式和资源环境利用模式来提高城市人口承载空间，从而增加适度人口容量，二是需要考虑如何从城市化布局来合理分流城市人口，从而到达已有适度人口规模。第四，无论是人口规模适度的分析还是人口增长适度的分析，绝大部分都将人口作为内生变量，运用边际成本和边际收益相等来确定均衡适度人口规模，该方法为城市适度人口的确定提供了经济学的分析框架。第五，可持续发展目标下的适度人口理论的产生，其实质是将适度人口理论推向更加系统和多元化，针对城市适度人口而言，城市可持续发展将成为适度人口研究的最终目标，同时需要把可持续发展理论融入适度人口的测度体系之中。

2.2　关系理解

人口、社会经济系统和资源环境系统是一个相互交织、紧密联系的整体，社会经济系统和人类的生存与发展都是建立在自然资源与环境基础上的，并与资源环境系统共同构成地球的生物圈巨系统，人口的发展不但受社会经济和人口自身变化的影响，最终要受自然资源和环境系统的承载容量的制约。有了上一节的理论支撑，接下来就要论述人口与社会经济以及与资源环境之间的关系，以便更加全面、科学地认识城市适度人口实现的影响因素。

2.2.1　人口与社会经济的关系

人口与社会经济的关系源于人口经济学，是以人口学和经济学作为理论基础，研究人口与经济之间的相互关系，分析人口与经济的相互影响。弄清楚两者之间的关系对于本书研究城市适度人口有着重要的理论价值和现实意义。

2.2.1.1　人口经济关系论的发展历程

人口与社会经济的关系可追溯到早期人类社会，那时，人类的生存与发展完全依靠大自然的赐予以及食物的供应是否充足，因此，人口与经济的关系表现为人口与其赖以生存的土地所提供的食物量和食物种类的关系。由于当时人少地多，经济发展处于早期阶段，生产力水平相对较低，此时人口的增长有助于提高土地的利用，进而促进经济的发展。到了农业社会以后，食物供给相对稳定，然而人口增长已不再仅仅依赖于食物的供应，而是包含食物在内的生活资料的供应构成了与人口增长相互制约的关系，所以此时人口与经济的关系就表现为人口与生活资料的关系。之后，随着贸易的逐步形成和不断发展，生活资料的获取形式趋于多样化，人口与生活资料的关系也就进一步扩展为人口与财富的关系（此时的财富可理解为狭义上的财富）。在这一时期，人口数量与土地面积逐渐趋于平衡，而经济发展正处于起步阶段，人口的增加促使劳动生产率的提高、资本的积累和技术的进步，从而促进了经济的发展。实际上，正是由于资本积累和技术进步缓解了人口增长对经济发展的压力。步入工业社会后，狭义的财富概念不断拓展，最终被经济概念所取代，人口与社会经济的关系也由此正式形成。这一时期，由于人口不断增长，人均土地面积逐渐减少，人多地少的现象愈发凸显。在经济发展和技术进步仍大踏步前进的同时，人口的快速增长羁绊了经济的发展。诚然，人口增长与经济发展之间并不呈现绝对的正相关或负相关关系，前者可能既不是后者的原因也不是后者的结果，而是在经济发展过程中起到了一种催化剂的作用。

2.2.1.2　人口经济关系论的各学派观点

（1）马尔萨斯的人口经济关系论。人口与社会经济关系的理论最早源于托马斯·罗伯特·马尔萨斯（Thomas Robert Malthus）对人口经济的研究，在其著作《人口论》中，马尔萨斯把人口与经济的关系归结为人口与生活资料之间的关系，把人口增长看成是纯粹的自然现象，并提出了人口增长与生活资料增长的两个级数的假说。他主要是对人口与经济发展的长期趋势进行研究，论述了人口增长对经济发展的增殖原理和制约原理，即认为人口增长受生活资料的限制（制约原理），人口增长随生活资料的增加而增长，而由于人口与生活资料的增长速度不同，人口增长不断超过生活资料的水平（增殖原理），并主张采用抑制手段去实现两者之间的平衡。

（2）古典经济学派的人口经济关系论。古典经济学派着重通过考察人口与财富、人口与资本的关系展开对人口与社会经济关系的探讨。威廉·配第（William Petty）作为英国古典经济学派的创始人，最先阐明了人口与财富之间的内在关系。配第以劳动价值论为基础，从增加财富的角度出发，认为一个国家的财富生产要求一定数量的人口，同时还主张增加生产人口，既要重视人口的自然数量，同时还要重视人口的社会数量。所谓社会数量是指人们创造财富的能量，实际上是人们的文化水平、技术能力和勤劳程度。法国重农学派的代表人物弗朗斯瓦·魁奈（Francois Quesnay）站在生产领域的角度强调人口是财富的第一创造性因素，并认为财富增加先于人口增长，只有财富增加，才能使人口增长。魁奈在分析人口数量与国家经济发展关系时说："人们的生产超过自己的消费越多，对国家越有益，反之，他们的支出超过自己的收入越多，或者他们的消费超过自己劳动所生产的有效产品越多，那么他们就越成为国家的累赘。"

古典经济学派的集大成者亚当·斯密（Adam Smith）继承了配第的观点，开始分析人口增长与资本积累的关系，进而对人口与经济发展的关系进行了论述。他认为，人口增长既是经济发展的原因也是经济发展的结果，并提出人口的不断增长是一个国家经济繁荣的象征。英国古典经济学派的代表人物大卫·李嘉图（David Ricardo）继承了斯密的经济学，同时受马尔萨斯的影响，把斯密的经济发展论和马尔萨斯的人口论巧妙地结合起来，以三个法则，即萨伊的销售法则、土地收获递减法则和马尔萨斯的人口法则为基础，推出了长期动态论。他认为资本积累是经济发展的动因，人口增长是经济发展的促进因素，因为人口增加能够生产生活资料。针对人口增加对生活资料带来压力的问题，李嘉图认为可以通过迅速地积累资本和增加雇用资料的方法减少过剩人口，减轻人口压力。随着人口增加，劳动者的供给增加，这种供给超过需求会导致工资下降；同时由于人口增加，对生活资料的需求上升，促使食物等必需品价格上涨，由此形成劳动的市场价格低于其自然价格，这时劳动者的生活水平下降其结果造成人口减少。法国古典经济学的完成者西蒙·德·西斯蒙第（Simorn De Sismondi）不同意马尔萨斯关于人口与经济关系的观点，认为要把人口增长的可能性和人口的实际增长区分开来，人口的实际增长往往要受到一定的社会经济条件的制约。西斯蒙第还创造性地提出了人口既是生产者又是消费者的人口经济理论，他认为资本主义社会人口过剩是由于大机器工业使社会财富迅速增加，使得人口受到机器的排挤，大批劳动者失业，但问题的根源是机器使用的资本主义方式，而不是机器发明本身。新古典经济学派的创立者阿弗里德·马歇尔（Alfred Marshall）对贫困问题甚为关注，并提出了包括经济发展论和分配论在内的有机增长理论，认为贫困是使人堕落的原因，也是阻碍经济增长的元素。马歇尔强调，在人口增长与经济的关系上，人口有积极作用的一面。此外。马歇尔对人口消极的一面做了如下论述：随着经济发展提高了工资，就会增大劳动供给；随着经济发展而增多的利润，如果不用在需求的满足，而转向提高经济活动水平，就会促进资本积累，从而扩大劳动的需求。由此可见，经济增长通过劳动的需求和供给的扩大，带来人口的增长。总而言之，马歇尔在人口与经济的关系中主要强调积极的因素。

（3）马克思主义的人口经济关系论。19 世纪中叶以后，随着资本主义经济的发展和人口的快速增长，一系列人口经济问题逐渐显现。在这种背景下，卡尔·马克思（Karl Marx）开始关注人口与社会经济的关系，创立了马克思主义的人口经济学说，并将批判的矛头指向马尔萨斯的人口论，他在 1857～1858 年发表的《政治经济学批判》一文中指出，马尔萨斯主观地把一定数量的人口和生产资料联系起来是不充分的，人口增长规律是由社会生产方式决定的，换言之，不同的社会生产方式，人口增长规律乃至过剩人口增长规律都是不一样的。弗里德里希·恩格斯（Friedrich Engels）作为马克思主义响当当过剩人口理论的先导，在其著作《政治经济学批判大纲》中分析了资本主义国家人口与社会经济的关系，并把人口问题与经济制度联系起来考察，认为资本主义社会过剩人口产生的原因是资本主义本身。另外，恩格斯认为马尔萨斯所说的绝对过剩人口是不存在的，在资本主义社会里，人口过剩或者说劳动力过剩是相对于资本过剩和财富过剩而言的，只有生产规模过大的地方，人口才会过多。

（4）凯恩斯学派的人口经济关系论。凯恩斯学派的创始人约翰·梅纳德·凯恩斯（John Maynard Keynes）在分析人口与经济发展的关系时，继承了马尔萨斯的有效需求原理，提出了有效需求不足理论，并以此为基础，从短期方面考察人口增长对经济发展所产生的作用。凯恩斯着重强调了人口增长的需求效果，旨在扩大投资和消费，进而使经济恢复均衡。他认为人口增长给企业家带来了乐观主义，激发企业家对发展新事业的认识，即使资本过剩，不久也会因人口增长而期望资本的供需恢复均衡。阿尔文·哈维·汉森（Alvin Harvey Hansen）作为凯恩斯学派的另一位代表人物，把人口增长和有效需求相联系，阐述了人口增长缩减有带来经济增长停滞的危险。汉森认为，人口增大导致劳动力增大，促进资本需求增加，有利于经济的发展；反之，人口减少则劳动力减少，在劳动生产率不变的情况下，引起资本需求减少，不利于经济的发展。总之，汉森对人口与经济发展的关系是持乐观肯定的态度。

2.2.1.3 鉴于理论模型的人口经济关系论

随着人口数量激增、经济飞速发展，人口与经济之间的关系受到了更多经济家和人口学家的关注，大家都认为经济发展与人口增长之间是存在一定关系的，但对于两者的变动方向和程度等问题有各种不同的见解。大体可归纳为以下理论模型：资本形成和资本/产出比例变动模型；"临界最小努力"发展模型；技术进步发展模型等。

（1）资本形成和资本/产出比例变动模型。由英国经济学家罗伊·福布斯·哈罗德（Roy Forbes Harrods）提出的理论模型。该模型的中心思想是将人口、生产技术和资本设备作为可变要素，研究如何实现经济长期稳定均衡的增长，进而通过考察经济增长率分析人口增长和经济发展的关系。结论是当经济的自然增长率大于正常增长率时，人口增加扩大消费的同时还扩大了投资规模，从而促进了经济的发展。R·纳尔克斯（R. Nurkse）把资本形成作为经济发展的主要变量，指出发展中国家经济落后主要是由于资本不足，结果导致贫困的恶性循环，当然这种状况同人口增长过快所形成的人口压力是分不开的。安斯利·J·科尔（Ansley J. Coale）和埃德加·M·胡佛（Edgar M. Hoover）利用资本/产出比例建立了一个印度经济发展的数学模型，得出的结论是在发展中国家，较快的人口增长速度不能引起大量的资本投资，相反会使人均资本的增长下降，同时高人口增长率使人口年龄结构年轻化，抚养负担增大，从而导致资本供给和资本积累减少，经济发展缓慢。

（2）"临界最小努力"发展模型。哈维·莱本斯坦（Harvey Leibenstein）认为人口是经济发展的内在因素，经济发展的过程是人口与财富之间相互抗衡的过程，经济发展只有超过人口最低生活水平的限度时才能真正实现经济增长。实际上，一国经济要想发展，需要有足够克服发展抑制因素的努力，莱本斯坦将这种努力称为"临界最小努力"，换言之，就是为了摆脱贫困恶性循环所必须付出的最小努力，并将该理论用于分析发展中国家经济的起飞，原因在于就发展中国家而言，人口增长给经济发展带来的阻力远远超过了财富增加对经济发展的刺激，用微小的经济变化是不能实现经济发展的，所以就需要付出"最小临界努力"。

（3）技术进步发展模型。朱利安·林肯·西蒙（Julian Lincoln Simon）利用柯布—道格拉斯生产函数来分析人口增长对经济发展的影响，得出的结论是：人口增长对增加资本存量和劳动力人数有正效应，资本存量的增加和劳动力素质的提高有助于劳动生产率的提高，从而对总产出或国民收入有正效应。西蒙还从人口增长可以刺激技术进步的角度分析了经济的增长，提出人口增长是经济长期发展的重要刺激因素，能够推动技术的进步、市场的形成和政府对基础设施的投资。

此外，西蒙·库兹涅茨（Simon Kuznets）创立了经济增长长波理论，并对美国经济增长波动和人口变动长期趋势进行了分析，结果人口增长波动是经济增长波动的主要原因，得出了人口增长对经济发展有积极影响的结论。理查德·A·伊斯特林（Richary A. Easterlin）依据该理论研究了美国当时的人口经济增长长波。他认为，在每一波动周期（一般为 30 年）里，人口变量和经济变量的演变夹杂着各种变量之间的相互影响，其过程是复杂的。乌尔里希·塔依其曼（Ulrich Teichmann）论述了伴随人口增长的经济增长的两个对照模式："经济退步型"和"经济进步型"。前一种模式中，人口增长起到的是消极作用，后一种模式中人口增长起到的是积极作用。

2.2.1.4　我国不同时期的人口经济关系论

自从发现人类的足迹开始，人口与经济的关系就相伴而生，然而，出于对研究价值的考虑，我国人口与经济的关系可以近代为起点。当时我国东北地区的人口增长最快，经济发展好于其他地区，因此王国臣（2006）

就这一现象展开了研究。他指出近代东北地区人口增长的主要原因是大量移民人口的增加，而不是人口的自然增长，大量的国内移民促进了农业的发展，同时也缓解了内地的人口压力，与此同时，还促进了地区毛衣、工业和城市等的发展，从而促进了经济的发展。进入改革开放以后，我国的经济发生了翻天覆地的变化，人口数量也在成倍增长，尤其以沿海地区的变化最为显著。刘毅（2007）等人就改革开放以来广东省的经验数据，通过对人口变动与经济增长的相关分析，并利用生产函数模型对人口增长在经济增长中的贡献进行计量分析。结果表明：人口规模及增速与经济增长呈弱性相关，人口结构与经济增长呈高度相关；人口因素对经济增长的贡献率不高，人口增长率下降对经济发展起到了较明显的促进作用。随后，计划生育政策逐步遍及我国的每一个角落，黄险峰（1995）认为对于一个人口密度已经十分大、生产水平还不高的国家来说，广泛深入的计划生育政策比人口引致的技术创新更能有效地增进人民的福利。后来，随着中央可持续发展目标的提出，人口与经济发展的关系问题愈发敏感，桂世勋（1998）认为中国的人口增长严重影响了经济的可持续发展，主要表现在：严重影响经济发展资金的投入；严重影响劳动力素质的提高；严重影响人力资源充分发挥作用；严重影响人均经济发展水平的提高；严重影响资源的合理利用和环境状况的改善。目前，由于我国人口众多的基本国情，大多数学者认为人口增长会阻碍我国的经济发展，计划生育政策的力量也未见消退，使得我国生育水平和人口增长水平长期处于低速增长的状态。左学金（2010）针对这一现象提出了自己的观点，认为人口增长对经济发展的影响不是简单的线性关系，而是复杂的非线性关系；过高的生育率和人口增长率对经济发展显然是不利的，但中低水平生育率对经济发展的影响却是复杂的和不确定的；中国人口态势和宏观经济环境已经发生了根本性的变化，人口老龄化和人口负增长的现象逐渐显现，因此目前严格的生育控制政策应该及早做出调整。

评述：无论从人口与社会经济关系的历史渊源还是各个学派对人口与经济发展关系的论述，都不难看出人们对人口增长与经济发展之间存在的关系是肯定的，但是存在一种什么样的关系，是线性的还是非线性的，是正向的、负向的还是有条件的，大家各持己见。实际上，由于研究者所处

的时代和社会背景不同,考虑问题的出发点也各不相同,因此得出不同的
结论也是在所难免。在人类社会的早期,人口稀少,经济尚未发展,所以
当时的人口作为一种资源,当然是"越多越好"。随着时间的推移,人口与
经济有了不同程度的发展,资本不断积累、技术不断进步、劳动生产率不
断提高等,各种外在因素制约和干扰着人口与经济发展的关系,使得人们
对两者之间的关系做出了不同的判断。另外,由于各国的经济发展程度和
发展路径不同,发达国家和欠发达国家的人口与经济发展的关系也存在相
当大的差异。因此,就我国而言,应纵向从不同时期进行比较,考虑我国
人口增长对经济发展的影响,并以其他国家的类似发展经历作为参考。总
之,单纯的研究人口与经济发展的关系是不科学的,要结合影响人口与经
济的因素做出综合评价。

2.2.2   人口与资源环境的关系

自人类起源以来,人口与资源①环境的关系便相伴而生,因为资源环境
是人类生存的基本保障以及发展的必备条件。然而,随着人类社会的不断
发展,人口数量需持续增长,两者之间的矛盾逐步显现并不断加深,成为
阻碍经济发展的主要影响因素。为此,要想实现城市适度人口规模、保持
经济的可持续发展,厘清人口与资源环境之间的关系是十分必要的。

2.2.2.1   人口与资源环境关系的发展历程

人口与资源环境之间的关系起源于"人地关系论",该理论是经济学的
一个经典命题。从人口数量与土地面积的简单对比,拓展到土地资源的人
口承载力的研究,再到后来的自然资源和环境对人口的承载能力研究。这
一发展历程源于社会经济的发展、人口数量的增加导致了资源存量的锐减
和环境质量的恶化,并最终演变成人口与资源环境之间的关系研究。

"人地关系论"起初源于人地对应思想,古希腊思想家柏拉图关于理想
城邦中的适度人口问题的论述就体现了,他认为由于城邦土地的有限性和

---

① 本书所指的资源是狭义的自然资源,即在一定时间、地点的条件下能够产生经济价值,
以提高人类当前和未来福利的自然环境因素和条件,包括土地资源、水资源、矿物资源和生物
资源等。

相对固定性，人口数量需与土地规模相对应。显然，这种想法仅仅反映了一个简单的对应关系，并没有太多的科学依据。因此，重商主义者博泰罗（Giovanni Botero）将这一思想发展成为对应状态及其后果的讨论，他把土地看成是限制食物供应从而限制人口增长的终极因素。这一观点又被古典经济学家演化为对人口与土地（食物供应或生活资料）相对变化过程的认识。马尔萨斯将这些观点集大成，形成了"人口原理"，其实质在于对人口与土地相对演变的系统论述，"人口增殖力与土地生产力这两个力，自然是不平衡的，而大自然法则，却必须继续使其结果平衡"。马尔萨斯不仅认识到人口的增长受土地数量的限制，同时还认识到人口的增长最终要与土地限度相适应，对人地关系已经有了"适应"的思想，换句话说，"人地关系论"经历了从对应认识到适应认识的转变过程。之后出现了不同意马尔萨斯观点的反对派和同意马尔萨斯观点的赞成派（即新马尔萨斯主义），随着社会经济的不断发展，争论的焦点逐渐脱离了人地关系的主题，进一步被扩展为对人口与资源（和环境）关系的讨论，既包括人口适度增长与有限生存空间（即环境）的适应，也包括除了土地之外其他资源的合理利用和保护。进入 20 世纪初，随着人们对人口与资源环境问题的日益关注，一种旨在通过控制人口增长来协调两者关系的观点应运而生，无论是皮尔逊和哈伯（F. A. Pearson and F. A. Harpar）所著的《世界的饥饿》、赫茨勒（J. D. Hertiler）所著的《世界人口危机》还是埃利希（P. Ehris）所著的《人口炸弹》都体现了这一观点，认为控制人口增长是解决人口与资源环境之间矛盾的一条重要通道。直到罗马俱乐部在其发表的第一份报告《增长的极限》（1972）中提出了要实现人口的零增长，该理论被推到了极致，与此同时也引起了全球对人口与资源环境问题的极大关注。到了 20 世纪 60 年代末期，发达国家出现了环境问题，标志着人口与资源环境的关系有了新的进展。在人类社会漫长的发展过程中，越来越重视人口与资源环境的协调有序发展，到了 80 年代，"可持续发展"便成了一种共识。

2.2.2.2 基于不同类别的人口与资源环境间关系

（1）人口与土地资源。如前所述，人口与土地资源的关系是最早被人类所关注的，两者之间的关系自然也是最明显的，既相互依存又相互影响。全世界的土地资源是有限且不可再生的，在全球 5.1 亿平方千米的总面积中，陆地面积约为 1.49 亿平方千米，约占全球总面积的 29%。这其中，仅有不到 1/3 的陆地可用于耕种（其余的陆地面积均被沙漠、干旱地带、苔原、冰川、永久冻土和不能开垦的山地所占据），而天然适合于栽培的气候、处于较好的地势和拥有良好的土壤的陆地大约是 225 亿亩，仅占陆地面积的 11%。诚然，土地作为一种稀缺资源，伴随着人口数量的不断增加，土地承受的压力也越来越大，既要提供人类生存必需的食物来源，又要提供人类生活所需的生活资料。以我国为例，1952 年，我国总人口为 5.7 亿，耕地面积为 1.24 亿公顷，人均耕地面积为 0.22 公顷；到了 2000 年，人口猛增接近 13 亿，耕地面积虽也有所增加，但远不及人口增长的速度，导致耕地面积减至 0.08 公顷，比 1952 年减少了一半还多。与此同时，世界人均耕地面积也由 1950 年的 0.56 公顷减少到 2000 年的 0.25 公顷。

同样，人作为生产者和消费者，既要利用土地资源生产其他物质资料，又要消耗土地资源以维持人类的生存。首先，作为生产主体的人口，随着社会经济的发展，人口素质不断提高，使得人们在生产过程中对土地的利用率不断提升，同时拓宽土地开发面积向广度发展，进一步扩大实际用地面积，当然，前提条件是要有足够可供开垦且尚未被利用的土地资源。其次，作为消费主体的人口，随着人口数量的增加和素质的提高，对土地资源的需求不断增大，具体而言，人口数量的增加增大了对粮食和消费资料的需求，增大了对土地的需求；随着社会经济的发展，工业、交通运输业和旅游业等规模不断扩大，显然需要大量的土地。由于土地的供给量日渐萎缩，而需求量日益膨胀，导致人们对自然资源的滥用，毁林开荒、毁草开荒，将大片的草原和森林开垦为耕地，破坏了生态平衡，造成了水土流失、土地沙化、气候异常，致使土地资源处于不断恶化之中。

（2）人口与水资源。水资源作为一种有限的自然资源，是人类赖以生存和发展的最基本资源之一，也是一种天赋的自然资源。由于人类生产和生活所利用的水资源大多是淡水资源，故本书所说的水资源仅指淡水资源。水能够维系人类生命的延续，能够为人类的生产和生活提供最基础的保障，是人类和社会发展的必备资源。然而，地球上的水资源并不丰富，据估算，水体总量约有 14.5 亿立方公里，其中可供利用的淡水仅占 2.7%，除此之外都是人类和工、农业不能直接利用的海水。在可供利用的水资源中，只有 0.4% 的水资源可供循环利用，其余的水资源有的分布在北极和南极，有的以地下水的形式深藏在地球内部的深处，难以被开发和利用。目前，全世界有多达 4.5 亿人面临缺水问题，若不采取有力措施，这一数字将继续扩大。中国目前也面临着水资源不足的危机，以不足 7.0% 的水资源养活了21.0% 的人口，属于世界上 13 个贫水国家之一。

自从工业革命以来，经济发展迅猛，工业和农业的生产规模不断扩大，这其中水资源的贡献是不容忽视的。据统计，农业生产是水资源的主要使用单位，约占需求总量的 75%；工业生产同样离不开水，每生产 1 吨钢要耗用 20 ~ 40 立方米水，每生产 1 吨人造纤维要耗用 1200 ~ 1800 立方米水。当然，这部分水的使用都是人作为生产者在从事工、农业生产时所耗费的。那么，作为消费者，随着人口增长，人口数量与水资源之间的矛盾不断激化。当今，全世界约有 75% 的农村人口和 20% 的城市人口面临水资源供给短缺；有 26 个国家由于水资源不足阻碍了现有的人口和经济的发展，在水资源最紧缺的一些非洲国家和中东国家中，人口仍在迅速增长，加剧了水资源供求的不平衡。

（3）人口与森林资源。森林资源作为生态系统中最活跃的一种有限的、可再生的资源，是地球上储量最大、生长周期最长的陆地植物资源。森林资源除了能提供人类生存所需的生活资料和生产资料外，由于其自身的特性还能对人类产生一种正的外部性，换言之它具有调节气候、净化空气、防风固沙、涵养水源、制造氧气等多种生态功能。在人类社会早期，地球上绝大部分土地被森林所覆盖，当时的覆盖率约为 70%。随着人类社会的发展，人口的增加，森林不断遭受破坏，森林面积急剧下降，截至目前，其覆盖率已不足 23%，我国的问题更为突出，全国森林覆盖率仅为 13.4%。

人口作为生产者对森林资源的消耗最早体现在农业，随着人口的迅速增长，原有的耕地面积已远远不足人们的需求，因此为了适应人口的增长，人们开始毁林开荒，开辟新的土地作为耕地。之后，随着社会的进步，工业化逐步发展，森林资源成为人们从事工业生产的原材料。由于森林资源具有正的外部性，所以生活在地球上的人类无时无刻不在扮演着消费者的角色，人们吸入的氧气、享受的阳光、感受的空气都离不开森林资源。然而，森林面积正在急速萎缩，除了自然灾害外，更多的是由于人口的迅速增长，对木材的需求量大幅增加，使得越来越多的森林遭受巨大的损失。

（4）人口与矿产资源。矿产资源[①]作为人类生存和经济发展的重要资源，对人类的生活和物质资料生产有着极大的影响。世界上有 70% 的工业制成品原料来自矿产资源，有 90% 的能源来自矿产资源。矿产资源是不可再生资源，其种类和数量都是有限的，且具有典型的稀缺性和不可修复性特征。它所具有的稀缺性和遭到严重破坏后的不可修复性是任何其他资源都无法比拟的。回顾人类社会的漫长发展历程，可以看出矿产资源的开采利用对人口发展有积极的促进作用。矿产资源的开发，改变了生态系统，使人类克服了环境阻力，大幅度提高了环境承载人口能力的潜力。然而，工业革命以后，人口数量的增长和工业化的进步，使得人们对矿产资源的需求不断增大，从而加大了矿产资源的开采量和消耗量，加剧了资源供需之间的不平衡。中国是最典型的例子，目前中国已发现矿产 163 种，是世界上矿产资源相对丰富，种类较全的少数国家之一，其主要矿产资源储量的潜在价值居世界第三位，但由于人口众多，人均矿产资源仅居世界第 80 位。

进入 20 世纪中叶，伴随科学技术和现代工业的飞速发展、人口迅速增长，人们用于生产的矿产资源的开发和消耗量急剧增加。例如，石油是在 20 世纪才被发现的能源矿产资源，随着内燃机的广泛使用和化纤工业的高速发展，石油的耗费量迅速增长，特别是在发达国家尤其明显。另外，欠发达地区矿产资源的综合利用程度较低，浪费相当严重，加快了资源的耗竭速度。以我国的贵州省为例，丰富的能源和矿产资源决定了贵州省以能源、原材料工业为主的工业结构，但是由于生产力水平低下，加上粗放式生产方式，资源利用率低，对资源的破坏和浪费严重，对环境造成了巨大压力。同样，人类的生存和生活也越来越依赖矿产资源，以汽油和煤炭最为突出。随着人口的增长、经济的发展和技术的进步，人们的生活水平逐渐提高，汽车的拥有量正在逐年攀升，因此汽油的消耗量也在不断增长。

---

①　矿产资源是指天然赋予地球内部或表面，由地质作用形成，呈固态、液态或气态的具有经济价值或潜在经济价值的物质资源。

与此同时，由于环境的不断恶化，极端天气频繁侵袭整个地球，人们为了取暖消耗了大量的煤炭（包括煤炭发电）。由此可见，无论作为生产者还是消费者，人们无时无刻不在消耗矿产资源，随着人口的不断扩张，加快了资源的耗竭速度。

（5）人口与环境。环境为人类的生产和生活提供了生存空间和活动场所。人们在从事生产活动时，除了要投入自然资源外，还必须借助自然环境，两者缺一不可，所以环境也是自然界赋予人类的一种"介质"性资源。人口与环境两大系统共同构成了生态系统①，人口是生态系统中环境的产物，它与其他有生命的存在物不同，除了依赖于环境而生存并发展外，更重要的是在逐步地适应、改造和保护环境的进程中发展起来的。

在原始社会，人们从事的经济活动以采集和狩猎为主，人口与环境的关系主要表现为人口增长依赖和适应于生态系统中环境的变化。随着社会生产力的发展，出现了原始的种植业和畜牧业，采集和狩猎逐渐被取而代之，经济发展方式由依赖型逐步向生产型转变，人口与环境之间的关系也由适应环境向利用和改造环境过渡。工业革命的爆发使人类社会步入了工业时代，经济生产方式以扩大再生产为主要特征，人口与环境关系也进入了一个新的历史时期，人类开始大规模地开发自然环境。随着社会生产力的高度发展、科学技术的进步，人类的脚步不仅仅徘徊于耕地、草原、森林等农业性自然资源，又进一步延伸到矿藏、地下石油、天然气以及海洋资源，环境也因此承受着前所未有的压力。进入20世纪下半叶，世界人口迅速增长，给耕地、森林、水资源带来很大的压力，导致环境污染加剧，人口与环境的关系愈发不协调。

2.2.2.3　基于不同角度的人口与资源环境间关系

随着全球经济的飞速发展、人口数量的不断增加，越来越多的学者开始关注资源和环境因素对社会发展的影响，主要就是研究人口与资源环境的关系。由于研究的视角和出发点不同，对人口与资源环境之间关系的论述自然也是千差万别。

---

① 所谓生态系统是指在自然界中，生物与环境、生物与生物之间存在着相互联系、相互依存的关系，并不断地进行着物质循环，使生物环境形成一个相对稳定的有机体。

（1）"稀缺性"理论。"稀缺"顾名思义总量是有限的，不能够无限供给。经济学的研究对象首先就要具备"稀缺性"条件，而经济学的根本任务就是要解决稀缺性。换言之，人口和资源环境只有具备稀缺性才有经济研究价值。吕昭河（2003）认为资源和环境的稀缺性在较大范围内可以得到认同，而人口资源的稀缺性判断要依赖于内在质量高低以及内在结构与相关联的社会生产结构的匹配性。因此，人口和资源环境都具有难以消解的资源稀缺性。那么，承认了三者的稀缺性之后，陈慧雄（2008）认为人口与资源环境之间的关系，实质上就是人口对于资源和环境的使用所引起的稀缺性，也就是说，资源和环境具有本真充裕性，在人类进行干预之后，使其性质发生了变化，由本真充裕性变成了资源稀缺性，即人类自身在需要与能力之间的矛盾是导致人口、资源与环境矛盾的基础性诱因。

（2）"经济人"假设。该假设源于"稀缺性"理论。所谓"经济人"是"针对经济行为者的许多不同描述中，经济人的称号通常是加给那些在工具主义意义上是理性的人的"。"经济人"假设是西方经济学最基本的范畴，最早提出该思想的是亚当·斯密（Adam Smith），在他的著作《国富论》中首次完整地表述了"经济人"思想，约翰·穆勒根据个人经济利益最大化公理，提炼出了"经济人"假设。由于人口与资源环境具有稀缺性和外部性特征，使得个人理性和社会理性存在非均衡性，由此产生了"经济人"假设（吕昭河，2003；李克强，2007）。随着人口规模的不断扩大，"经济人"的非理性行为对资源环境造成了巨大的损害，使资源环境陷入"公用地的灾难"，导致个人理性和社会理性的冲突进一步激化，人口与资源环境之间的矛盾也愈演愈烈。

（3）"二元价值"理论。二元价值论的基本思想是通过人类劳动和自然资源共同作用创造的价值。运用这一理论可以把人口与资源环境之间的内在联系通过价值这一经济学信号从市场上反映出来，并由此引导人力资源和自然资源的合理配置。罗丽艳（2008）认为作为基本生产要素的劳动力和自然资源既有互补关系，也有替代关系，但不可否认的是互补关系是绝对的，替代关系是相对的。传统经济学往往过分相信要素间的替代关系而忽视了这种互补关系，换句话说，就是过分相信人力可以代替自然力，关注人作为生产者的生产性，忽略人作为消费者的消耗性，结果导致人口与资源环境供求关系的失衡。

（4）能量守恒与熵定律。熵（entropy）是来自热力学的一个术语，用来衡量某个系统的混乱程度。所谓能量守恒就是指在一个封闭的系统中流入的能量应该与流出的能量相等。我们所生存的地球就可以看成是一个封闭的系统，通过计算熵值的高低就可以判断人口与资源环境之间的关系是否协调。滕业龙、郑玉林（1992）认为即便地球人口保持"零"增长，随着人类社会的发展，人们对资源和环境的利用范围和规模会逐步扩大，整个地球系统的熵值仍然会有所增加，这也许是一条难以抗拒的自然规律，不过人类可以采取一些措施（包括技术进步）提高资源环境的使用效率，将熵值的增加速度降到最低，使人类能够持续不断地发展。

（5）唯物主义思想。站在辩证唯物主义和历史唯物主义的高度描述人口与资源环境的关系，可以用几个词来概括：对立统一、相互制约、相互依赖、相互促进。所谓对立是指过快的人口增长和消费，会造成资源环境的巨大压力，而资源的过度开发、环境的肆意破坏，又会导致资源的浪费和环境的恶化，从而破坏了人类生存的基本条件。所谓统一是指控制人口、合理利用资源和保护生态环境，都是为了满足人们日益增长的物质文化生活需要，使社会经济发展具有可持续性，使人类社会能够永续的发展和传承下去（韩明希，1996）。

（6）可持续发展角度。可持续发展的概念来源于生态学。可持续发展模式是人类在现行的以牺牲自然资源和生态环境为代价的生产方式、消费模式以及人口迅速增长的条件下提出的。可持续发展是既满足当代人的需求又不危及后代人满足其需求的能力和发展，提出了一个代际公平的概念。人口作为生产者和消费者是影响自然资源和生态环境可持续性的关键因素。人口持续增长会降低自然资源和生态环境的人口承载能力，导致资源的过度开采，与此同时，人类的生存环境不断恶化，阻碍社会经济的发展和人民生活水平的提高，甚至最终会威胁人类生存。人口与资源环境的和谐是人类实现可持续发展的基本条件，能够保持三者之间的平衡和良性运转，进而实现可持续发展。李建民（1996）认为人类不可持续的生产模式、消费模式和世界人口的空前增长使地球的生态环境和自然资源遭受最为严重的破坏。史宝娟（2008）将资源环境的可持续发展看成是实现社会可持续发展的前提条件，将适宜的人口规模和增长率、优良的人口素质、合理的人口结构看成是实现社会可持续发展必备的人口条件。

除此之外，有的学者从物质本源论出发分析人口与资源环境之间的关系，还有学者将两种生产力理论与人口、资源、环境相结合研究其与经济发展的关系，更有学者从系统论的角度将人口、资源、环境与经济看成一个复杂的巨系统，研究每个子系统之间存在的关系，目的是实现整个系统的协调发展。

评述：人类与资源环境之间关系可以追溯到人类社会的起源，人口生存和发展必须依赖自然资源和环境，三者是相互交织在一起，既相互依存又相互制约。从表面上看，人口数量越多，向大自然攫取的资源就越多，对资源的消耗也就越大，同时人口从事生产和生活所排放的废弃物越多，对环境造成的压力自然也就越大。由于自然资源的稳定支付能力是有限的，自然环境的承载能力也是有限的，当自然资源或生态环境遭到严重的破坏，已经超越了两者的自动修复能力时，人口与资源环境之间的矛盾就会阻碍经济的发展和人类社会的进步。然而，作为区别于其他生物的创造者而言，人类的生产行为和消费行为能够使自然资源和生态环境产生更大的经济价值和社会价值，由于技术的进步、人口素质的提高，人类能够将人为因素与资源和环境相结合为人类社会的进步做出巨大的贡献。当然这其中的核心问题就是把握好"度"。

2.3　城市适度人口概念理解

城市适度人口研究的实质是从提升社会经济、资源环境承载力的角度构建城市适度人口的测度体系，并要从实际城市人口出发，探索基于人口、经济与资源环境协调发展的城市适度人口实现路径。因此，我国城市适度人口研究需要考虑以下原则：一是在理念借鉴方面，要求在适度人口理论的基础上，结合我国城市化发展实践，创新对城市适度人口的认识；二是在方法设计方面，除了要坚持完整性、科学性和逻辑性外，还需注重通过理念来引导方法的拓展，如图 2 - 1 所示。

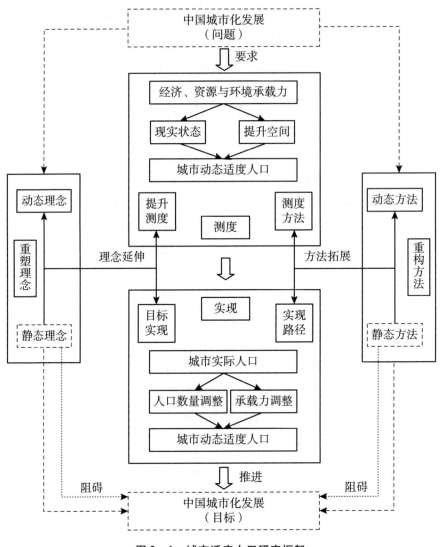

图 2 - 1　城市适度人口研究框架

（1）需要重新塑造城市适度人口的理念，即从静态走向动态。已有关于适度人口的认识，无论是从社会经济还是从生态环境角度，基本都是持有静态观点，即在既定经济发展方式和资源环境利用模式的基础上从数量上测度适度人口。如果在我国城市化发展中仅立足于静态适度人口理念，那么得出的城市适度人口势必小于城市实际人口，这样将阻碍我国城市化发展。因此，必须从城市静态适度人口理念转向动态适度人口理念，具体而言：一方面，城市适度人口应该是建立在城市经济、资源环境承载力提升基础上的动态适度，这样才能与具有动态特征的城市化发展相适应，换句话说，就是通过经济、资源和环境承载能力的提升来增大城市适度人口空间，以此满足城市化发展的需求；另一方面，城市适度人口不仅仅是数量上的测度，伴随着城市化发展中出现的社会经济发展瓶颈凸显、资源环境的日益恶化，城市适度人口研究更应该关注如何从实际人口出发，探索基于人口增长、经济发展与资源环境协调发展的适度人口目标实现。

（2）需要重新构建城市适度人口的测算方法，也要从静态走向动态，同时还要从数量测度转向路径实现。在我国城市化发展中，城市适度人口本身就是一个动态概念，因此需要从判断经济、资源与环境承载力提升空间的角度来构建城市适度人口的测度方法。另外，在对城市适度人口进行数量测度的基础上，需要从城市实际人口出发考虑城市适度人口实现路径问题，一是城市人口数量调整，即通过具有阶段性的迁出和迁入将城市实际人口调整到城市适度人口目标，这种调整属于"数量"上的调整；二是城市人口承载力的调整，即通过提升承载城市人口的经济、资源和环境发展能力来增加城市人口容量，以此达到城市适度人口目标，这种调整属于"质量"上的调整，一般需要通过转变经济发展方式和提升生态环境利用模式等。

（3）在城市适度人口理念重塑和方法重构的基础上，需要构建我国城市适度人口的技术路径，具体包括：一是分析中国城市化发展中面临的经济发展、资源环境等方面的"城市病"问题，以此揭示在城市化发展中研究城市适度人口的必要性；二是城市适度人口的测度，即根据城市人口、经济发展与资源环境的内在机制，分别测度城市经济、资源与环境承载能力的现实状态和提升空间，并以此为依据确定城市适度人口区间；三是城市适度人口的实现路径，即从城市实际人口出发，研究如何逐步从提升经济、资源与环境承载力来满足城市化发展中城市人口增加的目标，包括调整城市人口发展模式、转变社会经济发展方式、转变资源环境利用模式等。

第 3 章　我国城市化发展评价及问题分析

从 1760 年的工业革命开始，英国整整用了 90 年的时间，使其成为世界上第一个城市人口占总人口比重达 50% 的国家，基本实现了城市化。从我国的情况来看，新中国成立开启了城市化发展的历程，尤其是改革开放后的 30 余年中，在党中央、国务院战略方针的引导下，人口可以自由流动，城市化发展不断加快。城市化作为社会经济发展的一个重要阶段，对我国经济发展起到至关重要的作用，尤其是通过人口、要素和产业的聚集和分工，实现了生产力水平的全面提升。本部分主要通过对我国城市化水平、质量和效率的综合评价，分析我国城市化发展面临的问题，并以此作为本书构建城市化发展中适度人口模型的重要前提。

3.1　我国城市化发展评价分析

根据《中国大百科全书·地理志》中关于城市化的定义，城市化是农村人口向城市地区集中和农村地区转变为城市地区的过程，由此可以看出，城市化主要表现为人口迁移和城市扩张两个基本要素。然而，伴随着人口迁移和城市扩张，城市化实际上是一个人口数量集中、产业结构转型和生活方式改变的过程，城市化还将引导着社会经济的发展和资源环境质量的改变。

3.1.1　我国城市化发展评价体系构建

城市化率和城市数量指标仅能反映城市化水平，而城市化质量还需要从社会经济和资源环境等方面予以考虑。因此，之前所阐述的城市化发展阶段演进更多是关注城市化水平，仅仅揭示了新中国成立以来农村人口向城市集中和城市数量增加的演进过程，而本章主要从多个视角构建城市化发展评价指标体系，重点从水平、质量和效率三个方面分析我国城市化发展的区域特征。

　　基于以上理论概念，本书将城市化发展水平定位为人口迁移、城市扩张和经济转型的表象特征，即主要反映直接的城市人口增加、城市建设用地面积扩张和产业结构的转型等。将城市化发展质量定位为城市化发展中的内涵特征，即由人口增加、面积扩展、产业转型和生活方式变化等一系列行为引起的人口、经济、社会、资源、环境等质量的变化。将城市化发展效率定位为城市化水平与城市化质量的关系，包括技术效率和规模效率，如图 3－1 所示。

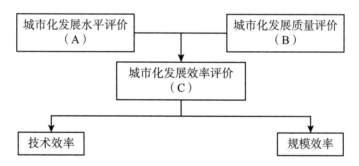

图 3－1　我国城市化发展评价体系结构

　　因此，我国城市化发展评价体系主要包括两个方面：一是分别构建城市化发展水平和质量的指标体系；二是选择评价城市化发展水平和质量的主要方法，以及衡量城市化发展水平和质量关系的方法。

3.1.1.1　指标体系构建

　　关于我国城市发展评价，国内学者从不同角度进行了大量的研究，核心问题就是如何构建城市化发展指标体系。国家城调总队，福建省城调队课题组（2005）从经济发展质量、生活质量、社会发展质量、基础设施质量、生态环境质量、统筹城乡与地区发展等方面构建城市化指标体系。刘耀彬等（2005）主要采用城镇非农人口占总人口的比重和非农产业的从业人口占社会总从业人口的比重来反映。方音、姚丽丽（2006）从人口类、经济类、社会文化类、地域景观类四个方面构建城市化水平测度体系。徐建中、毕琳（2006）从经济实力、经济结构、社会发展、基础设施和环境建设五个方面构建城市化发展水平评价指标体系。侯学英（2008）从人口城市化、经济城市化、社会城市化和环境城市化四个方面予以评价。李林（2008）分别从发展水平和发展潜力两个方面评价城市化质量，分别选取人口指标、经济指标、城市设施指标、人民生活指标和资源环境指标。袁晓玲等（2008）从物质文明、精神文明和生态文明三个方面构建城市化发展质量指标体系。刘亚臣等（2008）从经济、人口、生活状况、环境四个方面选取城市化发展指标。史文利等（2008）分别选取人均GDP、第二产业产值占 GDP 比重、非农业人口比重、第三产业从业人员比重、人均社会消费零售总额、人均住宅建筑面积、城市建成区面积、城市人口密度等指标。欧向军等（2008）根据城市化的内涵，从人口城市化、经济城市化、生活方式城市化和地域景观城市化四个方面构建城市化发展指标体系。王家庭、唐袁（2009）采用城市化率来反映城市化水平，并从经济、社会、环境三个方面构建城市化质量的指标体系。陈明星等（2009）从人口、经济、社会和土地四个方面构建城市化指标体系。薛俊菲等（2010）从人口城市化、经济城市化和空间城市化三个角度选择非农人口占总人口比重，第二、第三产业增加值占 GDP 比重，城市建设用地面积占土地面积比重。方创琳、王德利（2011）从经济城市化、社会城市化和空间城市化三个方面构建了反映城市发展质量的指标体系。陈文峰等（2011）从人口、经济、社会生活、地域景观和环境质量五个方面选取了 20 个城市化发展指标。

以上研究从多个角度来构建城市化发展评价指标体系，所选择的指标内容覆盖全面，即不仅仅从人口角度考虑城市化问题，还将城市化发展延伸到经济发展、社会发展和资源环境等方面。但是，以上研究存在的问题并没有从逻辑上厘清城市化发展的层次，尤其是对绝对指标和相对指标、水平指标和质量指标没有进行严格区分，从而导致评价得到的结果也不具有针对性。根据以上评价体系，本书主要从水平和质量两个方面来选择城市化发展的指标体系，同时考虑到时间和区域规模存在差异，主要选择相对指标。具体需要遵循以下四个方面的原则：一是相关性，即所选取的指标要与评价目标及准则相关，即反映评价准则的内容；二是独立性，即所选择的指标相对独立，即指标与指标间反映的内容尽量减少信息重叠；三是可比性，即将所选择的指标能剔除规模因素，进行单位化处理，实现各地区指标数据具有可比性；四是可取性，即所选取的指标均能获取公开的数据资料。

（1）城市化发展水平指标体系。

城市化发展水平指标体系主要从人口城市化、空间城市化和经济城市化三个方面来构建，主要从表象上揭示各地区城市化发展水平，其中：

人口城市化。该方面主要选择人口城市化率（%），反映人口迁移所导致的城市人口数量变化，为正向指标，其公式为：

$$A_{11} = \frac{CR}{ZR} \tag{3-1}$$

其中：A_{11}表示人口城市化率，CR 表示城镇人口数（万人），ZR 表示总人口（万人）。

空间城市化。该方面主要选择空间城市化率（%），反映城市扩张所导致的城市面积规模变化，为正向指标，其公式为：

$$A_{21} = \frac{CM}{ZM} \tag{3-2}$$

其中：A_{21}表示空间城市化率，CM 表示城市建成区面积（平方公里），ZM 表示国土面积（平方公里）。

经济城市化。该方面主要选择经济城市化率（%），反映城市化发展中的第一产业向第二、第三产业的不断转型过程，为正向指标，其公式为：

$$A_{31} = \frac{FC}{ZC} \tag{3-3}$$

其中：A_{31}表示经济城市化率，FC 表示第二、第三产业产值（亿元），ZC 表示国内生产总值（亿元）。

综上所述，本书构建的城市化发展水平指标体系如表 3-1 所示。

表 3 - 1   我国城市化发展水平指标体系

目标层	准则层	指标层	单位	方向
城市化发展水平 （A）	A_1 人口城市化	A_{11} 人口城市化率	%	+
	A_2 空间城市化	A_{21} 空间城市化率	%	+
	A_3 经济城市化	A_{31} 经济城市化率	%	+

注：" + "表示该指标与评价目标间的关系为正。

（2）城市化发展质量指标体系。

城市化发展质量指标体系主要从城市化发展中的人口发展、经济发展、社会发展、资源利用和环境保护五个方面来构建，主要从内涵上揭示各地区城市化发展质量，其中：

城市化发展中的人口发展。该方面主要选择"平均受教育年限"、"平均预期寿命"、"城镇登记失业率"、"城市人口密度"四个指标，具体如下：

第一，平均受教育年限（年）用 B_{11} 表示，反映人口的文化素质，属于正向指标，计算公式为：

$$B_{11} = \frac{0 \times X_1 + 6 \times X_2 + 9 \times X_3 + 12 \times X_4 + 16 \times X_5}{Y} \qquad (3-4)$$

其中：X_1、X_2、X_3、X_4、X_5 分别表示未上过学的人口数、小学文化人口数、初中文化人口数、高中文化人口数、大专以上人口数，Y 表示 6 岁及 6 岁以上的人口数。

第二，平均预期寿命（岁）用 B_{12} 表示，反映人口身体素质，属于正向指标。

第三，城镇登记失业率（%）用 B_{13} 表示，反映城镇人口失业人员情况，属于负向指标。

第四，城市人口密度（人/平方公里）用 B_{14} 表示，反映城市人口的生活拥挤程度，属于负向指标。

城市化发展中的经济发展。该方面主要选择"人均国内生产总值"、"人均第二产业产值"、"人均第三产业产值"、"人均全社会城镇固定资产投资"、"人均居民消费支出"、"城镇居民人均可支配收入"、"农村居民工

资性收入占比"和"城乡居民收入比"八个指标,具体如下:

第一,人均国内生产总值(元/人)用 B_{21} 表示,反映城市化发展中总体经济水平,属于正向指标。

第二,人均第二产业产值(元/人)用 B_{22} 表示,反映城市化发展中工业发展水平,属于正向指标,计算公式如下:

$$B_{22} = \frac{EC}{CR} \qquad (3-5)$$

其中:EC 表示第二产业产值,CR 表示城镇人口数。

第三,人均第三产业产值(元/人)用 B_{23} 表示,反映城市化发展中服务业发展水平,属于正向指标,计算公式如下:

$$B_{23} = \frac{SC}{CR} \qquad (3-6)$$

其中:SC 表示第二产业产值,CR 表示城镇人口数。

第四,人均全社会城镇固定资产投资(元/人)用 B_{24} 表示,反映城市化发展中的城市投资情况,属于正向指标,计算公式如下:

$$B_{24} = \frac{GT}{CR} \qquad (3-7)$$

其中:GT 表示全社会城市固定资产投资,CR 表示城镇人口数。

第五,人均居民消费支出(元/人)用 B_{25} 表示,反映城市化发展中的居民消费情况,属于正向指标。

第六,城镇居民人均可支配收入(元/人)用 B_{26} 表示,反映城市化发展中的城市居民收入水平,属于正向指标。

第七,农村居民工资性收入占比(%)用 B_{27} 表示,反映城市化发展中农村居民通过就业获取的收入水平,属于正向指标,计算公式如下:

$$B_{27} = \frac{NG}{NC} \qquad (3-8)$$

其中:NG 表示农村居民工资性收入,NC 表示农村居民纯收入。

第八,城乡居民收入比用 B_{28} 表示,反映城市化发展中的城乡居民收入差距变化,属于负向指标,计算公式如下:

$$B_{28} = \frac{CC}{NC} \qquad (3-9)$$

其中：CC 表示城镇居民人均可支配收入，NC 表示农村居民纯收入。

城市化发展中的社会发展。该方面主要选择"千人卫生技术人员数"、"千人医疗卫生机构床位数"、"普通学校综合生师比"、"生均教育经费"、"广播电视综合覆盖率"、"城市用水普及率"、"城市燃气普及率"、"万人拥有公共交通车辆"、"人均城市道路面积"、"人均公园绿地面积"和"万人拥有公共厕所"11 个指标，具体如下：

第一，千人卫生技术人员数（人）用 B_{31} 表示，反映城市化发展中医疗卫生技术人员数量变化，属于正向指标。

第二，千人医疗卫生机构床位数（张）用 B_{32} 表示，反映城市化发展中医疗卫生机构床位数量变化，属于正向指标。

第三，普通学校综合生师比用 B_{33} 表示，反映城市化发展中教育师资配备情况，属于反向指标，计算公式如下：

$$B_{33} = \frac{SS_1 + SS_2 + SS_3 + SS_4}{4} \qquad (3-10)$$

其中：SS_1、SS_2、SS_3 和 SS_4 分别表示小学生师比、初中生师比、普通高中生师比和普通高校生师比。

第四，生均教育经费（元/人）用 B_{34} 表示，反映城市化发展中教育投入水平，属于正向指标，计算公式如下：

$$B_{34} = \frac{SF}{ZR} \qquad (3-11)$$

其中：SF 表示教育经费，ZR 表示在校生人数。

第四，广播电视综合覆盖率（%）用 B_{35} 表示，反映城市化发展中文化发展水平，属于正向指标，计算公式如下：

$$B_{35} = \frac{GB + DS}{2} \qquad (3-12)$$

其中：GB 表示广播节目综合人口覆盖率，DS 表示电视节目综合人口覆盖率。

第六，城市用水普及率（%）用 B_{36} 表示，反映城市化发展中城市居民自来水用水普及的人口比重，属于正向指标。

第七，城市燃气普及率（%）用 B_{37} 表示，反映城市化发展中城市居民燃气使用普及的人口比重，属于正向指标。

第八，万人拥有公共交通车辆（标台）用 B_{38} 表示，反映城市化发展中城市居民可以使用的公共交通情况，属于正向指标。

第九，人均城市道路面积（平方米）用 B_{39} 表示，反映城市化发展中城市居民拥有的道路面积情况，属于正向指标。

第十，人均公园绿地面积（平方米）用 B_{310} 表示，反映城市化发展中城市居民拥有的公园绿地情况，属于正向指标。

第十一，万人拥有公共厕所（座）用 B_{311} 表示，反映城市化发展中城市居民拥有的公共厕所情况，属于正向指标。

城市化发展中的资源利用。该方面主要选择"人均耕地面积"、"森林覆盖率"、"人均水资源量"、"万元地区生产总值耗能"四个指标，具体如下：

第一，人均耕地面积（亩）用 B_{41} 表示，反映城市化发展中还可以为城市扩张提供的土地空间情况，属于正向指标。

第二，森林覆盖率（%）用 B_{42} 表示，反映城市化发展中可以为城市居民提供净化空气、固碳释氧、涵养水源等的森林资源情况，属于正向指标。

第三，人均水资源量（立方米/人）用 B_{43} 表示，反映城市化发展中能够提供城市发展生产和生活用水的水资源存量情况，属于正向指标。

第四，万元地区生产总值耗能（吨标准煤/万元）用 B_{44} 表示，反映城市化发展中生产和生活消耗的煤炭、煤油、天然气、热力、电力等能源效率，属于负向指标。

城市化发展中的环境保护。该方面主要选择"单位面积城市生活垃圾清运量"、"单位面积生活污水排放量"、"单位面积工业废水排放量"、"单位面积工业废气排放量"、"单位面积工业固体废弃物产生量"、"生活垃圾无害化处理率"、"城市污水处理率"、"工业废气综合去除率"、"工业固体废弃物处置率"、"环境污染治理投资占 GDP 比重"10 个指标，具体如下：

第一，单位面积城市生活垃圾清运量（吨/平方公里）用 B_{51} 表示，反映城市化发展中垃圾对环境的影响，属于负向指标，计算公式如下：

$$B_{51} = \frac{SL}{ZM} \qquad\qquad (3-13)$$

其中：SL 表示城市生活垃圾清运量，ZM 表示国土面积。

第二，单位面积生活污水排放量（吨/平方公里）用 B_{52} 表示，反映城市化发展中生活污水对环境的影响，属于负向指标，计算公式如下：

$$B_{52} = \frac{SW}{ZM} \qquad (3-14)$$

其中：SW 表示生活污水排放量，ZM 表示国土面积。

第三，单位面积工业废水排放量（吨/平方公里）用 B_{53} 表示，反映城市化发展中工业废水对环境的影响，属于负向指标，计算公式如下：

$$B_{53} = \frac{GS}{ZM} \qquad (3-15)$$

其中：GS 表示工业废水排放总量，ZM 表示国土面积。

第四，单位面积工业废气排放量（亿标立方米/平方公里）用 B_{54} 表示，反映城市化发展中工业废气对环境的影响，属于负向指标，计算公式如下：

$$B_{54} = \frac{GQ}{ZM} \qquad (3-16)$$

其中：GQ 表示工业废气排放总量，ZM 表示国土面积。

第五，单位面积工业固体废弃物产生量（吨/平方公里）用 B_{55} 表示，反映城市化发展中工业固体废弃物对环境的影响，属于负向指标，计算公式如下：

$$B_{55} = \frac{GW}{ZM} \qquad (3-17)$$

其中：GW 表示工业固体废物产生量，ZM 表示国土面积。

第六，生活垃圾无害化处理率（%）用 B_{56} 表示，反映城市化发展中对生活垃圾污染的处理能力，属于正向指标。

第七，城市污水处理率（%）用 B_{57} 表示，反映城市化发展中对城市污水的处理能力，属于正向指标。

第八，工业废气综合去除率（%）用 B_{58} 表示，反映城市化发展中对工业废气的综合处理能力，属于正向指标，计算公式如下：

$$B_{58} = \frac{GC}{GQ}$$

其中：GQ 表示工业废气排放总量，GC 表示工业废气的去除量。

第九，工业固体废弃物处置率（%）用 B_{59} 表示，反映城市化发展中对工业固体废弃物的处理能力，属于正向指标，计算公式如下：

$$B_{59} = \frac{GZ}{GW} \tag{3-18}$$

其中：GW 表示工业固体废物产生量，GZ 表示工业固体废弃物处置量。

第十，环境污染治理投资占 GDP 比重（%）用 B_{510} 表示，反映治理环境污染中各地投入情况，属于正向指标。

综上所述，本书构建的城市化发展质量指标体系，如表 3-2 所示。

表 3-2　　　　　　　　我国城市化发展质量指标体系

目标层	准则层	指标层	单位	方向
城市化发展质量（B）	人口发展（B_1）	B_{11} 平均受教育年限	年	+
		B_{12} 平均预期寿命	岁	+
		B_{13} 城镇登记失业率	%	−
		B_{14} 城市人口密度	人/平方公里	−
	经济发展（B_2）	B_{21} 人均国内生产总值	元/人	+
		B_{22} 人均第二产业产值	元/人	+
		B_{23} 人均第三产业产值	元/人	+
		B_{24} 人均全社会城镇固定资产投资	元/人	+
		B_{25} 人均居民消费支出	元/人	+
		B_{26} 城镇居民人均可支配收入	元/人	+
		B_{27} 农村居民工资性收入占比	%	+
		B_{28} 城市居民收入比		−
	社会发展（B_3）	B_{31} 千人卫生技术人员数	人	+
		B_{32} 千人医疗卫生机构床位数	张	+
		B_{33} 普通学校综合生师比		−
		B_{34} 生均教育经费	元/人	+
		B_{35} 广播电视综合覆盖率	%	+
		B_{36} 城市用水普及率	%	+
		B_{37} 城市燃气普及率	%	+

目标层	准则层	指标层	单位	方向
城市化发展质量（B）	社会发展（B_3）	B_{38}万人拥有公共交通车辆	标台	+
		B_{39}人均城市道路面积	平方米	+
		B_{310}人均公园绿地面积	平方米	+
		B_{311}万人拥有公共厕所	座	+
	资源利用（B_3）	B_{41}人均耕地面积	亩	+
		B_{42}森林覆盖率	%	+
		B_{43}人均水资源量	立方米/人	+
		B_{44}万元地区生产总值耗能	吨标准煤/万元	−
	环境保护（B_5）	B_{51}单位面积城市生活垃圾清运量	吨/平方公里	−
		B_{52}单位面积生活污水排放量	吨/平方公里	−
		B_{53}单位面积工业废水排放量	吨/平方公里	−
		B_{54}单位面积工业废气排放量	亿标立方米/平方公里	−
		B_{55}单位面积工业固体废物产生量	吨/平方公里	−
		B_{56}生活垃圾无害化处理率	%	+
		B_{57}城市污水处理率	%	+
		B_{58}工业废气综合去除率	%	+
		B_{59}工业固体废弃物处置率	%	+
		B_{510}环境污染治理投资占 GDP 比重	%	+

注："＋"表示该指标与评价目标间的关系为正，"－"表示该指标与评价目标间的关系为负。

3.1.1.2　评价方法选择

根据我国城市化发展区域差异的评价体系，主要包括以下几个步骤：首先，对所有指标进行标准化处理，即正向化和无量纲化；其次，对城市化发展水平和质量的各方面指标进行综合评价；最后，衡量我国城市化发展水平和质量间的关系，并计算我国地区城市化发展的相对效率。因此，针对该部分研究，本书主要选择功效系数法、因子分析法和数据包络分析法。

（1）指标标准化处理：功效系数法。

功效系数法是根据多目标规划原理，对每一项评价指标确定满意值和不允许值，以满意值为上限，以不允许值为下限，以此计算各指标实现满意值的程度。由于所选指标的单位并不一致，同时指标与目标间的关系有正有负，因此需要采取功效系数法，对以上各样本的指标进行标准化处理。

设第 i 个评价样本的第 j 项指标值为 x_{ij}，其中：$i=1，2，3，\cdots，31$ 表示全国 31 个省（市、自治区）样本数量，$j=1，2，3，\cdots，40$ 表示本书构建的城市化发展水平和质量指标个数。

对于正向指标而言，希望指标值越大越好，因此采用正向功效系数模型，将原始指标数据 $x_{ij} \in \left[\min\limits_{1 \leqslant i \leqslant 31}(x_{ij})，\max\limits_{1 \leqslant i \leqslant 31}(x_{ij}) \right]$ 控制到 $y_{ij} \in [q，k+q]$，计算公式如下：

$$y_{ij} = \frac{x_{ij} - \min\limits_{1 \leqslant i \leqslant 31}(x_{ij})}{\max\limits_{1 \leqslant i \leqslant 31}(x_{ij}) - \min\limits_{1 \leqslant i \leqslant 31}(x_{ij})} \times k + q \qquad (3-19)$$

对于负向指标而言，希望指标值越小越好，因此采用负向功效系数模型，将原始指标数据 $x_{ij} \in \left[\max\limits_{1 \leqslant i \leqslant 31}(x_{ij})，\min\limits_{1 \leqslant i \leqslant 31}(x_{ij}) \right]$ 控制到 $y_{ij} \in [q，k+q]$，计算公式如下：

$$y_{ij} = \frac{\max\limits_{1 \leqslant i \leqslant 31}(x_{ij}) - x_{ij}}{\max\limits_{1 \leqslant i \leqslant 31}(x_{ij}) - \min\limits_{1 \leqslant i \leqslant 31}(x_{ij})} \times k + q \qquad (3-20)$$

其中：q 表示指标下限值，本书取值 $q=50$，$k+q$ 表示指标上限值，本书将取值 $k+q=100$，则 $k=50$。

功效系数法几何图示，如图 3-2 所示。

（2）城市化综合评价：因子分析法。

因子分析法是利用原始变量与因子之间的关系，从具有错综复杂关系的变量中提炼出数量较少的几个因子，同时，根据不同因子还可以对变量进行分类。因子分析将大量的彼此可能存在相关关系的变量转换成较少的彼此不相关的综合指标的一种多元统计方法。在我国城市化发展水平的指标体系上，虽然所选指标在经济意义上具有独立性，但是统计上仍然存在

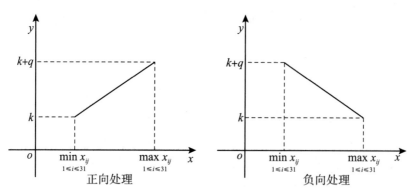

图 3 - 2 功效系数法几何图示

较强相关性，不可避免地造成了信息重合，这样会扭曲城市化发展水平和质量综合评价的真正特征和内在规律。因此，本书选择因子分析法，将具有信息重叠的指标转化成少数几个具有独立关系并能反映经济内涵的综合因子，以此对我国城市化发展水平进行综合评价。

设存在 m 个可能存在相关关系的原始变量 X_1，X_2，$\cdots$，X_m 含有 p 个独立的公共因子 F_1，F_2，$\cdots$，F_p，为了达到降维目标，需要存在 $p \leqslant m$，原始变量 X_i 含有独特因子 ε_i，其中 $i = 1$，2，$\cdots$，m，各 ε_i 间互不相关，即 $E(\varepsilon) = 0$，并且 $\mathrm{Cov}(F, \varepsilon) = 0$，每个 X_i 可由 p 个公共因子和与自身对应的独特因子 ε_i 线性表示。

$$\begin{cases} X_1 = \alpha_{11}F_1 + \alpha_{12}F_2 + \cdots + \alpha_{1p}F_p + \varepsilon_1 \\ X_2 = \alpha_{21}F_1 + \alpha_{22}F_2 + \cdots + \alpha_{2p}F_p + \varepsilon_2 \\ \cdots \\ X_m = \alpha_{m1}F_1 + \alpha_{m2}F_2 + \cdots + \alpha_{mp}F_p + \varepsilon_m \end{cases} \tag{3 - 21}$$

用矩阵表示为：

$$\begin{bmatrix} X_1 \\ X_2 \\ \vdots \\ X_m \end{bmatrix} = \begin{bmatrix} a_{11} & a_{12} & a_{1p} \\ a_{21} & a_{22} & a_{2p} \\ & \vdots & \\ a_{m1} & a_{m2} & a_{mp} \end{bmatrix} \begin{bmatrix} F_1 \\ F_2 \\ \vdots \\ F_p \end{bmatrix} + \begin{bmatrix} \varepsilon_1 \\ \varepsilon_2 \\ \vdots \\ \varepsilon_m \end{bmatrix} \tag{3 - 22}$$

进一步简写为：

$$X = A \times F + \varepsilon \qquad (3-23)$$

A 称为因子负荷矩阵，其元素 a_{ij} 表示第 i 个变量在第 j 个公共因子上的负荷，简称因子负荷。

（3）城市化效率测度：数据包络分析法。

由 A. 查恩斯和 W. W. 库珀（A. Charnes & W. W. Cooper, 1978）创建的数据包络分析模型（DEA）是一个对多投入、多产出的多个决策单元的效率评价方法。在我国城市化发展中，将城市化水平当成"投入"，城市化质量当成"产出"，以此衡量各地城市化水平质量间的关系及城市化发展效率差异。

设 $i=1$, 2, …, 31 分别表示全国 31 个省（市、自治区），即 DEA 模型中的第 i 个决策单元（DMU_i）。将投入向量设为 $X_i = [x_{1i}]$，即 DMU_i 的 q 个投入量，$x_{qi} > 0 (q = 1)$，指标体系中的城市化发展水平综合得分；将产出变量设为 $Y_i = [y_{1i}, y_{2i}, \cdots, y_{5i}]$，即 DMU_i 的 r 个产出量，$x_{ri} > 0 (r = 1$, 2, …, 5$)$，反映指标体系中城市发展质量的 5 个综合得分。根据魏权龄（2004）所构建的 DEA 模型存在不同的形式，不同形式的模型所反映的效率内涵也具有差异。

第一，总效率测度。总效率主要采用具有不变规模报酬的 C^2R 模型计算，其生产可能集为：

$$T_{C^2R} = \left\{ (X, Y) \,\middle|\, \sum_{i=1}^{31} X_i \lambda_i \leqslant X, \ \sum_{i=1}^{31} Y_i \lambda_i \geqslant Y, \ \lambda_i \geqslant 0, \ i = 1, 2, \cdots, 31 \right\} \quad (3-24)$$

基于以上生产可能集，设城市化发展总效率为 θ_1，任一 i_0 个地区（决策单元 DMU_{i_0}）的投入向量为 X_{i_0}，产出向量为 Y_{i_0}，重新构造一个有效决策单元 DMU 组合中第 i 个决策单元 DMU 的组合比例为 λ_i，则 C^2R 模型的线性规划模型表示为：

$$\begin{cases} \min \theta_1 \\ \text{s. t.} \ \displaystyle\sum_{i=1}^{31} X_i \lambda_i \leqslant \theta_1 X_{i_0} \\ \displaystyle\sum_{i=1}^{31} Y_i \lambda_i \geqslant Y_{i_0} \\ \lambda_i \geqslant 0, \\ i = 1, 2, \cdots, 31 \end{cases} \qquad (3-25)$$

通过以上线性规划模型可计算我国城市化发展的总效率 θ_1，如果 $\theta_1 = 1$ 表示总效率有效，如果 $\theta_1 < 1$ 表示总效率无效。

第二，技术效率测度。城市化发展技术效率主要采用具有可变规模报酬的 BC^2 模型计算，其生产可能集为：

$$T_{BC^2} = \left\{ (X, Y) \left| \begin{array}{l} \sum_{i=1}^{31} X_i \lambda_i \leqslant X, \sum_{i=1}^{31} Y_i \lambda_i \geqslant Y, \\ \sum_{i=1}^{31} \lambda_i = 1, \lambda_i \geqslant 0, i = 1, 2, \cdots, 31 \end{array} \right. \right\} \quad (3-26)$$

基于以上生产可能集，设城市化发展技术效率为 θ_2，任一 i_0 个地区（决策单元 DMU_{i_0}）的投入向量为 X_{i_0}，产出向量为 Y_{i_0}，重新构造一个有效决策单元 DMU 组合中第 i 个决策单元 DMU 的组合比例为 λ_i，则 BC^2 模型的线性规划模型表示为：

$$\begin{cases} \min \theta_2 \\ \text{s. t. } \sum_{i=1}^{31} X_i \lambda_i \leqslant \theta_2 X_{i_0} \\ \sum_{i=1}^{31} Y_i \lambda_i \geqslant Y_{i_0} \\ \lambda_i \geqslant 0, \sum_{i=1}^{31} \lambda_i = 1 \\ i = 1, 2, \cdots, 31 \end{cases} \quad (3-27)$$

通过以上线性规划模型可计算我国城市化发展的技术效率 θ_2，如果 $\theta_2 = 1$ 表示技术效率有效，如果 $\theta_2 < 1$ 表示技术效率无效。

第三，规模效率测度。城市化发展规模效率主要根据总效率和技术效率计算城市化的规模效率 θ_3，计算公式如下：

$$\theta_3 = \frac{\theta_1}{\theta_2} \quad (3-28)$$

如果 $\theta_3 = 1$ 表示规模报酬有效，$\theta_3 < 1$ 表示规模报酬无效，但还要与具有非增规模报酬的 FG 模型所计算的效率 θ_4 进行比较才能判断是属于规模递增还是规模递减所导致的规模无效。

具有非增规模报酬的 FG 模型的生产可能集为：

$$T_{FG} = \left\{ (X, Y) \left| \begin{array}{l} \sum\limits_{i=1}^{31} X_i \lambda_i \leqslant X, \ \sum\limits_{i=1}^{31} Y_i \lambda_i \geqslant Y, \\ \sum\limits_{i=1}^{31} \lambda_i \leqslant 1, \ \lambda_i \geqslant 0, \ i = 1, 2, \cdots, 31 \end{array} \right. \right\} \quad (3-29)$$

基于以上生产可能集，设任一 i_0 个地区（决策单元 DMU_{i_0}）的投入向量为 X_{i_0}，产出向量为 Y_{i_0}，重新构造一个有效决策单元 DMU 组合中第 i 个决策单元 DMU 的组合比例为 λ_i，则 FG 模型的线性规划模型表示为：

$$\begin{cases} \min \theta_4 \\ \text{s. t.} \sum\limits_{i=1}^{31} X_i \lambda_i \leqslant \theta_4 X_{i_0} \\ \sum\limits_{i=1}^{31} Y_i \lambda_i \geqslant Y_{i_0} \\ \lambda_i \geqslant 0, \sum\limits_{i=1}^{31} \lambda_i \leqslant 1 \\ i = 1, 2, \cdots, 31 \end{cases} \quad (3-30)$$

通过以上线性规划模型可以计算 θ_4，如果 $\theta_4 = \theta_1$ 表示规模报酬递增，即城市化发展水平较低导致的规模无效；$\theta_4 = \theta_2$ 表示规模报酬递减，即城市化发展水平较高导致的规模无效。

3.1.2　我国城市化发展评价实证结果

在城市化发展评价研究中首先采用功效系数法对指标进行标准化处理，然后就城市化发展水平和质量评价主要采用因子分析法，就城市化发展效率测度主要采用数据包络分析法，以下分别显示具体测算结果。

3.1.2.1　我国各地区城市化发展水平评价

城市化发展水平评价涉及人口城市化、空间城市化和经济城市化三个方面，主要包括人口城市化率、空间城市化率和经济城市化率三个指标，并从《中国统计年鉴》和《中国人口统计年鉴》抽取全国 31 个省（市、自治区）2011 年的相关数据进行实证分析。

（1）指标统计描述。

首先对我国 31 个省（市、自治区）城市化发展中城市化发展水平指标进行描述性统计分析，主要反映其集中趋势和离散趋势，如表3-3所示。

表3-3　　　　城市化发展水平指标描述性统计

变量代码	极小值	极大值	均值		标准差	离散系数
			统计量	标准误		
A_{11}	22.71	89.30	52.17	2.60	14.47	0.28
A_{21}	0.01	15.85	1.75	0.56	3.12	1.78
A_{31}	73.87	99.35	89.39	0.95	5.30	0.06

注：该表为SPSS 18.0计算结果。

（2）可行性检验。

在对指标数据进行标准化处理后，首先进行因子分析的KMO和Bartlett检验，检验结果显示：Bartlett球度检验的概率值为0.000，假设被拒绝，换句话说，可以认为相关系数矩阵与单位矩阵有显著差异，另外，KMO值为0.711，均表明原变量适合做因子分析。

（3）总方差解释。

在城市化发展水平因子分析中，共提取了三个公因子，累计方差贡献为100%。从初始因子解的方差解释来看，公因子1的特征根为261.81，解释了原始变量总方差的81.13%；公因子2的特征根为39.87，解释了原始变量总方差的12.35%；公因子3的特征根为21.03，解释了原始变量总方差的6.52%。经过旋转后，三个公因子解释原始变量的方差贡献分别为35.41%、32.46%和32.13%，如表3-4所示。

表3-4　　　　初始和旋转后变量总方差被解释情况

成分	初始特征值			提取平方和载入			旋转平方和载入		
	合计	方差贡献（%）	累计贡献（%）	合计	方差贡献（%）	累计贡献（%）	合计	方差贡献（%）	累计贡献（%）
1	261.81	81.13	81.13	261.81	81.13	81.13	114.28	35.41	35.41
2	39.87	12.35	93.48	39.87	12.35	93.48	104.74	32.46	67.87
3	21.03	6.52	100.00	21.03	6.52	100.00	103.69	32.13	100.00

注：该表为SPSS 18.0计算结果。提取方法为主成分分析法。

（4）公因子识别。

从旋转后的因子载荷矩阵可以看出，公因子 1 在 A_3 上有较大的载荷系数，主要反映经济城市化；公因子 2 在 A_2 上有较大的载荷系数，主要反映空间城市化；公因子 3 在 A_1 上有较大的载荷系数，主要反映人口城市化，如表 3 – 5 所示。

表 3 – 5　　　　　　　　　　　旋转后的因子载荷矩阵

变量	成分		
	1	2	3
A_{31}	<u>9.451</u>	2.920	3.183
A_{21}	2.940	<u>8.638</u>	3.666
A_{11}	4.039	4.648	<u>8.951</u>

注：提取方法：主成分；旋转法：具有 Kaiser 标准化的正交旋转法；旋转在 5 次迭代后收敛。

（5）计算因子得分。

根据因子方差贡献以及各因子的经济内涵，将各因子得分进行加权平均，得到城市化发展水平的综合得分，其中：东部地区综合得分为 0.4655，中部地区综合得分为 – 0.1800，西部地区综合得分为 – 0.3067。可见，我国当前城市化发展水平呈现出较为典型的东中西梯度差异，城市化水平较为明显的地区是东部沿海城市，如表 3 – 6 所示。

表 3 – 6　　　　　　　　我国城市化发展水平因子得分

地区名称	经济城市化（公因子 1）	空间城市化（公因子 2）	人口城市化（公因子 3）	综合得分	得分排名
	35.41%	32.46%	32.13%		
北　京	1.1242	0.8428	1.9099	1.2853	2
天　津	1.2129	0.5991	1.5183	1.1117	3
河　北	– 0.0725	– 0.0879	– 0.4721	– 0.2059	19
山　西	1.3911	– 0.6872	– 0.4795	0.1155	8

地区名称	经济城市化（公因子1）	空间城市化（公因子2）	人口城市化（公因子3）	综合得分	得分排名
	35.41%	32.46%	32.13%		
内蒙古	0.3888	−1.0577	0.7472	0.0344	12
辽　宁	0.1974	−0.6715	1.2564	0.2556	7
吉　林	−0.3247	−0.4981	0.5082	−0.1134	14
黑龙江	−0.7473	−0.7046	1.0664	−0.1507	17
上　海	0.4374	4.8267	0.4115	1.8538	1
江　苏	0.7138	0.1921	0.3951	0.4421	5
浙　江	1.1364	−0.4815	0.5878	0.4349	6
安　徽	−0.4031	0.1275	−0.5019	−0.2626	21
福　建	0.2628	−0.7061	0.7455	0.1034	11
江　西	−0.0620	−0.2293	−0.3956	−0.2235	20
山　东	0.4471	0.2907	−0.4552	0.1064	10
河　南	−0.2641	0.3464	−1.0335	−0.3131	22
湖　北	−0.5574	−0.2444	0.3507	−0.1640	18
湖　南	−0.6019	−0.0736	−0.2831	−0.3280	23
广　东	0.9567	−0.4027	0.9798	0.5229	4
广　西	−1.3519	0.1105	−0.3174	−0.5448	28
海　南	−3.7942	0.3068	1.4134	−0.7898	31
重　庆	0.5087	−0.4611	0.2493	0.1105	9
四　川	−0.5201	−0.0769	−0.5921	−0.3994	24
贵　州	0.0378	0.0918	−1.5079	−0.4413	25
云　南	−0.7968	0.1302	−0.9970	−0.5602	29
西　藏	0.5010	0.4308	−2.9207	−0.6212	30
陕　西	0.4492	−0.5009	−0.3512	−0.1164	15
甘　肃	−0.2080	−0.0293	−1.1509	−0.4529	26
青　海	0.6267	−0.6622	−0.4380	−0.1338	16
宁　夏	0.6232	−0.5682	−0.1903	−0.0249	13
新　疆	−1.3111	−0.1522	−0.0531	−0.5307	27

地区名称	经济城市化 （公因子1） 35.41%	空间城市化 （公因子2） 32.46%	人口城市化 （公因子3） 32.13%	综合得分	得分排名
东　部	0.2383	0.4280	0.7537	0.4655	高
中　部	-0.1962	-0.2454	-0.0960	-0.1800	中
西　部	-0.0877	-0.2288	-0.6268	-0.3067	低

3.1.2.2　我国各地区城市化发展质量评价

我国城市化发展质量主要分为人口发展、经济发展、社会发展、资源利用和环境保护五个方面，并从《中国统计年鉴》、《中国人口统计年鉴》、《中国环境统计年鉴》等抽取全国 31 个省（市、自治区）2011 年相关数据进行分析。

（1）城市化发展中的人口发展质量评价。

首先对我国 31 个省（市、自治区）城市化发展中人口发展质量指标进行描述性统计分析，主要反映其集中趋势和离散趋势，如表 3 - 7 所示。

表 3 - 7　　　　我国城市化发展中人口发展质量指标描述性统计

变量代码	极小值	极大值	均值		标准差	离散系数
			统计量	标准误		
B_{11}	5.51	11.55	8.81	0.18	1.01	0.11
B_{12}	68.17	80.26	74.91	0.49	2.75	0.04
B_{13}	1.39	4.35	3.45	0.12	0.65	0.19
B_{14}	515.00	5821.00	2724.74	237.58	1322.80	0.49

注：该表为 SPSS 18.0 计算结果。

对指标数据进行标准化处理，在通过因子分析的 KMO 和 Bartlett 检验基础上，根据因子分析基本原理，按照尽可能提取指标信息原则，选取了三个公因子，累计方差贡献为 97.77%，其中：公因子 1 在平均预期寿命（B_{12}）和平均受教育年限（B_{11}）上具有较高的载荷系数，反映人口基本素质，其方差贡献为 39.39%；公因子 2 在城市人口密度（B_{14}）上具有较高载荷系数，反映人口生存空间，其方差贡献为 33.11%；公因子 3 在城镇登记失业率（B_{13}）上具有较高载荷系数，反映人口就业情况，其方差贡献为 25.27%。

根据因子方差贡献以及各因子的经济内涵，将各因子得分进行加权平均，得到城市化发展中人口发展质量的综合得分，其中：东部地区为 0.5477，中部地区为 -0.2198，西部地区为 -0.3555。可见，我国当前城市化发展中的人口发展质量呈现出较为典型的东中西梯度差异，质量较高的地区是东部沿海城市，如表 3-8 所示。

表 3-8　　　　　我国城市化发展中人口发展质量综合得分

地区名称	人口基本素质（公因子1）	人口生存空间（公因子2）	人口就业情况（公因子3）	综合得分	得分排名
	39.39%	33.11%	25.27%		
北　京	1.8198	0.8391	2.8778	1.7611	1
天　津	1.6389	0.0865	-0.5485	0.5478	4
河　北	0.0303	0.2983	-0.4875	-0.0128	16
山　西	0.1358	-0.2035	-0.0572	-0.0290	18
内蒙古	0.0814	1.4616	-0.6085	0.3705	10
辽　宁	0.6576	0.7745	-0.5114	0.3950	9
吉　林	0.4889	0.2940	-0.4972	0.1680	13
黑龙江	0.5854	-1.7706	-1.0687	-0.6400	28
上　海	2.0268	-0.6906	-0.5062	0.4519	7
江　苏	0.5040	0.5417	0.2451	0.4498	8
浙　江	0.6378	0.7810	0.3576	0.6139	3
安　徽	-0.0936	0.3926	-0.4588	-0.0233	17
福　建	0.2796	0.3458	-0.4448	0.1148	14
江　西	-0.2665	-1.3891	0.8472	-0.3588	22
山　东	0.3070	1.0372	0.0537	0.4888	6
河　南	-0.1133	-1.8085	0.2490	-0.5937	26

地区名称	人口基本素质（公因子1）	人口生存空间（公因子2）	人口就业情况（公因子3）	综合得分	得分排名
	39.39%	33.11%	25.27%		
湖　北	0.2234	0.5930	-1.0812	0.0114	15
湖　南	0.1352	-0.0978	-1.2148	-0.2926	20
广　东	0.3495	0.0182	1.4937	0.5331	5
广　西	-0.0360	0.8823	-0.0420	0.2734	12
海　南	-0.0436	-0.0081	2.7138	0.6811	2
重　庆	0.1915	0.6936	-0.1419	0.2754	11
四　川	-0.0782	0.0233	-1.1077	-0.3099	21
贵　州	-1.3719	-0.5981	0.0076	-0.7533	29
云　南	-1.6330	-0.8443	-0.5846	-1.0949	31
西　藏	-3.0320	1.6541	0.9068	-0.4270	23
陕　西	0.0738	-2.3274	-0.1423	-0.7952	30
甘　肃	-1.0007	-0.8718	0.7677	-0.5000	24
青　海	-1.5818	0.1373	-0.1745	-0.6359	27
宁　夏	-0.3520	1.2226	-1.3887	-0.0867	19
新　疆	-0.5640	-1.4668	0.5463	-0.5827	25
东　部	0.7462	0.3658	0.4767	0.5477	高
中　部	0.1369	-0.4987	-0.4102	-0.2198	中
西　部	-0.7752	-0.0028	-0.1635	-0.3555	低

（2）城市化发展中的经济发展质量评价。

首先对我国 31 个省（市、自治区）城市化发展中经济发展质量指标进行描述性统计分析，主要反映其集中趋势和离散趋势，如表 3 - 9 所示。

表 3 - 9　　　我国城市化发展中经济发展质量指标描述性统计

变量代码	极小值	极大值	均值		标准差	离散系数
			统计量	标准误		
B_{21}	16413.00	85213.00	39441.87	3376.00	18796.78	0.48
B_{22}	16127.00	57202.00	35673.32	1785.21	9939.63	0.28

变量代码	极小值	极大值	均值		标准差	离散系数
			统计量	标准误		
B_{23}	18611.00	71051.00	29766.00	2173.42	12101.12	0.41
B_{24}	23661.00	74959.00	44992.71	2173.31	12100.47	0.27
B_{25}	4730.00	35439.00	12789.48	1154.95	6430.49	0.50
B_{26}	14989.00	36230.00	20607.39	963.18	5362.76	0.26
B_{27}	14.79	65.36	41.03	2.40	13.34	0.33
B_{28}	2.07	3.98	2.91	0.09	0.52	0.18

注：该表为 SPSS18.0 计算结果。

对指标数据进行标准化处理，在通过因子分析的 KMO 和 Bartlett 检验基础上，根据因子分析基本原理，按照尽可能提取指标信息原则，选取了四个公因子，累计方差贡献为 95.02%，其中：公因子 1 在人均第三产业产值（B_{23}）、城镇居民人均可支配收入（B_{26}）、人均国内生产总值（B_{21}）、人均居民消费支出（B_{25}）上具有较高的载荷系数，反映城市经济生活，其方差贡献率为 37.25%；公因子 2 在人均第二生产总值（B_{22}）和人均全社会固定资产投资（B_{24}）上具有较高载荷系数，反映城市工业投资，其方差贡献率为 18.87%；公因子 3 在农民工资收入占比（B_{27}）上具有较高的载荷系数，反映农村工资收入，其方差贡献率为 20.12%；公因子 4 在城乡居民收入比（B_{28}）上具有较高的载荷系数，反映城乡经济差距，其方差贡献率为 18.79%。

根据因子方差贡献以及各因子的经济内涵，将各因子得分进行加权平均，得到城市化发展中经济发展质量的综合得分，其中：东部地区为 0.5000，中部地区为 -0.2228，西部地区为 -0.3099。可见，我国当前城市化发展中经济发展质量呈现出较为典型的东中西梯度差异，质量较高的地区仍然是东部沿海城市，如表 3-10 所示。

表 3 - 10　　　　　　我国城市化发展中经济发展质量综合得分

地区名称	城市经济生活（公因子1）37.25%	城市工业投资（公因子2）18.87%	农民工资收入（公因子3）20.12%	城乡经济差距（公因子4）18.79%	综合得分	得分排名
北　京	3.4111	- 1.7875	- 0.1358	0.1325	0.9521	3
天　津	1.3691	1.9461	0.4418	0.6707	1.1170	2
河　北	- 0.8380	0.4141	0.5380	0.6743	0.0010	11
山　西	- 0.8401	0.0344	0.9992	- 0.4115	- 0.1869	18
内蒙古	0.7261	2.4809	- 1.3341	- 0.4490	0.3946	6
辽　宁	0.0842	1.1061	- 0.4078	0.7118	0.2984	9
吉　林	- 0.3570	0.0886	- 1.4980	1.4703	- 0.1446	14
黑龙江	- 0.8410	- 1.2292	- 1.4900	2.4207	- 0.3991	25
上　海	2.2803	- 1.0503	1.4420	0.8323	1.1228	1
江　苏	0.6497	1.3320	0.8567	0.4219	0.7620	4
浙　江	0.8302	0.4120	0.9180	0.8240	0.7431	5
安　徽	- 0.8320	- 0.2051	0.3723	0.0041	- 0.2792	22
福　建	0.2337	0.3721	0.4537	0.0841	0.2704	10
江　西	- 1.0830	- 0.3966	0.2073	0.9561	- 0.2627	20
山　东	0.1148	1.1428	0.3727	0.1519	0.3702	7
河　南	- 1.0183	0.2935	0.2297	0.6176	- 0.1654	15
湖　北	- 0.5719	- 0.3796	- 0.0847	0.7141	- 0.1713	16
湖　南	- 0.6391	- 0.4659	0.6391	0.1504	- 0.1730	17
广　东	0.2113	- 0.6761	1.9288	0.0849	0.3632	8
广　西	- 0.3818	- 0.4944	0.0042	- 1.0617	- 0.4440	27
海　南	0.0403	- 1.7128	- 1.1811	0.3041	- 0.4999	28
重　庆	- 0.4078	0.0889	0.4903	- 0.3592	- 0.1064	12
四　川	- 0.8860	- 0.2995	0.3991	0.2093	- 0.2730	21
贵　州	- 0.2628	- 1.3277	0.1370	- 1.9567	- 0.7042	31
云　南	- 0.0008	- 1.1664	- 0.8040	- 1.6027	- 0.6989	30
西　藏	1.1729	0.7287	- 2.7421	- 1.5846	- 0.2813	24

地区 名称	城市经济生活 （公因子1） 37.25%	城市工业投资 （公因子2） 18.87%	农民工资收入 （公因子3） 20.12%	城乡经济差距 （公因子4） 18.79%	综合 得分	得分 排名
陕　西	-0.3799	0.8043	0.8234	-1.4983	-0.1080	13
甘　肃	-0.5502	-0.5739	0.1492	-1.6356	-0.6040	29
青　海	-0.7048	0.5982	0.1295	-0.7954	-0.2793	23
宁　夏	-0.1540	0.1686	-0.1202	-0.7135	-0.1880	19
新　疆	-0.3753	-0.2464	-1.7340	0.6331	-0.4257	26
东　部	0.7624	0.1362	0.4752	0.4448	0.5000	高
中　部	-0.7728	-0.2825	-0.0781	0.7402	-0.2228	中
西　部	-0.1837	0.0634	-0.3835	-0.9012	-0.3099	低

（3）城市化发展中的社会发展质量评价。

首先对我国31个省（市、自治区）城市化发展中社会发展质量指标进行描述性统计分析，主要反映其集中趋势和离散趋势，如表3-11所示。

表3-11　　　　我国城市化发展中社会发展质量指标描述性统计

变量代码	极小值	极大值	均值		标准差	离散系数
			统计量	标准误		
B_{31}	2.68	14.20	5.07	0.39	2.19	0.43
B_{32}	2.77	7.55	4.06	0.20	1.13	0.28
B_{33}	12.26	19.12	15.91	0.31	1.72	0.11
B_{34}	4425.00	31577.00	10053.81	1104.68	6150.58	0.61
B_{35}	90.40	100.00	97.08	0.42	2.33	0.02
B_{36}	90.78	100.00	96.29	0.58	3.21	0.03
B_{37}	71.56	100.00	90.78	1.49	8.28	0.09
B_{38}	7.20	22.38	11.48	0.55	3.06	0.27
B_{39}	4.04	23.62	13.64	0.76	4.25	0.31
B_{310}	7.01	17.87	11.48	0.46	2.54	0.22
B_{311}	1.73	5.33	3.02	0.17	0.97	0.32

注：该表为SPSS 18.0计算结果。

对指标数据进行标准化处理，在通过因子分析的 KMO 和 Bartlett 检验基础上，根据因子分析基本原理，按照尽可能提取指标信息原则，选取了五个公因子，累计方差贡献为 89.84%，其中：公因子 1 在生均教育经费（B_{34}）、千人卫生技术人员数（B_{31}）、千人医疗卫生机构床位数（B_{32}）、普通学校综合师生比（B_{33}）、万人拥有公共交通车辆（B_{38}）上具有较高载荷系数，反映教育医疗交通，其方差贡献率为 30.08%；公因子 2 在城市用水普及率（B_{36}）和城市燃气普及率（B_{37}）上具有较高载荷系数，反映城市用水用气，其方差贡献率为 26.01%；公因子 3 在人均公园绿地面积（B_{310}）和人均城市道路面积（B_{39}）上具有较高载荷系数，反映城市道路绿化，其方差贡献率为 12.95%；公因子 4 在万人拥有公共厕所（B_{311}）上具有较高载荷系数，反映城市公共卫生，其方差贡献率为 11.74%；公因子 4 在广播电视综合覆盖率（B_{35}）上具有较高载荷系数，反映城市文化发展，其方差贡献率为 9.06%。

根据因子方差贡献以及各因子的经济内涵，将各因子得分进行加权平均，得到城市化发展中社会发展质量的综合得分，其中：东部地区为 0.4274，中部地区为 -0.2181，西部地区为 -0.2383。可见，我国当前城市化发展中的社会发展质量呈现出较为典型的东中西梯度差异，质量较高的地区仍然是东部沿海城市，如表 3 - 12 所示。

表 3 - 12　　　　　我国城市化发展中社会发展质量综合得分

地区名称	教育医疗公交（公因子 1）	城市用水用气（公因子 2）	城市道路绿化（公因子 3）	城市公共卫生（公因子 4）	城市文化发展（公因子 5）	综合得分	得分排名
	30.08%	26.01%	12.95%	11.74%	9.06%		
北　京	3.6339	- 0.0204	- 0.4842	- 0.3550	0.5022	1.1917	1
天　津	1.2660	0.9184	0.3695	- 0.8228	0.0217	0.6848	2
河　北	- 0.8624	1.3004	0.6916	1.3551	0.8731	0.2531	8
山　西	- 0.0645	0.4807	- 0.4838	0.2021	- 0.4319	0.0040	15
内蒙古	0.5523	- 1.9245	1.3409	1.8604	- 0.1033	- 0.1740	22
辽　宁	0.3514	0.4653	- 0.4803	- 0.2734	0.5755	0.2216	10
吉　林	0.3077	- 1.1301	- 0.1119	0.9809	0.7576	- 0.1506	21

地区名称	教育医疗公交（公因子1）	城市用水用气（公因子2）	城市道路绿化（公因子3）	城市公共卫生（公因子4）	城市文化发展（公因子5）	综合得分	得分排名
	30.08%	26.01%	12.95%	11.74%	9.06%		
黑龙江	0.3379	−1.7966	−0.0281	2.3679	0.8147	−0.3022	25
上　海	2.1341	0.3577	−2.0401	−0.9091	1.4082	0.6120	3
江　苏	0.0542	1.0896	1.2313	1.0292	0.2193	0.4900	5
浙　江	−0.2632	1.2821	−0.0222	1.1727	0.7947	0.3308	6
安　徽	−1.1466	0.4701	0.2802	−0.4284	0.4567	−0.1483	20
福　建	−0.1532	0.9746	0.1433	0.0290	0.1664	0.2465	9
江　西	−1.1389	0.6197	0.2548	−0.6726	0.6973	−0.0872	19
山　东	0.2464	0.9162	2.2872	−0.8910	−0.6430	0.5629	4
河　南	−1.4628	−0.9382	−1.6032	0.4124	1.4066	−0.7816	30
湖　北	−0.8903	0.9498	−0.6239	0.0818	0.6154	−0.0468	18
湖　南	−0.3728	0.2027	−0.5449	−0.5936	−1.0671	−0.2318	23
广　东	−0.4169	0.3079	0.1769	−1.2604	0.8626	0.0570	12
广　西	−0.8875	−0.3194	−0.0008	−0.7018	0.1365	−0.3455	26
海　南	−0.1194	0.1011	1.0500	−1.2465	−0.8466	0.0508	13
重　庆	0.0727	−1.5237	1.6815	−1.7744	1.2912	−0.0406	17
四　川	−0.4761	−1.0378	−0.3577	−0.2923	0.6866	−0.4063	27
贵　州	−0.9212	−1.1232	−1.8023	−1.0053	−1.8432	−0.9918	31
云　南	−0.6079	−0.6411	−0.8568	−0.6908	−0.0905	−0.4794	28
西　藏	0.6002	−1.2190	0.6567	0.3502	−2.4530	−0.2800	24
陕　西	−0.0442	0.1100	−0.0301	0.5710	0.0269	0.0142	14
甘　肃	−0.2590	−1.0139	−0.7432	−0.4742	−1.3215	−0.5703	29
青　海	−0.1083	1.5521	−1.0761	1.6677	−1.6601	0.0832	11
宁　夏	−0.0948	−0.4943	1.4840	−0.1039	−0.3502	0.0035	16
新　疆	0.7330	1.0837	−0.3581	0.4152	−1.5027	0.3271	7

地区名称	教育医疗公交（公因子1）	城市用水用气（公因子2）	城市道路绿化（公因子3）	城市公共卫生（公因子4）	城市文化发展（公因子5）	综合得分	得分排名
	30.08%	26.01%	12.95%	11.74%	9.06%		
东　部	0.5337	0.6994	0.2657	− 0.1975	0.3576	0.4274	高
中　部	− 0.5538	− 0.1427	− 0.3576	0.2938	0.4062	− 0.2181	中
西　部	− 0.1201	− 0.5459	− 0.0052	− 0.0149	− 0.5986	− 0.2383	低

（4）城市化发展中的资源利用质量评价。

首先对我国 31 个省（市、自治区）城市化发展中资源利用质量指标进行描述性统计分析，主要反映其集中趋势和离散趋势，如表 3 – 13 所示。

表 3 – 13　　　我国城市化发展中资源利用质量指标描述性统计

变量代码	极小值	极大值	均值		标准差	离散系数
			统计量	标准误		
B_{41}	0.19	4.64	1.58	0.19	1.08	0.68
B_{42}	4.02	63.10	30.03	3.17	17.63	0.59
B_{43}	89.12	145779.84	6519.76	4662.00	25956.91	3.98
B_{44}	0.46	2.28	1.04	0.08	0.46	0.45

注：该表为 SPSS 18.0 计算结果。

对指标数据进行标准化处理，在通过因子分析的 KMO 和 Bartlett 检验基础上，根据因子分析基本原理，按照尽可能提取指标信息原则，选取了三个公因子，累计方差贡献为 94.12%，其中：公因子 1 在人均耕地面积（B_{31}）上具有较高载荷系数，反映耕地资源空间，其方差贡献率为50.70%；公因子 2 在人均水资源量和万元地区生产总值耗能，反映水电能源空间，其方差贡献率为 26.01%；公因子 3 在森林覆盖率上具有较高载荷系数，反映森林资源空间，其方差贡献率为 17.42%。

根据因子方差贡献以及各因子的经济内涵，将各因子得分进行加权平均，得到城市化发展中资源利用的综合得分，其中：东部地区为 − 0.3903，中部地区为 0.2024，西部地区为 0.2228。可见，我国当前城市化发展中的资源利用质量呈现出较为典型的东中西梯度差异，质量较高的地区主要集中在西部，如表 3 - 14 所示。

表 3 - 14　　　　　我国城市化发展中资源利用质量综合得分

地区名称	耕地资源空间（公因子 1）50.70%	水电能源空间（公因子 2）26.01%	森林资源空间（公因子 3）17.42%	综合得分	得分排名
北　京	- 1.4106	0.3178	0.0607	- 0.6607	29
天　津	- 1.2725	0.3240	- 1.2201	- 0.8217	30
河　北	- 0.1936	- 0.5444	- 0.5335	- 0.3534	25
山　西	0.2616	- 1.0392	- 1.0559	- 0.3416	24
内蒙古	2.4603	0.2259	- 0.1743	1.3553	3
辽　宁	- 0.0791	- 0.3621	0.2314	- 0.0998	13
吉　林	1.2784	0.3294	0.7658	0.9213	4
黑龙江	2.7335	0.5656	1.1804	1.8471	1
上　海	- 1.6119	0.3434	- 1.1897	- 0.9935	31
江　苏	- 0.9730	0.5789	- 1.0022	- 0.5496	27
浙　江	- 0.7646	- 0.0847	1.4468	- 0.1675	17
安　徽	- 0.3329	0.2858	- 0.1425	- 0.1267	16
福　建	- 0.6839	- 0.2288	1.7295	- 0.1115	15
江　西	- 0.3828	- 0.0582	1.5401	0.0627	11
山　东	- 0.5711	0.1752	- 0.7083	- 0.3903	26
河　南	- 0.4658	0.0867	- 0.5278	- 0.3246	22
湖　北	- 0.3555	- 0.0671	0.0462	- 0.2015	19
湖　南	- 0.4986	- 0.2984	0.7226	- 0.2173	20
广　东	- 0.9665	0.0235	1.0094	- 0.3273	23
广　西	- 0.0828	- 0.1093	1.2477	0.1561	9
海　南	- 0.1432	0.1115	1.2333	0.1819	8
重　庆	- 0.3381	- 0.1824	0.2211	- 0.1916	18

地区名称	耕地资源空间（公因子 1）50.70%	水电能源空间（公因子 2）26.01%	森林资源空间（公因子 3）17.42%	综合得分	得分排名
四　川	− 0.3884	− 0.2474	0.1611	− 0.2478	21
贵　州	0.4371	− 1.1582	− 0.1097	− 0.1049	14
云　南	0.5965	− 0.4049	0.9627	0.3876	5
西　藏	0.5355	4.6242	− 0.9333	1.3935	2
陕　西	0.0120	0.0730	0.4597	0.1117	10
甘　肃	0.8289	− 0.1708	− 0.9847	0.2171	7
青　海	0.0987	− 1.2559	− 1.7595	− 0.6195	28
宁　夏	1.1977	− 1.5354	− 1.3051	− 0.0207	12
新　疆	1.0746	− 0.3177	− 1.3720	0.2371	6
东　部	− 0.7882	0.0595	0.0961	− 0.3903	低
中　部	0.2797	− 0.0244	0.3161	0.2024	中
西　部	0.5360	− 0.0382	− 0.2989	0.2228	高

（5）城市化发展中的环境保护质量评价。

首先对我国 31 个省（市、自治区）城市化发展中环境保护质量指标进行描述性统计分析，主要反映其集中趋势和离散趋势，如表 3 − 15 所示。

表 3 − 15　　我国城市化发展中环境保护质量指标描述性统计

变量代码	极小值	极大值	均值 统计量	均值 标准误	标准差	离散系数
B_{51}	0.10	1117.50	82.69	36.84	205.11	2.48
B_{52}	0.60	3327.40	298.18	110.06	612.78	2.06
B_{53}	7.70	65384.10	7661.15	2213.83	12326.07	1.61
B_{54}	0.00	1.60	0.16	0.05	0.29	1.85
B_{55}	1.70	12584.00	1142.47	425.42	2368.64	2.07
B_{56}	41.70	100.00	80.93	2.95	16.18	0.20

变量代码	极小值	极大值	均值		标准差	离散系数
			统计量	标准误		
B_{57}	42.20	89.00	72.21	2.32	12.69	0.18
B_{59}	0.00	60.74	18.81	2.91	16.23	0.86
B_{510}	0.54	2.14	1.23	0.08	0.43	0.35

注：该表为 SPSS 18.0 计算结果，B_{58} 工业废气综合去除率数据较为异常，尚未纳入分析。

对指标数据进行标准化处理，在通过因子分析的 KMO 和 Bartlett 检验基础上，根据因子分析基本原理，按照尽可能提取指标信息原则，选取了三个公因子，累计方差贡献为 83.26%，其中：公因子 1 在单位面积工业废气排放量（B_{54}）、单位面积生活污水排放量（B_{52}）、单位面积工业固体废弃物产生量（B_{55}）、单位面积城市生活垃圾清运量（B_{51}）、单位面积工业废水排放量（B_{53}）上具有较高载荷系数，反映环境被污染程度，其方差贡献率为 43.00%；公因子 2 在生活垃圾无害化处理率（B_{56}）、城市污水处理率（B_{57}）、工业废气综合去除率（B_{58}）、工业固体废弃物处置率（B_{59}）上具有较高载荷系数，反映环境治理程度，其方差贡献率为 27.72%；公因子 3 在环境污染治理投资占 GDP 比重（B_{510}）上具有较高载荷系数，反映环境重视程度，其方差贡献率为 12.54%。

根据因子方差贡献以及各因子的经济内涵，将各因子得分进行加权平均，得到城市化发展中环境保护质量的综合得分，其中：东部地区为 -0.1991，中部地区为 0.0681，西部地区为 0.1372。可见，我国当前城市化发展中的环境保护质量呈现出较为典型的东中西梯度差异，质量较高的地区主要集中在西部，如表 3-16 所示。

表 3-16 　　　　　　　我国城市化发展中环境保护质量综合得分

地区名称	环境污染程度（公因子1）	环境治理程度（公因子2）	环境重视程度（公因子3）	综合得分	得分排名
	43.00%	27.27%	12.54%		
北　京	-0.5976	0.4420	2.3388	0.1894	15
天　津	-0.8927	0.8425	-0.5360	-0.2673	27

续表

地区名称	环境污染程度（公因子1）	环境治理程度（公因子2）	环境重视程度（公因子3）	综合得分	得分排名
	43.00%	27.27%	12.54%		
河　北	− 0.1740	0.1668	0.6602	0.0645	21
山　西	0.0180	− 0.1327	2.0519	0.2764	12
内蒙古	0.3903	0.1903	1.2265	0.4510	2
辽　宁	0.2096	− 0.3268	0.9839	0.1502	19
吉　林	0.1295	− 0.8232	− 0.8800	− 0.3371	28
黑龙江	0.1527	− 1.3459	− 0.0512	− 0.3717	29
上　海	− 4.9958	− 0.5568	− 0.3330	− 2.8279	31
江　苏	− 0.4607	0.9744	− 1.0412	− 0.0760	23
浙　江	− 0.0779	0.9265	− 1.2244	0.0792	20
安　徽	0.1293	0.6585	− 0.0824	0.2715	13
福　建	0.2782	0.9505	− 1.1476	0.2837	10
江　西	0.4256	0.4079	0.5892	0.4445	3
山　东	− 0.1757	0.9631	− 0.4206	0.1622	18
河　南	0.1252	0.6996	− 0.7205	0.1863	16
湖　北	− 0.0052	− 0.3326	0.1574	− 0.0884	24
湖　南	0.4929	0.0686	− 0.7617	0.1632	17
广　东	− 0.0746	0.0486	− 1.3683	− 0.2299	26
广　西	0.3621	0.5246	0.7888	0.4802	1
海　南	0.6027	0.1685	− 0.5759	0.2812	11
重　庆	0.0858	1.1326	0.0618	0.4269	4
四　川	0.6085	0.3393	− 0.3720	0.3714	6
贵　州	0.7784	0.0966	− 0.8901	0.3012	7
云　南	0.2084	0.2855	0.6441	0.2998	8
西　藏	0.4016	− 3.9821	− 1.3464	− 1.3067	30
陕　西	0.4642	0.2225	0.4813	0.3872	5
甘　肃	0.1051	− 1.3918	1.1649	− 0.2274	25
青　海	0.8490	− 0.1345	− 1.1237	0.2264	14

地区名称	环境污染程度（公因子1）	环境治理程度（公因子2）	环境重视程度（公因子3）	综合得分	得分排名
	43.00%	27.27%	12.54%		
宁　夏	0.3245	− 1.2558	1.2823	− 0.0508	22
新　疆	0.3126	0.1731	0.4442	0.2866	9
东　部	− 0.5780	0.4181	− 0.2422	− 0.1991	低
中　部	0.1835	− 0.1000	0.0378	0.0681	中
西　部	0.4075	− 0.3166	0.1968	0.1372	高

注：在环境保护评价中，西藏绝大多数指标均尚未统计，所计算值不能反映其真实情况。

（6）城市化发展中的发展质量综合评价。

从以上评价发现，城市化发展中的人口发展质量、经济发展质量和社会发展质量较高的主要集中在东部地区，而资源利用质量和环境保护质量较高的主要集中在中西部地区。

将城市化发展中的人口发展质量、经济发展质量、社会发展质量、资源利用质量和环境保护质量得分进行平均赋权，得到我国地区间城市化发展质量的综合得分。从区域布局来看，东部地区综合得分为0.1771，中部地区综合得分为 − 0.0780，西部地区综合得分为 − 0.1087，城市化发展质量仍然在呈现东中西梯度差异，城市化发展质量较高的仍然在东部地区，如表3－17所示。

表3－17　　　　　　　　我国城市化发展质量综合得分

地区名称	城市化发展质量					综合得分	得分排名
	人口发展	经济发展	社会发展	资源利用	环境保护		
北　京	1.7611	0.9521	1.1917	− 0.6607	0.1894	0.6867	1
天　津	0.5478	1.1170	0.6848	− 0.8217	− 0.2673	0.2521	4
河　北	− 0.0128	0.0010	0.2531	− 0.3534	0.0645	− 0.0095	15
山　西	− 0.0290	− 0.1869	0.0040	− 0.3416	0.2764	− 0.0554	18

续表

地区名称	城市化发展质量					综合 得分	得分 排名
	人口发展	经济发展	社会发展	资源利用	环境保护		
内蒙古	0.3705	0.3946	− 0.1740	1.3553	0.4510	0.4795	2
辽　宁	0.3950	0.2984	0.2216	− 0.0998	0.1502	0.1931	7
吉　林	0.1680	− 0.1446	− 0.1506	0.9213	− 0.3371	0.0914	10
黑龙江	− 0.6400	− 0.3991	− 0.3022	1.8471	− 0.3717	0.0268	13
上　海	0.4519	1.1228	0.6120	− 0.9935	− 2.8279	− 0.3269	28
江　苏	0.4498	0.7620	0.4900	− 0.5496	− 0.0760	0.2152	6
浙　江	0.6139	0.7431	0.3308	− 0.1675	0.0792	0.3199	3
安　徽	− 0.0233	− 0.2792	− 0.1483	− 0.1267	0.2715	− 0.0612	19
福　建	0.1148	0.2704	0.2465	− 0.1115	0.2837	0.1608	8
江　西	− 0.3588	− 0.2627	− 0.0872	0.0627	0.4445	− 0.0403	17
山　东	0.4888	0.3702	0.5629	− 0.3903	0.1622	0.2388	5
河　南	− 0.5937	− 0.1654	− 0.7816	− 0.3246	0.1863	− 0.3358	29
湖　北	0.0114	− 0.1713	− 0.0468	− 0.2015	− 0.0884	− 0.0993	22
湖　南	− 0.2926	− 0.1730	− 0.2318	− 0.2173	0.1632	− 0.1503	23
广　东	0.5331	0.3632	0.0570	− 0.3273	− 0.2299	0.0792	11
广　西	0.2734	− 0.4440	− 0.3455	0.1561	0.4802	0.0240	14
海　南	0.6811	− 0.4999	0.0508	0.1819	0.2812	0.1390	9
重　庆	0.2754	− 0.1064	− 0.0406	− 0.1916	0.4269	0.0727	12
四　川	− 0.3099	− 0.2730	− 0.4063	− 0.2478	0.3714	− 0.1731	24
贵　州	− 0.7533	− 0.7042	− 0.9918	− 0.1049	0.3012	− 0.4506	31
云　南	− 1.0949	− 0.6989	− 0.4794	0.3876	0.2998	− 0.3172	27
西　藏	− 0.4270	− 0.2813	− 0.2800	1.3935	− 1.3067	− 0.1803	25
陕　西	− 0.7952	− 0.1080	0.0142	0.1117	0.3872	− 0.0780	21
甘　肃	− 0.5000	− 0.6040	− 0.5703	0.2171	− 0.2274	− 0.3369	30
青　海	− 0.6359	− 0.2793	0.0832	− 0.6195	0.2264	− 0.2450	26
宁　夏	− 0.0867	− 0.1880	0.0035	− 0.0207	− 0.0508	− 0.0685	20
新　疆	− 0.5827	− 0.4257	0.3271	0.2371	0.2866	− 0.0315	16

地区名称	城市化发展质量					综合得分	得分排名
	人口发展	经济发展	社会发展	资源利用	环境保护		
东　部	0.5477	0.5000	0.4274	−0.3903	−0.1992	0.1771	高
中　部	−0.2198	−0.2228	−0.2181	0.2024	0.0681	−0.0780	中
西　部	−0.3555	−0.3099	−0.2383	0.2228	0.1372	−0.1087	低

3.1.2.3　我国各地区城市化发展效率评价

本书将城市化发展水平与城市化发展质量间的关系定位为城市化发展效率，主要从两个方面予以衡量：一是从变量间的相关系数来衡量城市化发展水平与质量的协调程度问题，属于初步判断；二是从变量的投入产出关系来衡量各地区城市化发展效率差异问题，属于深度判断。

（1）城市化发展总体协调程度分析。

从城市化发展水平和城市化发展质量的关系来看，其相关系数达0.4078，呈现显著的正相关性，总体上揭示出我国城市化发展水平和质量具有一致性趋势，具体来看，东部地区城市化发展水平较高，其城市化发展质量也较高。从城市化发展水平和城市化发展质量各项指标关系来看，存在较大的差异，其中：城市化发展水平分别与城市化人口发展质量、经济发展质量和社会发展质量呈现显著正相关关系，其相关系数分别为0.6364、0.9068、0.7255；城市化发展水平分别与城市化资源利用质量和环境保护质量呈现显著负相关关系，其相关系数分别为 −0.5092 和 −0.5162，如图 3 − 3 所示。

（2）城市化发展地区效率差异分析。

主要选择以上构建的 C^2R 模型，采用数据包络模型测算软件 EMS 对我国各地区城市化发展的总技术效率进行测度。该效率是假设规模报酬不变时，城市化发展水平最高效率地促进各地区城市化发展质量的能力，包括城市化发展的技术效率和规模效率。

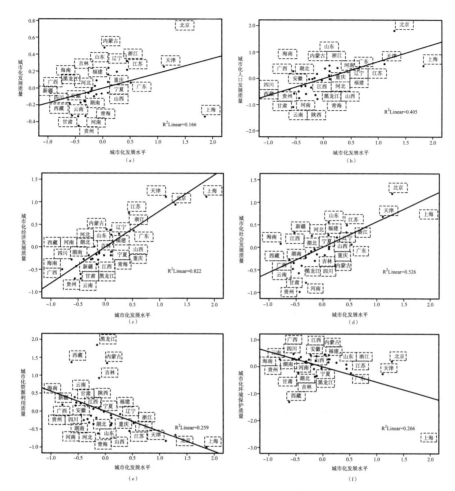

图 3 - 3　城市化发展水平与城市化发展质量关系散点图

从总技术效率来看，2011 年我国各地区城市化发展总技术效率存在较大差距，东部地区城市化发展总技术效率最高，效率均值为 94.45%，说明东部地区充分挖掘了城市化发展水平具有的较高优势，尤其是城市化发展中人口发展、经济发展和社会发展质量的优势。除东部地区外，城市化发展总技术效率较高的是西部地区，效率平均值为 92.08%，说明西部地区也在不断挖掘自身优势，而西部地区主要发挥的是城市化发展中资源利用和环境保护的优势。城市化发展总技术效率最低的是中部地区，效率均值为 90.53%，说明在城市化发展中，中部地区无论从社会经济发展还是从资源环境保护上均需要提升其发展效率。

进一步，从具体省区来看，城市化发展总技术效率处于生产前沿面的包括江苏、山东、海南、内蒙古和西藏，这五个省份城市化发展总技术效率值为1，说明城市化发展达到最优资源配置状况，城市化发展水平和质量较为协调，其中：东部地区3个，主要占有的是其社会经济发展产出优势，西部地区2个，主要占有的是其资源环境保护产出优势。另外，城市化发展总技术效率较低的主要有上海、山西、重庆、宁夏和甘肃，其效率值分别为 81.33%、82.65%、85.08%、85.58% 和 86.09%，处于全国末位水平，如表 3-18 所示。

表 3-18　　　　　　　　我国城市化发展地区效率差异分解

地区名称	总技术效率		纯技术效率		规模报酬效率	
	效率值（%）	效率状态	效率值（%）	效率状态	效率值（%）	效率状态
北　京	89.77	总体无效	100.00	技术有效	89.77	规模递减
天　津	94.46	总体无效	100.00	技术有效	94.46	规模递减
河　北	97.20	总体无效	97.25	技术无效	99.95	规模递增
山　西	82.65	总体无效	82.69	技术无效	99.95	规模递增
内蒙古	100.00	总体有效	100.00	技术有效	100.00	规模有效
辽　宁	92.54	总体无效	92.55	技术无效	99.99	规模递减
吉　林	89.00	总体无效	89.11	技术无效	99.88	规模递增
黑龙江	95.91	总体无效	100.00	技术有效	95.91	规模递减
上　海	81.33	总体无效	100.00	技术有效	81.33	规模递减
江　苏	100.00	总体有效	100.00	技术有效	100.00	规模有效
浙　江	99.90	总体无效	100.00	技术有效	99.90	规模递减
安　徽	89.58	总体无效	89.75	技术无效	99.81	规模递增
福　建	96.04	总体无效	96.55	技术无效	99.47	规模递减
江　西	89.64	总体无效	100.00	技术有效	89.64	规模递减
山　东	100.00	总体有效	100.00	技术有效	100.00	规模有效
河　南	93.95	总体无效	94.50	技术无效	99.42	规模递增
湖　北	89.43	总体无效	90.02	技术无效	99.34	规模递增
湖　南	94.09	总体无效	94.71	技术无效	99.35	规模递增
广　东	87.67	总体无效	87.76	技术无效	99.90	规模递减

地区名称	总技术效率		纯技术效率		规模报酬效率	
	效率值（%）	效率状态	效率值（%）	效率状态	效率值（%）	效率状态
广　西	94.36	总体无效	100.00	技术有效	94.36	规模递减
海　南	100.00	总体有效	100.00	技术有效	100.00	规模有效
重　庆	85.08	总体无效	93.04	技术无效	91.44	规模递减
四　川	94.22	总体无效	95.62	技术无效	98.54	规模递减
贵　州	88.63	总体无效	89.18	技术无效	99.38	规模递减
云　南	94.80	总体无效	96.81	技术无效	97.92	规模递减
西　藏	100.00	总体有效	100.00	技术有效	100.00	规模有效
陕　西	90.87	总体无效	94.55	技术无效	96.11	规模递减
甘　肃	86.09	总体无效	88.86	技术无效	96.88	规模递增
青　海	86.48	总体无效	86.52	技术无效	99.95	规模递增
宁　夏	85.58	总体无效	86.03	技术无效	99.48	规模递增
新　疆	98.87	总体无效	100.00	技术有效	98.87	规模递减

　　为了进一步判断我国城市化发展效率差异原因，本书采用以上构建的 BC^2 模型和 FG 模型将各地区城市化发展总技术效率分解为纯技术效率和规模报酬效率，并进行相关判断。

　　从纯技术效率来看，纯技术效率是假设规模报酬可变时，城市化发展进程中不断调整人口、经济和地域资源总量及结构，最大限度地促进城市化质量的提升。该指标主要反映的是城市化发展中相关制度和机制的效率。从表 3 – 18 可以看出，2011 年我国各地区城市化发展纯技术效率存在一定差异，东部地区保持较高水平，平均纯技术效率值为 97.65%，说明东部地区在城市化发展进程中制度和机制较为完善，尤其是在人口发展、经济发展和社会发展质量提升方面具有领先的城市化发展经验。城市化发展纯技术效率最低的是中部地区，平均纯技术效率值为 92.60%，有待进一步提升。值得关注的是西部地区，其城市化发展平均纯技术效率值 94.22%，高于中部地区，像其所辖省（市、自治区）内蒙古、广西、西藏和新疆均处于纯技术前沿面上，说明该类地区更多体现在城市化发展中具有合理利用资源和保护自然环境的制度和经验。从城市化发展的纯技术有效的省（市、自治区）分布来看，东部地区有 7 个，分别是北京、天津、上海、江苏、浙江、山东和海南；中部地区有 2 个，分别是黑龙江和江西；西部地区有 4 个，分别是内蒙古、广西、西藏和新疆，如表 3－19 所示。

表 3－19　　　　　　　我国城市化发展纯技术效率前沿面比较　　　　　单位：%

区域名称	各区域处于前沿面省 （市、自治区）占比	各区域远离前沿面省 （市、自治区）占比
东部	63.64	18.18 （辽宁、广东）
中部	25.00	75.00 （山西、吉林、安徽、河南、湖北、湖南）
西部	33.33	50.00 （重庆、贵州、陕西、甘肃、青海、宁夏）

　　注：远离前沿面的省（市、自治区）主要根据各省（市、自治区）城市化发展纯技术效率与全国平均纯技术效率相比较判断，凡是低于全国平均纯技术效率均列入。

　　从规模报酬效率来看，规模报酬效率主要是反映城市化发展水平相对于城市化发展质量的规模效益实现情况。2011 年，全国仅有 5 个省（市、自治区）实现规模报酬效率最优，分别是江苏、山东、海南、内蒙古和西藏，其余省（市、自治区）主要呈现两种情况：一是城市化发展处于规模报酬递增状态，反映出这些地区城市化发展水平较低，落后于城市化发展质量，需要进一步增加城市人口、提高经济总量以及拓展城市面积等，主要包括河北、山西、吉林、安徽、河南、湖北、湖南、甘肃、宁夏、青海；二是城市化发展处于规模报酬递减状态，反映出这些地区城市化发展水平较高，超过了城市化发展质量，需要控制和分散城市化人口、经济总量和城市面积等指标，主要包括北京、天津、辽宁、上海、浙江、福建、广东、黑龙江、江西、广西、重庆、四川、贵州、云南、陕西、新疆，如表 3－20 所示。

表 3 - 20　　我国各省（市、自治区）城市化发展规模报酬效率情况

区域名称	规模有效	规模递增	规模递减
东部	3 （江苏、山东、海南）	1 （河北）	7 （北京、天津、辽宁、上海、浙江、福建、广东）
中部	0	6 （山西、吉林、安徽、河南、湖北、湖南）	2 （黑龙江、江西）
西部	2 （内蒙古、西藏）	3 （甘肃、宁夏、青海）	7 （广西、重庆、四川、贵州、云南、陕西、新疆）

注：规模递增需要加快城市化发展水平，规模递减需要放缓城市化发展水平。

3.2　我国城市化发展问题分析

由此可知，我国城市化发展水平、质量和效率存在严重的区域差异，要么是城市化发展水平较低，落后于城市化发展质量，要么是城市化发展水平较高，超越了城市化发展质量。具体从经济发展、人口发展、生态发展三个方面来看，我国城市化发展主要存在以下问题：

3.2.1　社会经济发展方面的问题

由于中国城市化发展是在经济发展水平相对低下的经济大背景下进行的，那么以重工业为首的工业化、城市化发展没有充足的资本供给，同时城市化发展又带有典型资本密集型的特点，因此，只能挤占第一产业即农业发展的资本，换言之，牺牲农业的发展以提高工业产值。这种做法从表面上看是完成了产业结构的转型，但是并没有伴随就业结构的调整，大批劳动者仍停留在第一产业、没有被解放出来，使得劳动力剩余的现象凸显（结构性劳动力剩余），进而导致劳动生产率低下，劳动力价值下降，农民收入减少，影响全国的消费水平。资本积累能力的不足，直接影响人们生活水平的提高，也间接影响人口素质的提升，从而引起了一系列资源环境的问题。另外，由于二元经济发展格局的形成，使得支撑第三产业发展的载体薄弱，发展空间受到极大的约束，现代化和信息化水平滞后，反过来

制约了城市化水平。

到了 2005 年以后，国家开始大力发展城市化、提高城市化发展的速度，很多地方出现了"城市化超前"的现象。出现这一现象的主要原因是这一时期的城市化发展并非经济发展带动的，而是由于政府干预所形成的。因此，目前很多地方的城市化发展是虚化的，是没有经济发展带动的城市化，如同"空中楼阁"。可见，城市化和经济发展是不可分割的统一体，既相互依存又相互制约，只有两者保持协调一致，城市化发展才是有效的、高效的。否则，无论是城市化滞后于经济发展还是城市化超前于经济发展，都会使城市化发展面临各种问题。

3.2.2　城市人口发展方面的问题

一般意义上，人们所说的城市化指的就是人口从农村向城市迁移的过程，不仅是指人口数量的转移，还包括生产、生活方式和行为的转变。人口城市化是滞后于经济城市化的，换言之，伴随着产业结构转型的完成，第二产业和第三产业发展迅速，对劳动力的需求增加，与此同时，第一产业的劳动生产率不断提高，解放了一大批劳动力，农村剩余劳动力面对城市就业岗位的吸引，便从农村向城市迁移。由于城市规模和人口数量的约束，可将人口城市化分为：适度的人口城市化、过度的人口城市化和不足的人口城市化。适度的人口城市化是我们所追求的理想状态，而过度的人口城市化和不足的人口城市化都是目前我们所面临的问题，下面分别针对这两种状态作一论述。

我国地域辽阔，地区间经济发展极不平衡，东部沿海地区的经济较为发达，基本完成了从第一产业向第二、第三产业的转型，发展了越来越多的资本密集型和劳动密集型产业，对资本和劳动力的积聚力量逐渐增强。但是，由于需求岗位的要求和户籍制等的限制，使得农村人口不能顺利地迁移到城市，出现阶段性和区域性的岗位空缺、"民工荒"等现象，即所谓不足的人口城市化，也就是人口城市化落后于经济城市化。

然而，中、西部地区的情况刚好相反，经济较为落后，产业结构较为单一，就业岗位少，导致进城的农村劳动力挤占了城市原有的劳动力，出现大量的剩余劳动力，失业率增加，进一步抑制了经济的发展，这就是所谓的过度的人口城市化，也就是经济城市化落后于人口城市化。另外，人口素质、生活方式、社会保障等方面也是人口城市化问题产生的重要因素。

3.2.3　生态资源发展方面的问题

生态城市化，顾名思义，将城市化与资源和环境联系在一起，它是全面推进城市化发展的决定因素。城市化发展与生态保护，在某种意义上可以说是一对矛盾的统一体，城市化给人们带来经济和社会效益的同时，也带来了一系列资源环境问题。在中国城市化快速发展的过程中，城市发展所面临的资源、环境问题正日益突出，土地、水、能源等资源紧张、环境污染加剧、生态破坏等一系列问题，直接影响到中国的城市化发展和城市的可持续发展。

（1）资源作为一种公共产品（或准公共产品）具有稀缺性，而城市化的发展，无论是人口增长、空间扩张，还是经济发展和生活水平的提高，都意味着城市对资源这一载体需求的增长，需要开发利用更多的土地、水、能源、矿产等自然资源，扩大资源利用规模，从而导致对自然资源的占有和损耗。在我国城市化初期，为满足人民的物质需求和生活空间需要，必须不断扩大生产和建设规模，而当时由于资本积累和技术进步的不足，只能依赖劳动力和资源的大量投入。因此，这一阶段的城市化发展模式一般是粗放型的，资源利用率较低，经济效益较差。然而，进入 20 世纪 90 年代，我国城市化持续快速发展，而资源利用模式和经济发展方式并没有随之转变。特别是近几年，资源短缺问题已经发展到相当严重的程度，城市化发展正受到资源瓶颈的制约，如果还继续延续原有的发展模式，中国现有的资源储备根本无法支撑城市化的持续发展。

（2）环境作为一种特殊的资源，为人类的生产和生活提供了生存的空间。伴随着城市化发展的加快，城市对工业生产和居民消费的集聚能力增强，导致城市及周边地区的生态环境面临着巨大的压力。与此同时，城市化过程中的资源利用、产业转型、人口迁移等诸多因素的改变也带来了一系列环境污染问题。换句话说，人类活动作用下的城市化发展的推进对生态环境施加压力，不仅从生态环境中索取资源和能源，也源源不断地向环境排泄废物，所以城市化过程不可避免地要改善生态环境的结构和功能，影响其演变过程。但其中有个"度"的约束，没有超过"度"的生态环境的改变，是可以通过人为或环境自身的修复能力加以改善的；一旦超过了这个"度"，生态环境的破坏就难以修复，无论对人类的生存还是社会的发展都会产生重大的负面效应。例如最近我国大部分地区出现的雾霾天气就是最真实的写照，不但影响了人们的身体健康，很多企业也因此而停业停产。

第4章 我国城市化发展的收益效应与成本效应

根据前面所分析，我国城市化发展正面临着社会、经济、资源和环境等各种问题的困扰，解决这一问题的关键，是实现与社会经济和资源环境相协调的城市适度人口。然而，伴随着城市化发展的城市人口增加本身就存在收益的诱导和成本的制约，即城市化创造收益越大，城市可以容纳的人口就越多；相反，城市化产生成本越高，城市允许容纳的人口就越少。因而，城市适度人口最终取决于城市化创造收益与产生成本间的均衡。本章以城市化与社会经济和资源环境之间的关系为出发点，界定城市化发展的社会收益与社会成本，并采用实证分析方法对其社会收益效应与社会成本效应进行检验，为本书确定城市适度人口奠定基础。

4.1 城市化对社会经济和资源环境的行为分析

早在 20 世纪 50 年代，W. A. 刘易斯（W. A. Lewis, 1995）在其《劳动无限供给的经济发展》（*Economic Development with Unlimited Supplies of Labour*）一义中就指出，城市化是经济发展的经典主题。然而，从理论与实践来看，城市化其实是一把典型的"双刃剑"，具体表现为：一方面，它将对城市社会经济发展产生促进作用，由此产生收益效应；另一方面，伴随着城市化发展的城市人口增加，也会对城市资源与环境带来威胁和损失，即产生成本效应，如图 4 - 1 所示。

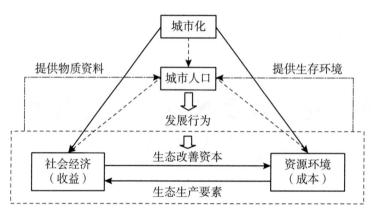

图4-1 城市化、社会经济与资源环境间的关系

具体来看，城市化虽然直接表现为城市人口的不断增多，但实际上还伴随着城市人口的发展行为强化，而这种发展行为却是以资源环境投入为代价，以实现社会经济发展为产出目标。因此，从外围关系来看，可以将城市化发展中的城市人口当作外生行为动力，主要提供技术行为操作，分别作用于资源环境与社会经济间的物质转化，其转化的成果表现为：社会经济发展为城市人口提供物质资料；资源环境为城市人口提供生存环境；从内核关系来看，就是社会经济与资源环境间的相互作用，资源环境为经济发展提供生态要素，社会经济为资源环境的生态改善提供资本。

关于资源环境利用与社会经济发展间的关系，最有影响的是帕纳约托（Panayotou，1993）所提出的环境库兹涅茨曲线（EKC），即资源环境污染与社会经济发展间的长期关系呈现出倒"U"形。另外，卡森（Carson，1997）以美国州别案例对不同的环境污染物与收入的关系进行分析，验证了EKC的结果，国内学者张晓（1999）采用中国的时间序列数据，发现中国的经济增长与环境污染水平存在弱的倒"U"形关系，韩旭（2010）基于中国1981~2007年环境污染与经济增长的相关数据，得到了EKC是一种客观现象。相反，文森特丁（Vincent J，1997）对马来西亚时间序列数据的分析，结果并不支持EKC的结论；凌亢等（2001）对1988~1998年南京市三种污染物与经济间关系的分析，发现EKC并不成立。可见，资源环境污染与社会经济发展本身并不存在某种绝对固定的关系。与此同时，也有较多的学者研究在人口作用下的资源环境与社会经济间的关系，卡亚（Kaya，1989）通过因式分解方法得出了大气与自然环境的污染程度与人口数量、经济发展水平等因素有较强的相关性，杜罗和帕迪利亚（Duro & Padilla，2006）从实证的角度得出人类对环境污染的影响主要与人均收入水平有关。人口规模、经济增长一直是分析人类对资源环境影响的主要切入点。在国内，有学者专门针对我国城市环境问题进行影响因素分析，覃子建（2000）认为随着我国城市化发展的加快，依靠消耗自然资源的粗放型经济发展方式造成了严重的大气、水体和垃圾等城市环境污染，方铭等（2009）以广州市为案例分析了城市环境与经济协调发展间的关系，认为人口城市化带来了较大的城市环境污染。

由此可知，城市化发展本身表现出城市人口的不断增加，但实际上是在城市人口的行为作用下资源环境不断向社会经济转化的过程。在此过程中，由于不断消耗资源环境，产生了城市化的成本效应，然而由此带来的社会经济发展，便形成了城市化的收益效应。为了进一步阐述城市人口作用于资源环境向社会经济转化的发展行为，本书将在"公共地悲剧"模型（Hardin，1968）基础上构建城市人口实现发展的行为模型，用以分析该行为对资源环境和对社会经济的影响。

4.1.1　基本条件设定

条件 1：在一个特定的城市环境中有 n 个居民，且每个居民都有在该城市中实施发展行为的权利和自由，即居民利用资源环境来发展社会经济，从而城市资源环境利用以及社会经济发展不存在排他性产权。以 1 年为一个周期，设每年第 i 个居民通过利用资源或者污染环境所产生的资源环境损耗为 g_i，每年 n 个居民所产生的资源环境损耗加总便得到城市资源环境损耗总量，即：

$$G = \sum_{i=1}^{n} g_i \ni g_i \in [0, \infty); \ i = 1, 2, \cdots, n \qquad (4-1)$$

条件 2：居民所产生的资源环境损耗都是社会经济发展的必然结果，即资源环境损耗与社会经济发展水平直接相关，只是随着城市化的推进，技术的不断进步和资源环境利用率的提高会使损耗程度有所减缓，这一观点已被相关文献所证实。因此，城市居民所产生的资源环境损耗是建立在一定的社会经济发展水平基础上的，用 v 表示。进一步，全体城市居民所产生的资源环境损耗到一定程度又必然会影响到社会经济的发展，所以社会经济发展又可以表示为资源环境损耗规模的函数，即 $v = v(G)$。当整个城市资源环境损耗增加时，城市经济发展将受到影响并下降，并且会随着损耗的不断增长，社会经济发展水平还会急剧下降，由此存在以下条件：

$$\begin{cases} \dfrac{\partial v}{\partial G} < 0 \\ \dfrac{\partial^2 v}{\partial G^2} < 0 \end{cases} \tag{4-2}$$

条件3：生活在该城市环境中的居民对资源环境的利用行为也会受到一定的成本约束，即居民通过支付费用等方式承担资源环境使用的成本，设每一年单位居民的资源环境使用费为 c。

4.1.2　目标函数构建

在以上基本条件设定的背景下，存在两个与城市资源环境及社会经济发展相关联的行为主体即居民和政府，其中：居民被定义为是产生资源环境利用和社会经济发展的主体，政府被定义为是保护资源环境并有效维护整个社会经济利益的主体。所以，本书构建的目标函数要基于居民和政府不同的行为动机，从个人利益和社会利益最大化的角度分别予以考虑。

4.1.2.1　居民目标函数

在本书所构建的博弈模型中，居民可以改变的是增加或减少自身的社会经济发展程度，即通过改变发展行为来控制资源环境利用的数量。同时，居民会考虑自身利润的最大化，即比较社会经济发展收益与由此产生的资源环境损耗成本间的得失关系，其中：居民发展带来的社会经济发展水平和所支付的资源环境使用费用分别表示为：

$$\begin{cases} P_i = g_i v(G) \\ E_i = g_i c \end{cases} \tag{4-3}$$

城市居民的利润函数可以表示为：

$$\pi_i = P_i - E_i = g_i v(G) - g_i c \tag{4-4}$$

因此，在该理论模型中居民的目标函数就是通过选择资源环境损耗量 g_i 来实现自身的利润最大化：

$$\text{maximize：} \pi_i(g_1, \cdots, g_i, \cdots, g_n) = g_i v\left(\sum g_j\right) - g_i c \tag{4-5}$$

4.1.2.2 政府目标函数

在本书所构建的博弈模型中，政府可以采取各种手段来控制城市资源环境损耗的总量。同时，政府会考虑社会总剩余价值的最大化，即比较整个城市资源环境损耗所带来的社会生活福利与所支付的资源环境使用费用损失间的大小关系，其中：产生资源环境利用行为所带来的社会生活福利和所支付的资源环境使用费用损失分别表示为：

$$\begin{cases} P = Gv(G) \\ E = Gc \end{cases} \tag{4-6}$$

社会总剩余价值函数可以表示为：

$$\pi = P - E = Gv(G) - Gc \tag{4-7}$$

因此，在该理论模型中政府的目标函数就是通过控制资源环境损耗总量 G 来实现社会总剩余价值最大化：

$$\text{maximize：} \pi(G) = Gv(G) - Gc \tag{4-8}$$

4.1.3 理性条件的解

在居民目标函数和政府目标函数条件下，采用最优化求解方法分别计算出理性居民城市资源环境损耗最优总量 $G^{m*} = \sum_{i=1}^{n} g^{m*}$ 和社会最优的资源环境损耗总量 G^{s*}，并比较两者的大小关系。首先将式（4-5）进行一阶条件最优化处理，并令其一阶导数为零：

$$\frac{\partial \pi_i}{\partial g_i} = v(G) + g_i^{m*} v'(G) = c \tag{4-9}$$

针对式（4-9）中的任意 $i = 1, 2, \cdots, n$，存在以下方程组：

$$\begin{cases} \dfrac{\partial \pi_1}{\partial g_1} = v(G) + g_1^{m*} v'(G) = c \\[2mm] \dfrac{\partial \pi_2}{\partial g_2} = v(G) + g_2^{m*} v'(G) = c \\[2mm] \cdots \\[2mm] \dfrac{\partial \pi_n}{\partial g_n} = v(G) + g_n^{m*} v'(G) = c \end{cases} \qquad (4-10)$$

将式（4-10）中的各方程相加，得到关于城市居民消耗资源环境总量 G^{m*} 的方程：

$$v(G^{m*}) + \frac{G^{m*}}{n} v'(G^{m*}) = c \qquad (4-11)$$

同时，将式（4-8）进行一阶条件最优化处理，并令其一阶导数为零，得到关于社会最优的资源环境利用总量 G^{s*} 的方程：

$$v(G^{s*}) + G^{s*} v'(G^{s*}) = c \qquad (4-12)$$

通过比较式（4-11）和式（4-12），可以明显得到 $G^{m*} > G^{s*}$，即城市居民所产生的资源环境损耗总量要大于社会最优化目标条件下允许的资源环境损耗总量，对城市资源环境会产生过度的影响。

因此，在理性人假设和不存在排他性产权的条件下，上述理论研究可以得出以下两个方面的结论：一是根据 $G^{m*} = \sum_{i=1}^{n} g^{m*}$ 可知，在以上模型中 n 个居民产生的资源环境损耗数量不变的条件下，增加城市居民的数量必然导致城市资源环境损耗的增加，从而加大对该城市生态环境的破坏程度；二是居民为了实现自己社会经济发展水平的提高而尽可能地增加资源投入和环境污染，从而会导致城市资源环境损耗不断增加，况且该动机下的资源损耗数量要大于社会最优化目标条件下的数量，进而造成对城市资源环境的过度影响。而损耗资源环境的前提是实现社会经济发展目标的存在，所以社会经济的快速发展将引致城市居民利用更多的资源环境，对城市生态产生更大的危害。

综上所述，在社会经济发展为城市人口带来利益诱导的条件下，城市化发展中的城市人口数量增加，必然导致资源环境的不断恶化，但同时也会促进社会经济的不断发展，即城市化发展中的成本效应与收益效应同时存在。

4.2 收益效应：城市化对社会经济的影响检验

根据前面分析可知，城市化带来的收益效应主要是指城市化发展对社会经济发展的影响作用，以下分别从理论与实证层面予以检验。

4.2.1 理论分析

城市化可以通过要素集聚、产业集群和资本积累等形式对经济发展产生巨大的推动力，并对缩小城乡居民收入差距具有重要的促进作用，以此产生收益效应。

4.2.1.1 文献回顾

针对城市化与社会经济关系的研究主要包括：古斯塔夫·拉尼斯和约翰·费（Gustav Ranis & John C. Fei，1961）将移民过程、经济转型等城市内部发展，看成现代工业部门的资本积累过程。米迦勒·P·托达罗（Michael P. Todaro，1969）指出农村居民向城市转移过程中，能够实现更高的收入水平，从而将会缩小城乡收入差距。罗伯特·E·卢卡斯（Robert E. Lucas，2004）认为来自农村的移民实质上是在城市中进行着人力资本的积累。就我国情况而言，城市化也被看成经济发展的动力，例如，章振华（1995）指出，中国在进入 20 世纪 90 年代以后，经济增长的轴心已经发生变化，形成了城市化推动经济增长的模式。王小鲁（2002）从实证的角度展开分析，得出 1978~1997 年农村工业化和城市化导致经济增长加速了 3~4 个百分点。胡鞍钢（2003）认为中国城市化发展的不断推进能够有效促进城乡间劳动力的流动，为中国带来巨大的经济利益。苏雪串（2004）指出，在不同的城市化水平上，要素集聚、产业集群和城市群分别对经济发展起到了主要推动作用。杨波、吴聘奇（2007）通过计量模型分析发现，城市化过程中城市集中度对经济发展产生一定影响。郭晔、赵艳群（2009）通过文献分析指出，城市化演进与经济增长虽然存在动态相关性，但受到技术和技能集聚的影响，以经济增长为目标的城市化行为可能导致过度的城市化。陈明星等（2010）分析发现，我国城市化发展与经济发展存在明显的东西格局差异，东部沿海地区以城市化超前经济发展为主，而中西部地区则以城市化滞后经济发展为主。孙文凯（2011）指出，我国当前城市化的推进有利于改善经济结构，促进国内消费需求和第三产业的发展。朱孔来等（2011）以我国 1978～2009 年的时间序列数据和面板数据分别进行检验，得出我国城镇化进程与经济发展水平间存在稳定的均衡关系。

4.2.1.2 计量模型设定

为了分析城市化发展对社会经济发展的作用机理，本书主要构建一般生产函数的传统分析框架，设生产函数模型为：

$$Y = F(K, L) \qquad (4-13)$$

其中：Y 表示地方经济产出，K 表示资本投入，L 表示劳动力投入，并假设资本投入和劳动力投入形成的经济产出关系遵循 C－D 生产函数条件，即：

$$Y = AK^{\alpha}L^{\beta} \ni \alpha + \beta = 1 \qquad (4-14)$$

将以上方程两边同时除以 L 得到：

$$\frac{Y}{L} = \frac{AK^{\alpha}L^{\beta}}{L} = AK^{\alpha}L^{\beta-1} = AK^{\alpha}L^{-\alpha} = A\left(\frac{K}{L}\right)^{\alpha} \qquad (4-15)$$

令人均经济产出为 $y = \dfrac{Y}{L}$，人均资本投入为 $\dfrac{K}{L}$，进一步将公式化解为：

$$y = Ak^{\alpha} \qquad (4-16)$$

对式（4-16）两边取对数得到：

$$\ln(y) = \ln(A) + \alpha\ln(k) \qquad (4-17)$$

由式（4-17）可知，人均经济产出增长与人均资本投入增长间存在线性内生关系。另外，社会经济发展是一个广义的概念，包括经济增长水平、居民生活水平、社会事业发展等，虽然居民生活水平和社会事业发展不能等同于经济增长（李义平，2011），但居民生活水平和社会事业发展均是建立在经济增长的基础之上。因此，本书该部分所指的社会经济发展初步以人均经济产出指标来衡量。而城市化发展会对人均经济产出增长与人均资本投入增长的关系产生影响，主要表现为：城市人口增加、建成区面积扩大以及第二、第三产业比重提高等会增加人均资本投入的边际效益，从而提升经济增长效率，这也就是城市化促进经济增长的表现。

根据以上理论关系分析，建立包含城市化发展促进在内的经济增长内生模型，以此揭示城市化发展与社会经济发展间的关系。另外，为了克服计量分析中仅采用时间序列数据和截面数据不能满足大样本从而降低结论可信度的难度，该部分将采用面板数据模型进行分析，建立的模型如下：

$$\ln(y_{it}) = \alpha_0 + \alpha_1 \ln(k_{it}) + \Theta CON_{it} + \mu_{it} \qquad (4-18)$$

其中：$i = 1$，2，$\cdots$，31 表示全国 31 个省（市、自治区），$t = 1996$，1997，$\cdots$，2011 表示年份。

（1）被解释变量：主要选择人均地区生产总值，并对其取对数表示增长，用 $\ln(y_{it})$ 表示，任何社会发展都依赖于经济的增长，因此选择人均地区生产总值作为衡量社会经济发展的基础指标，该数据根据各年份各地区居民消费价格指数以 1995 年作为基期进行平抑处理。

（2）内生解释变量：主要选择人均全社会固定资产投资，并对其取对数表示增长，用 $\ln(k_{it})$ 表示，大部分地区经济增长主要依靠固定资产投资实现，而投资向经济转化效率又会受到城市化发展的影响，该数据根据各年份各地区固定资产投资价格指数以 1995 年作为基期作平抑处理。

（3）外生影响变量：由于本书主要观察城市化对社会经济发展的影响，而城市化的作用主要建立在以投资拉动经济的内生增长路径的基础上，因此将城市化发展看作外生影响变量，而城市化发展主要包括人口城市化、空间城市化和经济城市化三个方面。所以本书主要确定以下三个外生影响变量：一是人口城市化率，即城镇人口占总人口的比重，用 rkc_{it}；二是空间城市化率，即城市建成区面积占国土面积的比重，用 kjc_{it} 表示；三是经济城市化率，即第二、第三产业产值占地区生产总值的比重，用 jjc_{it} 来表示。

4.2.2 实证分析

在以上相关理论分析和计量模型设定的基础上，通过收集相关数据和采用面板数据模型估计方法，对我国各地区城市化发展与社会经济发展间的总体关系和时空差异进行检验。

4.2.2.1 数据统计描述

该模型涉及的变量主要包括 1996 ~ 2011 年全国 31 个省（市、自治区）人均地区生产总值的对数、人均全社会固定资产投资的对数、人口城市化率、空间城市化率和经济城市化率五个指标，以上指标数据均来源于《中国统计年鉴》（1997～2012），各指标的基本统计描述，如表4-1所示。

表4-1　　　　　　　　　　　变量的统计描述

变量类型	变量代码	极小值	极大值	均值		标准差	方差	离散系数
				统计量	标准误			
被解释变量	$\ln(y)$	7.5262	10.9982	9.2049	0.0326	0.7267	0.5280	0.0789
内生解释变量	$\ln(k)$	6.2472	10.5725	8.3888	0.0410	0.9122	0.8321	0.1087
外生影响变量	rkc	0.1093	0.9418	0.4319	0.0074	0.1643	0.0270	0.3804
	kjc	0.0001	0.1585	0.0123	0.0011	0.0235	0.0006	1.9010
	jjc	0.5808	0.9935	0.8432	0.0036	0.0806	0.0065	0.0956

注：以上根据 SPSS 18.0 进行测算，各变量的样本总容量为496，包括31个省（市、自治区）1996～2011年观察值。

此外，从被解释变量（人均地区生产总值自然对数）分别与内生解释变量（人均全社会固定资产自然对数）和外生影响变量（人口城市化率、空间城市化率和经济城市化率）间的关系来看，分别呈现显著相关性，其相关系数分别为0.9443、0.7896、0.5883和0.7755，如图4-2至图4-5所示。

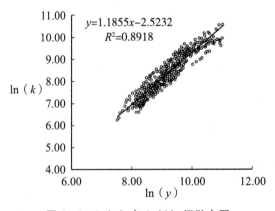

图4-2　$\ln(y)$ 与 $\ln(k)$ 间散点图

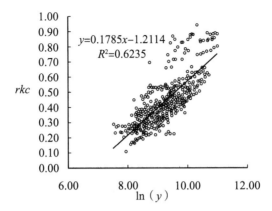

图 4 - 3　ln（y）与 rkc 间散点图

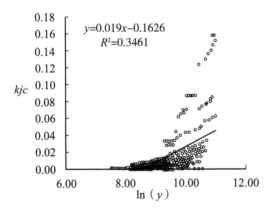

图 4 - 4　ln（y）与 kjc 间散点图

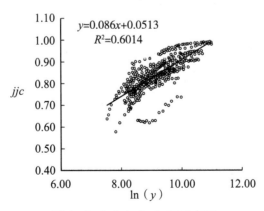

图 4 - 5　ln（y）与 jjc 间散点图

4.2.2.2 研究方法说明

本书主要运用计量经济预测分析软件 EView 26.0 进行面板数据分析。为了避免模型出现伪回归现象，本书首先采用 LLC 单位根检验，检验变量的平稳性，对于非平稳的变量进行处理使之成为平稳变量。其次，针对面板数据采用 Fisher 检验和 Kao 检验方法，对本书所涉及的 5 个变量间的关系进行协整检验。

再者，本书主要采用面板数据模型来检验地区经济发展水平与城市化发展等变量的时空关系，利用面板数据构建的模型通常包括混合模型、个体固定效应模型和个体随机效应模型，模型的合理设定将决定着参数估计的有效性，所以需要构建 F 统计量检验，来判断是选择混合模型还是个体固定效应模型。

$$F = \frac{(SSE_r - SSE_u)/(N-1)}{SSE_u/(NT - N - k)} \sim F(N-1, NT-N-K) \qquad (4-19)$$

其中：SSE_r 表示混合模型中的残差平方和，SSE_u 表示个体固定效应模型中的残差平方和，N 为截面个数，T 为时期数，k 为解释变量个数。如果 F 统计量大于其同分布临界值，则将拒绝混同模型的原假设，从而建立个体固定效应模型。

最后，通过 Hausman 检验来判断是选择个体固定效应模型还是个体随机效应模型。

$$H = \frac{(\hat{\beta}_F - \hat{\beta}_R)^2}{S(\hat{\beta}_F)^2 - S(\hat{\beta}_R)^2} \sim \chi^2 (k) \qquad (4-20)$$

$\hat{\beta}_F$ 和 $\hat{\beta}_R$ 分别表示个体固定效应模型参数与个体随机效应模型参数的估计量，$S(\hat{\beta}_F)^2$ 和 $S(\hat{\beta}_R)^2$ 分别表示其标准差，k 为解释变量个数。如果 H 统计量大于其同分布临界值，则拒绝个体随机效应模型的原假设，从而选择个体固定效应模型。

4.2.2.3 城市化对社会经济影响的总体效应分析

（1）面板数据单位根检验。

本书主要采用 LLC 单位根检验方法，LLC 单位根检验的原假设是各截面序列均有一个相同的单位根。根据检验结果可知，所有变量在 1% 或 5%

的显著水平下拒绝原假设，不存在单位根，以上 5 个变量均具有平稳性，如表 4 - 2 所示。

表 4 - 2　　　　　　　　　　变量单位根检验

变量类型	变量代码	统计量	概率值
被解释变量	$\ln(y)$	-5.2261^{***}	0.0000
内生解释变量	$\ln(k)$	-2.1082^{**}	0.0175
外生影响变量	rkc	-10.2023^{***}	0.0000
	kjc	-3.5208^{***}	0.0002
	jjc	-2.8609^{***}	0.0021

注：检验形式均带截距项和趋势项，同时，$***$、$**$ 分别表示在 1%、5% 的检验水平上显著。

（2）面板数据协整检验。

由于本书所分析的 5 个变量均具有平稳性，满足面板数据协整检验的条件，以下分别采用 Fisher 检验和 Kao 检验对该部分所涉及的 $\ln(y)$、$\ln(k)$、rkc、kjc 和 jjc 5 个变量间的关系进行协整检验，从 Fisher 检验的结果来看，$\ln(y)$、$\ln(k)$、rkc、kjc 和 jjc 间存在 4 个协整向量，从 Kao 检验的结果来看，其 ADF 统计量为 -6.8515，也在 1% 的显著水平下拒绝不存在协整关系的原假设，如表 4 - 3 所示。

表 4 - 3　　　　　　　　　　变量协整关系检验

零假设：协整向量数目	特征根迹检验		最大特征值检验	
	迹统计量	P 值	最大特征根统计量	P 值
0***	331.6	0.0000	331.6	0.0000
至多 1 个***	575.0	0.0000	464.1	0.0000
至多 2 个***	262.5	0.0000	210.6	0.0000
至多 3 个***	105.5	0.0000	93.05	0.0000
至多 4 个	54.59	0.0242	54.59	0.0242

注：*** 表示在 1% 的显著水平下拒绝原假设。

（3）面板模型参数估计。

为了准确解释城市化对社会经济发展的影响，首先仅对内生解释变量进行回归，再逐步引入城市化方面的外生影响变量，并依据面板数据的 F

检验和 Hausman 检验来选择合适的模型进行估计。其中：模型 1 是以人居全社会固定资产投资为内生解释变量的回归结果，由于对面板模型进行的冗余固定效应检验统计量对应的 P 值趋于零，因此拒绝采用混合模型估计的原假设，而面板模型的关联随机效应检验统计量对应的 P 值也趋于零，故拒绝随机效应模型的原假设，适合采用个体固定效应模型。从估计系数来看，人均地区生产总值对人均全社会固定资产的弹性为 0.6706，即人均全社会固定资产投资每增长 1% 能带动人均地区生产总值增长 0.6706%。模型 2、模型 3、模型 4 和模型 5 分别显示了在内生解释变量回归基础上，加入城市化方面外生影响变量的估计结果，经过面板数据的 F 检验和 Hausman 检验确定均适合采用个体固定效应模型，从估计的结果来看，无论是外生影响单因素回归还是复合回归，得出的结论均是城市化发展对地区社会经济发展有较大的促进作用。具体从外生影响变量复合回归结果看，城镇人口占总人口比重每增加 1 个单位能带动人均地区生产总值增长 0.4881%，城市建成区面积占国土面积的比重每增加 1 个单位能带动人均地区生产总值增长 10.4156%，第二、第三产业产值占地区生产总值的比重每增加 1 个单位能带动人均地区生产总值增长 1.3089%。但是，从引入城市化发展外生影响变量来看，均降低了人均全社会固定资产投资对人均地区生产总值的影响，可见，城市化发展并非通过投资促进经济发挥作用。此外，人口城市化变量引入有利于促进空间城市化和经济城市化对经济发展的影响，如表 4 - 4 所示。

表 4 - 4　　　　城市化对社会经济影响效应的总体回归结果

自变量及检验指标		模型 1 - F	模型 2 - F	模型 3 - F	模型 4 - F	模型 5 - F
内生解释	$\ln(k)$	0.6706 *** (88.3851)	0.6234 *** (56.1706)	0.6402 *** (101.0515)	0.6203 *** (38.9198)	0.5414 *** (40.2150)
外生影响	rkc		0.6705 *** (5.6621)			0.4881 *** (4.3174)
	kjc			10.3407 *** (16.2985)		10.4156 *** (17.4185)
	jjc				1.0224 *** (3.5651)	1.3089 *** (4.9991)

自变量及检验指标		模型 1 - F	模型 2 - F	模型 3 - F	模型 4 - F	模型 5 - F
常数项		3. 5795 *** (56. 0103)	3. 6854 *** (57. 0244)	3. 7070 *** (71. 8467)	3. 1383 *** (22. 5854)	3. 2198 *** (30. 0695)
Adjusted R - squared		0. 9679	0. 9699	0. 9796	0. 9687	0. 9822
F		482. 304	499. 509	742. 017	479. 422	803. 34
冗余固定效应检验	F 统计量	40. 1453	25. 7457	49. 1965	34. 6637	49. 9547
	P 值	0. 0000	0. 0000	0. 0000	0. 0000	0. 0000
关联随机效应检验	Hausman 统计量	20. 4169	6. 0448	13. 8412	12. 7701	32. 5479
	P 值	0. 0000	0. 0487	0. 0000	0. 0017	0. 0000

注：F 表示个体固定效应模型估计，括号内表示 T 统计量，*** 表示在 1% 的水平上显著。

4.2.2.4　城市化对社会经济影响的时期差异分析

从 1996 年开始，党中央开始重视城市化发展对经济发展的推动作用，尤其是 2002 年党的十六大高度重视农村富余劳动力向非农产业和城镇转移，并为农村劳动力合理有序流动提供了制度条件。为了探索城市化发展对社会经济发展是否在 2002 年前后两个时期发生明显变化，本书将样本分为 1996~2001 年和 2002~2011 年两个样本分别进行面板数据回归。通过面板数据的 F 检验和 Hausman 检验，所有模型均适合采用个体固定效应模型估计。

从估计的结果来看，与总体效应分析结果一致，内生解释变量和外生影响变量均对人均地区生产总值有显著的促进作用，但在两个时期具有明显差异。从内生解释变量影响来看，人均全社会固定资产投资对人均地区生产总值的影响作用在后一个时期要比在前一个时期强，说明社会投资内生促进经济的效应逐渐增强。从城市化发展的外生影响来看，人口城市化和经济城市化对经济的影响效应在后一个阶段有大幅提升，其偏弹性分别从 0. 3208 提升到 0. 5659，从 2. 1224 提升到 3. 7527，这说明随着农村人口向城市的转移，以及产业机构的不断调整，人口城市化和经济城市化对地区经济发展的促进作用逐渐增强；空间城市化对经济的影响效应在后一阶段存在小幅下降，其偏弹性从 10. 2303 下降到 9. 9101，这充分说明虽然城市建成区面积在不断扩张，但由于没有得到合理开发和利用，其发挥的效率呈现递减状态，如表 4 - 5 所示。

表 4 – 5　　　　城市化对社会经济影响效应的分阶段回归结果

自变量及检验指标		1996 ~ 2001 年		2002 ~ 2011 年	
		模型 A1 – F	模型 A2 – F	模型 B1 – F	模型 B2 – F
内生解释	ln(k)	0. 6056 *** (23. 8837)	0. 3259 *** (7. 1840)	0. 6638 (57. 0416)	0. 4795 *** (25. 0466)
外生影响	rkc		0. 3208 *** (3. 2695)		0. 5659 *** (4. 2141)
	kjc		10. 2303 *** (4. 6516)		9. 9101 *** (9. 5734)
	jjc		2. 1224 *** (4. 9280)		3. 7527 *** (9. 1824)
常数项		4. 0451 *** (20. 95158)	4. 2930 *** (27. 2848)	3. 6562 (35. 4074)	1. 6193 *** (6. 5737)
Adjusted R – squared		0. 9840	0. 9900		0. 9799
F		369. 080	539. 862		443. 3634
冗余固定 效应检验	F 统计量	50. 8299	72. 1383	42. 9834	34. 4776
	P 值	0. 0000	0. 0000	0. 0000	0. 0000
关联随机 效应检验	Hausman 统计量	6. 3745	10. 4391	20. 0575	53. 8010
	P 值	0. 0116	0. 0336	0. 0000	0. 0000

注：F 表示个体固定效应模型估计，括号内表示 T 统计量，*** 表示在 1% 的检验水平上显著。

4.2.2.5　城市化对社会经济影响的区域差异分析

从我国城市化发展来看，存在典型的东中西差异格局，另外，我国区域间无论在社会经济还是自然地理方面均存在较大的差异，为了探索我国城市化发展对社会经济影响的区域效应差异，本书将样本分为东部、中部和西部三个样本分别进行面板数据回归。通过面板数据的 F 检验和 Hausman 检验，除了模型 A2 适合采用个体固定效应模型估计外，其余模型均适合采用个体随机效应模型估计。

从估计的结果来看，内生解释变量人均全社会固定资产投资对人均地区生产总值具有显著的促进作用，但区域间呈现较大差距，东部地区影响作用最小，中部地区居中，西部地区最高，这揭示出西部地区资金较为稀缺，其对经济影响的边际效益较高。而城市化发展对地区经济发展的促进作用集中表现在东部地区，其人口城市化、空间城市化和经济城市化均对人均地区生产总值产生较高的促进效应，其偏弹性分别为 0.73、10.21 和 2.58。但在中部地区，仅有人口城市化对地区经济产生影响，其偏弹性为 0.54，低于东部地区。而在西部地区城市化发展对经济增长没有表现出促进作用，各变量估计系数均不具有显著性。这揭示出，虽然中西部地区也在大力推进城市化，但由于制度、条件等其他因素的制约，城市化对地区经济的影响传导存在障碍，这些地区城市化所产生的经济收益不明显，如表 4 - 6 所示。

表 4 - 6　　　　　城市化对社会经济影响效应的分区域回归结果

自变量及检验指标		东部		中部		西部	
		模型 A1 - R	模型 A2 - R	模型 B1 - R	模型 B2 - R	模型 C1 - R	模型 C2 - R
内生解释	$\ln(k)$	0.75 *** (40.07)	0.49 *** (21.90)	0.60 (64.75)	0.54 *** (23.23)	0.68 *** (85.67)	0.67 *** (28.77)
外生影响	rkc		0.73 *** (4.64)		0.54 ** (2.24)		- 0.09 (- 0.67)
	kjc		10.21 *** (17.10)		- 2.62 (- 0.27)		8.47 (1.02)
	jjc		2.58 *** (4.39)		0.62 (1.62)		0.19 (0.63)
常数项		3.05 *** (17.93)	2.43 *** (6.58)	4.21 (50.41)	3.95 *** (18.34)	3.29 *** (42.10)	3.25 *** (26.19)
Adjusted R - squared		0.90	0.97	0.97	0.97	0.97	0.97
F		1604.86	575.78	4170.73	1115.51	7376.64	1814.11
冗余固定 效应检验	F 统计量	7.07	42.77	24.78	13.36	43.40	34.17
	P 值	0.00	0.00	0.00	0.00	0.00	0.00
关联随机 效应检验	Hausman 统计量	1.08	112.70	1.65	1.41	0.02	4.86
	P 值	0.30	0.00	0.19	0.84	0.88	0.30

注：F 表示个体固定效应模型估计，R 表示个体随机效应模型估计，括号内表示 T 统计量，*** 、** 分别表示在 1%、5% 的检验水平上显著。

4.3 成本效应：城市化对资源环境的影响检验

根据前文分析可知，城市化带来的成本效应主要是指城市化发展对资源环境的影响作用，以下分别从理论与实证层面予以检验。

4.3.1 理论分析

城市化能带来经济的快速增长，与此同时，伴随着城市化水平的深入，城市化对经济的推动作用也会受到不同条件的制约，甚至对资源环境等产生负面作用。

4.3.1.1 文献回顾

早在 18 世纪工业革命以后，经济发展突飞猛进，人口大量向城市集中，城市自然环境发生了巨大的变化，迫使人们开始关注城市自然环境，城市化与其生态环境的关系。D. 皮尔斯（D. Pearce，1990）指出城市发展存在起飞、膨胀、顶峰、下降和低谷等不同阶段，在不同阶段会出现不同类型的城市资源环境问题，如土地过量使用、大气污染、噪声污染、水资源过量消耗和交通堵塞等。基因·M·格罗斯曼和艾伦·B·克鲁格（Gene M. Grossman & Alan B. Krueger，1995）以 42 个发达国家的面板数据为基础进行实证研究，得出城市化发展在带来经济水平提高的同时，也使得城市生态环境质量呈现倒"U"形的演变。肯普罗纳德和霍普（Kempe Ronald & Hope，1999）的研究还发现，非洲南部的高度城市化已经导致该地区难以获得安全用水、生活垃圾管理混乱、滥用土地建房、生态土壤侵蚀、自然资源衰退等。詹姆斯·安德雷奥尼和阿里克·莱文森（James Andreoni & Arik Levinson，2001）采用一个简单的模型刻画了污染部门的递增规模收益，指出当工业不断向城市集聚的同时，工业污染也在不断扩散。N. B. 格林（N. B. Grimm，2008）认为城市化过程会对城市资源环境产生巨大的损害，如温室气体排放造成的环境污染、水资源循环发生改变、生物多样性降低等。伴随着我国城市化发展的不断深入，许多国内学者开始关注城市化对经济发展和资源环境的影响，刘耀彬等（2005）提出世界城市化为人类带来经济和社会效益的同时，也带来一系列的生态问题，因此需要关注城市化与生态环境协调发展的问题。杜江、刘渝

（2008）以1998～2005年中国31个省（市、自治区）面板数据为例，分析得出废水、废物、废气、二氧化硫4类污染指标与城市化存在倒"U"形曲线关系，烟尘、粉尘2类污染物与城市化存在正"U"形曲线关系。李双成等（2009）的研究证明，中国城市化带来了显著的生态效应，使得城市生态系统的结构、过程和功能受到影响，甚至发生了不可逆转的变化、出现了耕地资源流失、水资源稀缺、能源压力、城市环境污染严重以及城市区域生态占用扩大等资源和生态环境问题。马磊（2010）利用1995～2005年中国省级工业污染数据进行检验，得出随着中国城市化水平的不断提高，工业污染会经历一个先上升后下降的倒"U"形路径。宋建波、武春友（2010）指出，盲目提高城市化水平而忽略生态环境的保护会导致城市群的发展不具有可持续性，从而降低城市群在区域发展中的带动作用。可见，快速城市化对城市资源和环境产生了负面效应，因此形成的社会成本也不容忽视。

4.3.1.2　计量模型设定

根据以上文献研究得知，城市化发展与资源环境间的关系并非线性特征，而可能存在正"U"形或倒"U"形关系，为了检验和判断该假设，本书以资源因素和环境因素分别作为被解释变量，以人口城市化率为核心解释变量，并以经济总量和人口总量作为控制变量，建立以下计量经济模型：

$$\ln(ZY_{it}) = \alpha_1 + \alpha_2 rkc_{it} + \alpha_3 rkc_{it}^2 + \Theta CON_{it} + \mu_{it} \qquad (4-21)$$

$$\ln(HJ_{it}) = \beta_1 + \beta_2 rkc_{it} + \beta_3 rkc_{it}^2 + \Theta CON_{it} + \nu_{it} \qquad (4-22)$$

其中：$i = 1, 2, \cdots, 30$ 表示全国30个省（市、自治区）[①]，$t = 1996$，1997，$\cdots$，2010表示年份。

（1）被解释变量：主要分为资源因素和环境因素，分别用 ZY_{it} 和 HJ_{it} 表示，其中：资源因素主要选取城市供水总量、建成区面积、能源消费总量，分别用 sv_{it}、td_{it} 和 ny_{it} 表示，主要用于反映城市化发展以及带来的经济发展和人口增长对生态资源的利用情况；环境因素主要选取工业废气排放总量、工业废水排放总量、工业固体废物产生量和城市生活垃圾清运量，分别用

---

① 由于在该类分析中西藏数据不全，因此所选样本不包括西藏。

fq_{it}、fs_{it}、fg_{it} 和 lj_{it} 表示，主要用于反映城市化发展所引起的经济发展和人口增长对生态环境的污染情况。以上指标在进行面板数据回归时，均对其取自然对数。

（2）核心解释变量：本书主要是分析人口城市化对资源环境的影响，因此核心解释变量主要选取人口城市化率，用 rkc_{it} 表示，rkc_{it} 和 rkc_{it}^2 分别表示人口城市化率的一次和二次形式，该设定主要用与判断城市化发展与资源环境间的关系，具体而言：如果一次项系数显著为正，二次项系数显著为负，则说明解释变量人口城市化率与被解释变量之间存在倒"U"形关系；如果一次项系数显著为负，二次项系数显著为正，则说明解释变量人口城市化率与被解释变量之间存在正"U"形关系。

（3）控制变量：由于影响资源环境的因素较多，难以穷尽所有解释变量，本书主要围绕与城市化发展相关的经济增长和人口增长两个方面选择控制变量，用向量 CON_{it} 表示，具体包括城镇人口数量、总人口数量、地区生产总值，分别用 crk_{it}、zrk_{it} 和 gdp_{it} 表示，其中：在建成区面积、城市供水总量作为被解释变量的分析中，主要选取城镇人口数量和地区生产总值作为控制变量；在能源消费总量作为被解释变量的分析中，主要选取总人口数量和地区生产总值作为控制变量；在工业废气排放总量、工业废水排放总量、工业固体废物产生量和城市生活垃圾清运量作为被解释变量的分析中主要选择地区生产总值作为控制变量。

4.3.2 实证分析

在以上计量模型设定的基础上，通过收集相关数据和采用前文所构建的面板数据模型估计方法，对我国各地区城市化发展与资源环境间的关系进行实证研究。

4.3.2.1 数据统计描述

该模型涉及的变量主要包括 1996~2010 年全国 30 个省（市、自治区）的城市供水总量、建成区面积、能源消费总量、工业废气排放总量、工业废水排放总量、工业固体废物产生量和城市生活垃圾清运量 7 个被解释变量，均取自然对数；人口城市化率 1 个核心解释量；城镇人口数量、总人口数量、地区生产总值 3 个控制变量，均取自然对数，以上指标均来源于

《中国统计年鉴》（1997～2011）和《中国能源统计年鉴》（1997～2011），各指标的基本统计描述，如表4-7所示。

表4-7　　　　　　　　　　变量的统计描述

变量类型	变量代码	极小值	极大值	均值		标准差	方差	离散系数
				统计量	标准误			
被解释变量	ln(sv)	9.4960	13.8090	11.6678	0.0405	0.8582	0.7365	0.0736
	ln(td)	4.5190	8.4380	6.6034	0.0365	0.7746	0.6000	0.1173
	ln(ny)	5.8440	10.4580	8.6482	0.0383	0.8117	0.6588	0.0939
	ln(fq)	5.6840	10.9390	8.6176	0.0443	0.9403	0.8842	0.1091
	ln(fs)	8.1470	12.5990	10.7977	0.0463	0.9821	0.9646	0.0910
	ln(fg)	4.2330	10.3640	7.8960	0.0498	1.0566	1.1164	0.1338
	ln(lj)	3.9300	7.9040	5.8723	0.0363	0.7698	0.5926	0.1311
解释变量	rkc	0.1660	0.9420	0.4307	0.0077	0.1627	0.0265	0.3778
控制变量	ln(zrk)	6.1900	9.2530	8.1093	0.0367	0.7782	0.6055	0.0960
	ln(crk)	4.8950	8.8410	7.2017	0.0365	0.7743	0.5996	0.1075
	ln(gdp)	5.1100	10.4350	8.0681	0.0487	1.0334	1.0679	0.1281

注：以上根据SPSS 18.0进行测算，各变量的样本总容量为450，包括30个省（市、自治区）1996～2010年观察值。

此外，从解释变量（人口城市化率）分别与被解释变量（城市供水总量、建成区面积、能源消费总量、工业废气排放总量、工业废水排放总量、工业固体废物产生量和城市生活垃圾清运量）的自然对数间的关系来看，并不具有显著的线性关系，其相关系数主要在 -0.003 到 0.3309 区间，因此可以初步判断被解释变量与解释变量并非存在线性关系，为后文检验其二次关系奠定基础。

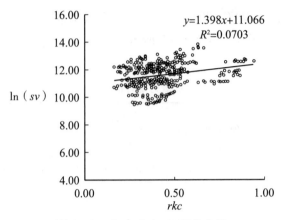

图 4 - 6　*rkc* 与 **ln**(*sv*) 间散点图

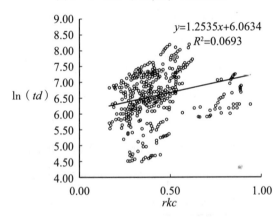

图 4 - 7　*rkc* 与 **ln**(*td*) 间散点图

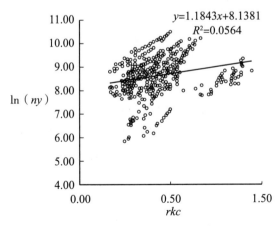

图 4 - 8　*rkc* 与 **ln**(*ny*) 间散点图

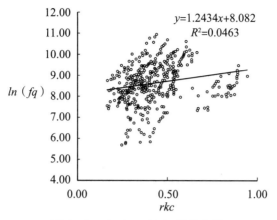

图 4 – 9　*rkc* 与 ln(*fq*) 间散点图

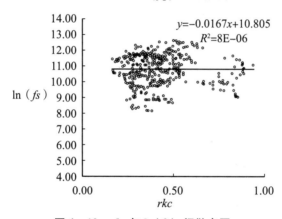

图 4 – 10　*rkc* 与 ln(*fs*) 间散点图

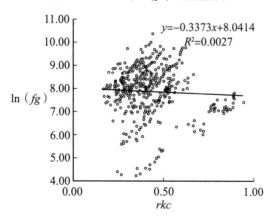

图 4 – 11　*rkc* 与 ln(*fg*) 间散点图

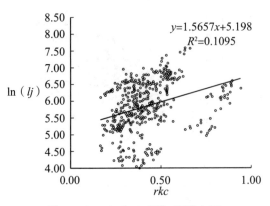

图 4-12　rkc 与 ln(lj) 间散点图

4.3.2.2　城市化对资源利用的影响效应分析

为了探索城市化发展对资源利用的影响，该部分主要以城市供水总量、建成区面积、能源消费总量为被解释变量，以人口城市化率一次项和人口城市化率二次项为被解释变量，以城镇人口数量、总人口数量、地区生产总值为控制变量进行面板数据回归。通过分析发现，三个模型均通过面板数据的 F 检验和 Hausman 检验，因此所有模型均适合采用个体固定效应模型估计，如表 4-8 所示。

表 4-8　　　　　　　　　城市化对资源利用的影响效应回归结果

自变量及检验指标		ln(sv)	ln(td)	ln(ny)
解释变量	rkc	-4.7465 *** (7.7363)	-1.7233 *** (-2.8129)	1.9260 *** (5.6478)
	rkc^2	3.6867 *** (8.1550)	1.0566 ** (2.3406)	-1.1848 *** (-3.0050)
控制变量	ln(zrk)			-0.2794 ** (-2.0857)
	ln(crk)	0.7938 *** (6.3217)	0.5081 *** (4.0526)	
	ln(gdp)	-0.0615 *** (-3.1280)	0.3554 *** (18.0738)	0.6354 *** (34.3526)

续表

自变量及检验指标		ln(sv)	ln(td)	ln(ny)
常数项		7. 7107 *** (11. 4423)	0. 5950 (0. 8843)	5. 2092 *** (5. 0061)
Adjusted R – squared		0. 9816	0. 9756	0. 9813
F		670. 92	545. 91	713. 19
冗余固定效应检验	F 统计量	119. 81	53. 0433	134. 3656
	P 值	0. 0000	0. 0000	0. 0000
关联随机效应检验	Hausman 统计量	53. 063	19. 2236	13. 1419
	P 值	0. 0000	0. 0007	0. 0106
类型形状	模型形式	F	F	F
	关系形状	正 "U" 形	正 "U" 形	倒 "U" 形
	转折点（%）	64. 38	81. 55	81. 28

注：F 表示个体固定效应模型估计，括号内表示 T 统计量，***、** 分别表示在 1%、5% 的检验水平上显著。

从计量分析结果来看，城市供水总量和建成区面积与人口城市化间呈现正 "U" 形关系，能源消费总量与人口城市化间呈现倒 "U" 形关系，估计结果均较为显著，具体包括：一是在人口城市化水平较低的阶段，随着人口城市化率的增加，城市化供水量和建成区面积的增幅均呈现下降趋势，主要原因是水资源和土地资源属于难以替代的不可再生资源，在城市化初级阶段，随着城市人口的不断增加，受到资源瓶颈的制约，水资源和土地资源还难以跟上城市化水平的发展，从而导致可供应的水资源总量和土地资源总量增幅下降；在人口城市化较高的阶段，随着人口城市化率的增加，城市化供水量和建成区面积的增幅均呈现上升趋势，原因是城市化发展到一定层次之后，资源开发等制度和机制均相对完善，在整个社会资源体系中，水资源和土地资源能够得到合理的开发和利用，从而实现可供应的水资源总量和土地资源总量增幅开始上升。二是在人口城市化水平较低的阶段，随着人口城市化率的增加，能源消费总量增幅呈现上升趋势，主要原因是能源资源属于容易替代的且可以通过提升效率的自然资源，在城市化发展的初级阶段，资源利用模式还处于粗放型，城市化发展必然导致能源资源消费呈快速增长态势，当城市化发展到一定阶段，资源利用技术实现更新，在保证经济适度发展的水平上，通过技术提升和可替代资源的开发，能够实现能源资源消费增幅的下降。进一步根据计量估计方程，可以得出城市化发展和资源利用关系曲线的转折点，具体如下：

（1）人口城市化与城市供水总量关系。

计量方程：

$$\ln(sv_{it}) = 7.7107 - 4.7465 rkc_{it} + 3.6867 rkc_{it}^2$$
$$+ 0.7938 \ln(crk_{it}) - 0.0615 \ln(gdp_{it}) \qquad (4-23)$$

求偏导数并令其等于0：

$$\frac{\partial \ln(sv_{it})}{\partial rkc_{it}} = -4.7465 + 2 \times 3.6867 rkc_{it} = 0 \qquad (4-24)$$

则拐点为：

$$rkc_{it}(sv) = 64.38\% \qquad (4-25)$$

以上结果说明，随着人口城市化率的上升，在64.38%以前使得城市供水总量增幅下降，在64.38%以后使得城市供水总量增幅上升，可见，只有北京、天津、上海和广东超过该拐点，属于随着人口城市化率上升，城市供水的总量增幅会上升，而其他省区均低于该拐点，人口城市化与城市供水增幅仍然存在负向关系，如图4-13所示。

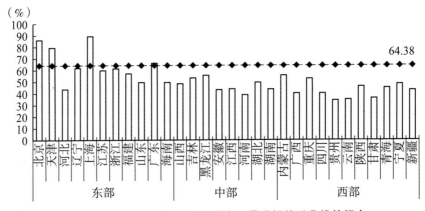

图4-13 人口城市化与城市供水总量增幅关系曲线的拐点

（2）人口城市化与建成区面积关系。

计量方程：

$$\ln(td_{it}) = 0.5950 - 1.7233rkc_{it} + 1.0566rkc_{it}^2$$
$$+ 0.5081\ln(crk_{it}) + 0.3554\ln(gdp_{it}) \qquad (4-26)$$

求偏导数并令其等于 0：

$$\frac{\partial \ln(td_{it})}{\partial rkc_{it}} = -1.7233 + 2 \times 1.0566rkc_{it} = 0 \qquad (4-27)$$

则拐点为：

$$rkc_{it}(td) = 81.55\% \qquad (4-28)$$

以上结果说明，随着人口城市化率的上升，在 81.55% 以前使得城市建成区面积增幅下降，在 81.55% 以后使得建成区面积增幅上升，可见，只有北京和上海超过该拐点，属于随着人口城市化率上升，城市建成区面积会上升，而其他省区均低于该拐点，人口城市化与城市建成区面积仍然存在负向关系，如图 4-14 所示。

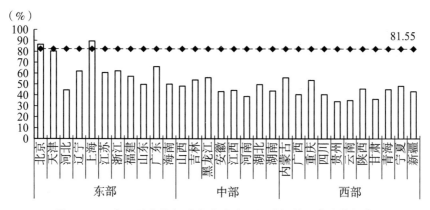

图 4-14　人口城市化与城市建成区面积增幅关系曲线的拐点

（3）人口城市化与能源消费总量关系。

计量方程：

$$\ln(ny_{it}) = 5.2092 + 1.9260rkc_{it} - 1.1848rkc_{it}^2$$
$$- 0.2794\ln(zrk_{it}) + 0.6354\ln(gdp_{it}) \qquad (4-29)$$

求偏导数并令其等于 0：

$$\frac{\partial \ln(ny_{it})}{\partial rkc_{it}} = 1.9260 - 2 \times 1.1848 rkc_{it} = 0 \qquad (4-30)$$

则拐点为：

$$rkc_{it}(ny) = 81.28\% \qquad (4-31)$$

以上结果说明，随着人口城市化率的上升，在81.28%以前使得能源消费总量增幅上升，在81.55%以后使得能源消费总量增幅下降，可见，只有北京和上海超过该拐点，属于随着人口城市化率上升，能源消费总量会下降，而其他省区均低于该拐点，人口城市化与能源消费总量增幅仍然存在正向关系，如图4-15所示。

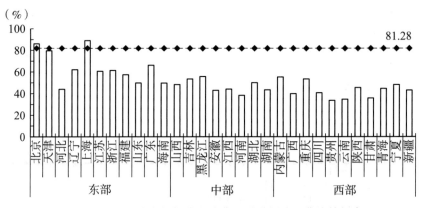

图4-15　人口城市化与能源消费总量增幅关系曲线的拐点

4.3.2.3　城市化对环境污染的影响效应分析

为了探索城市化发展对环境污染的影响，该部分主要分别以工业废气排放总量、工业废水排放总量、工业固体废物产生量和城市生活垃圾清运量为解释变量，以人口城市化率一次项和人口城市化率二次项为被解释变量，以地区生产总值为控制变量进行面板数据回归。通过分析发现，三个模型均通过面板数据的 F 检验和 Hausman 检验，因此所有模型均适合采用个体固定效应模型估计。

从计量分析结果来看，工业废气排放总量、工业废水排放总量、工业固体废物产生量和城市生活垃圾清运量分别与人口城市化间呈现倒"U"形关系，估计结果均较为显著。具体来看，在城市化水平较低的阶段，随着城市化率的不断提升，工业"三废"及城市化生活垃圾排放数量的增幅不断提高，原因是在城市化的开始阶段，经济发展水平较低，产业结构尚未完善，对资源的利用仍然处于粗放型阶段，环境污染较为严重，但到了城市化水平较高的阶段，随着城市化率的不断提升，工业"三废"及城市化生活垃圾排放数量的增幅将出现下降，关键在于制度、技术和理念的创新和转化，如表 4 - 9 所示。

表 4 - 9　　　　　　　城市化对环境污染的影响效应回归结果

自变量及检验指标		$\ln(fq)$	$\ln(fs)$	$\ln(fg)$	$\ln(lj)$
解释变量	rkc	3.7033 *** (5.9391)	3.1108 *** (5.0083)	2.8670 *** (5.3476)	2.4218 *** (3.6535)
	rkc^2	-2.7814 *** (-3.9002)	-2.0461 ** (-2.1133)	-2.2536 *** (-3.6752)	-1.6732 ** (-2.2069)
控制变量	$\ln(gdp)$	0.7858 *** 24.8323	-0.1349 *** (-3.9045)	0.6659 *** (24.4736)	0.1079 *** (3.2077)
常数项		1.2720 *** (6.0776)	10.7661 *** (47.0988)	1.7664 *** (9.8158)	4.3132 *** (19.3856)
Adjusted R - squared		0.9475	0.9426	0.9693	0.9114
F		254.19	231.37	443.37	145.45
冗余固定效应检验	F 统计量	55.1898	73.3908	197.9484	49.4105
	P 值	0.0000	0.0000	0.0000	0.0000
关联随机效应检验	Hausman 统计量	9.3662	204.963	11.4638	66.8361
	P 值	0.0248	0.0000	0.0095	0.0000
类型形状	模型形式	F	F	F	F
	关系形状	倒 "U" 形	倒 "U" 形	倒 "U" 形	倒 "U" 形
	转折点（%）	66.57	76.02	63.61	72.37

注：F 表示个体固定效应模型估计，括号内表示 T 统计量，*** 、** 分别表示在 1%、5% 的检验水平上显著。

进一步根据计量估计方程，可以得出城市化发展和环境污染关系曲线的转折点，具体如下：

（1）人口城市化与工业废气排放总量关系。

计量方程：

$$\ln(fq_{it}) = 1.2720 + 3.7033rkc_{it} - 2.7814rkc_{it}^2 + 0.7858\ln(gdp_{it}) \quad (4-32)$$

求偏导数并令其等于0：

$$\frac{\partial\ln(fq_{it})}{\partial rkc_{it}} = 3.7033 - 2 \times 2.7814rkc_{it} = 0 \quad (4-33)$$

则拐点为：

$$rkc_{it}(fq) = 66.57\% \quad (4-34)$$

以上结果说明，随着人口城市化率的上升，在66.57%以前使得工业废气排放量增幅上升，在66.57%以后使得工业废气排放量增幅下降，可见，只有北京、天津和上海超过该拐点，属于随着人口城市化率上升，工业废气排放量增幅下降，而其他省区均低于该拐点，人口城市化与工业废气排放量增幅仍然存在正向关系，如图4-16所示。

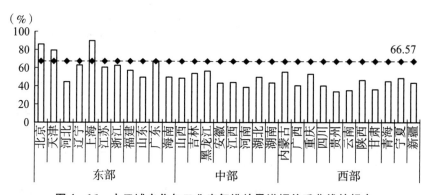

图4-16　人口城市化与工业废气排放量增幅关系曲线的拐点

（2）人口城市化与工业废水排放总量关系。

计量方程：

$$\ln(fs_{it}) = 10.7661 + 3.1108rkc_{it} - 2.0461rkc_{it}^2 - 0.1349\ln(gdp_{it}) \quad (4-35)$$

求偏导数并令其等于0：

$$\frac{\partial \ln(fs_{it})}{\partial rkc_{it}} = 3.1108 - 2 \times 2.0461 rkc_{it} = 0 \qquad (4-36)$$

则拐点为：

$$rkc_{it}(fs) = 76.02\% \qquad (4-37)$$

以上结果说明，随着人口城市化率的上升，在 76.02% 以前使得工业废水排放量增幅上升，在 76.02% 以后使得工业废水排放量增幅下降，可见，只有北京、天津和上海超过该拐点，属于随着人口城市化率上升，工业废水排放量增幅下降，而其他省区均低于该拐点，人口城市化与工业废水排放量增幅仍然存在正向关系，如图 4-17 所示。

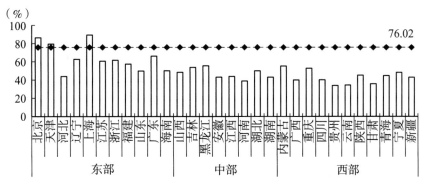

图 4-17　人口城市化与工业废水排放量增幅关系曲线的拐点

（3）人口城市化与工业固体废物产生量关系。

计量方程：

$$\ln(fg_{it}) = 1.7664 + 2.8670 rkc_{it} - 2.2536 rkc_{it}^2 + 0.6659 \ln(gdp_{it}) \qquad (4-38)$$

求偏导数并令其等于 0：

$$\frac{\partial \ln(fg_{it})}{\partial rkc_{it}} = 2.8670 - 2 \times 2.2536 rkc_{it} = 0 \qquad (4-39)$$

则拐点为：

$$rkc_{it}(fg) = 63.61\% \qquad (4-40)$$

以上结果说明，随着人口城市化率的上升，在 63.61% 以前使得工业固体废物产生量增幅上升，在 63.61% 以后使得工业固体废物产生量增幅下降，可见，只有北京、天津和上海超过该拐点，属于随着人口城市化率上升，工业固体废物产生量增幅下降，而其他省区均低于该拐点，人口城市化与工业固体废物产生量增幅仍然存在正向关系，如图 4 - 18 所示。

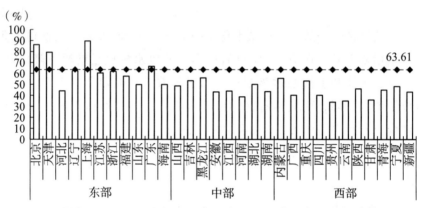

图 4 - 18　人口城市化与工业固体废物产生量增幅关系曲线的拐点

（4）人口城市化与城市生活垃圾清运量关系。

计量方程：

$$\ln(lj_{it}) = 4.3132 + 2.4218rkc_{it} - 1.6732rkc_{it}^2 + 0.1079\ln(gdp_{it}) \quad (4-41)$$

求偏导数并令其等于 0：

$$\frac{\partial\ln(lj_{it})}{\partial rkc_{it}} = 2.4218 - 2 \times 1.6732rkc_{it} = 0 \quad (4-42)$$

则拐点为：

$$rkc_{it}(fs) = 72.37\% \quad (4-43)$$

以上结果说明，随着人口城市化率的上升，在 72.37% 以前使得城市生活垃圾清运量增幅上升，在 72.37% 以后使得城市生活垃圾清运量增幅下降，可见，只有北京、天津和上海超过该拐点，属于随着人口城市化率上升，城市生活垃圾清运量增幅下降，而其他省区均低于该拐点，人口城市化与城市生活垃圾清运量增幅仍然存在正向关系，如图 4 - 19 所示。

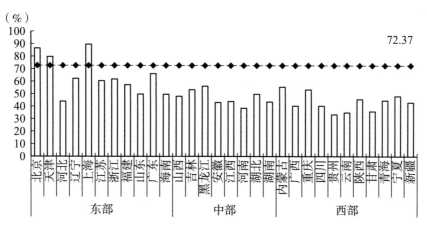

图 4 – 19　人口城市化与城市生活垃圾清运量增幅关系曲线的拐点

第5章 城市适度人口的决定机制与测度模型

如前所述，城市化通过影响社会经济从而产生收益效应，城市化通过影响资源环境从而产生成本效应。根据经济学原理，当边际成本等于边际收益时，城市化将实现净收益最大化，所对应的城市人口也是其最优适度人口。该部分主要以此为核心思想，构建我国城市适度人口的测度模型，包括静态基准规模测度模型和动态上限规模测度模型。在此基础上，按照城市分类选取不同类型的城市样本，选取合适的测度方法，为后文测度城市适度人口奠定基础。

5.1 城市适度人口测度的理论框架

影响城市适度人口的因素较多，从城市适度人口形成机制出发，构建一个切合实际的城市适度人口理论框架，是科学提出城市适度人口测度方法和展开实证测度的重要前提。

5.1.1 城市适度人口测度假设与思路

5.1.1.1 主要假设

根据前面研究可知，城市化发展包括城市化水平、城市化质量、城市化效率三个方面，其中城市化水平又包括人口城市化、空间城市化和经济城市化，但该部分重点是要测度城市适度人口，因此，仅将人口城市化作为城市化发展的被解释变量，其他因素均归结为人口城市化的解释变量。

假设一：在人口城市化发展中，城市人口增加分别对经济、社会、资源和环境产生正反两方面的影响，也就是说，既能够创造收益，又能够产生成本，比如，城市人口既创造经济效益，又依靠经济发展而生存；城市人口既创造社会条件，又依靠社会条件而发展；城市人口既利用资源，又创造资源；城市人口既污染环境，又修复环境。但从总体来看，由于资源环境是稀缺的，社会经济发展还主要依靠稀缺的资源环境为投入，而城市人口既是生产者又是消费者，因此社会经济的发展是将城市人口作为中间要素，通过资源环境的消耗转化为社会经济发展的动力。因此，在城市人口作用于社会经济时，主要假设产生的社会经济价值大于利用的社会经济成本，因此主要从收益角度分析；在城市人口作用于资源环境时，主要假设产生的资源环境价值小于利用的资源环境成本，因此主要从成本角度分析。

假设二：地区间由于社会经济发展方式和资源环境利用模式存在差异，经济、社会、资源和环境对城市人口的承载能力也具有差异，因此将样本内的平均因素承载能力作为各城市应该达到的静态基准因素承载能力，而将样本内较高因素承载能力作为各城市通过转变社会经济发展方式和优化资源环境利用模式可以达到的动态上限因素承载能力。

5.1.1.2　基本思路

本书将测度得到的城市适度人口表示为以下区间公式：

$$X^* \in [X_{JJ}^* X_{DS}^*] \tag{5-1}$$

其中：X^* 表示测度出来的某城市适度人口规模区间，X_{JJ}^* 表示城市适度人口静态基准，即达到城市人口中等或平均承载水平的适度人口规模，X_{DS}^* 表示城市适度人口动态上限，即需要通过转变社会经济发展方式和资源环境利用模式来达到的城市人口高承载水平的适度人口规模。

式（5-1）表明，城市适度人口规模是由静态基准规模和动态上限规模组成的人口数量区间，该区间主要反映各城市因为社会经济发展方式和资源环境利用模式差异所导致的人口承载力差异。人口承载力高的城市，其城市适度人口数量更加趋近于该区间的上限；人口承载力低的城市，其城市适度人口数量更加趋近于该区间的下限。从区间下限向区间上限移动，就需要提升城市人口承载能力，其实质就是要通过转变社会经济发展方式和资源环境利用模式来提升社会经济发展效率和资源环境利用效率。

5.1.2　城市适度人口的静态基准模型

设城市化发展带来的社会收益为 SR，产生的社会成本为 SC，根据以上逻辑可以假设城市化发展带来的社会收益和社会成本均取决于城市人口数量 X，另外设其他影响因素分别为 μ_1 和 μ_2，则存在以下关系：

$$\begin{cases} SR = F_1(X, \mu_1) \\ SC = F_2(X, \mu_2) \end{cases} \qquad (5-2)$$

根据式（5-2），城市化产生的社会净收益为：

$$NR = SR - SC = F_1(X, \mu_1) - F_2(X, \mu_2) \qquad (5-3)$$

可以将式（5-3）的社会净收益函数改写为：

$$NR = F(X, \mu_1, \mu_2) \qquad (5-4)$$

在此，假设城市化带来的社会净收益主要取决于城市人口数量，其他影响因素相对恒定，则城市化发展中实现社会净收益最大化的条件可以令其一阶导数为零，即：

$$MNR = \frac{\mathrm{d}NR}{\mathrm{d}X} = \frac{\mathrm{d}F(X, \bar{\mu}_1, \bar{\mu}_2)}{\mathrm{d}X} = 0 \qquad (5-5)$$

在此条件下必然能够得出一个最优的城市人口数量 X^*，即城市适度人口。式（5-5）所表示的最优条件还可以表示为，城市化发展的边际社会收益等于边际社会成本，即：

$$MSR = MSC \Rightarrow \frac{\mathrm{d}F_1(X, \bar{\mu}_1)}{\mathrm{d}X} = \frac{\mathrm{d}F_2(X, \bar{\mu}_2)}{\mathrm{d}X} \qquad (5-6)$$

即如图1所示，城市化发展的边际社会收益曲线与边际社会成本曲线相交的点所对应的城市人口数量 X^*_{JJ} 就是城市适度人口，如图5-1所示。

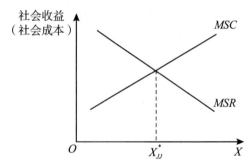

图5-1　城市化发展中的城市适度人口的均衡状态

如果城市人口数量小于城市适度人口，如 X^1 点，则城市化所产生的边际社会收益大于边际社会成本，还存在城市人口数量增加的社会收益空间，因此可以增加城市人口数量，如图 5 - 2 所示。

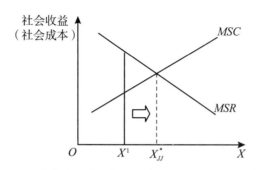

图 5 - 2　城市实际人口低于城市适度人口的非均衡状态

如果城市人口数量大于城市适度人口，如 X^2 点，则城市化所产生的边际社会成本大于边际社会收益，城市人口数量已经超越了既定条件的最优水平，因此需要减少城市人口数量，如图 5 - 3 所示。

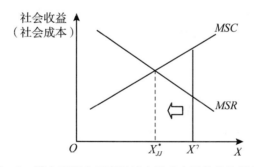

图 5 - 3　城市实际人口高于城市适度人口的非均衡状态

可见，在城市化发展中，需要考虑城市适度人口问题，这样才能实现城市化的社会净收益最大化。城市化发展的边际社会成本等于边际社会收益时的城市人口为城市适度人口 X_{JJ}^*，如式（5 - 7）所示：

$$\frac{\mathrm{d}F_1(X_{JJ}^*,\ \bar{\mu}_1)}{\mathrm{d}X} = \frac{\mathrm{d}F_2(X_{JJ}^*,\ \bar{\mu}_2)}{\mathrm{d}X} \qquad (5 - 7)$$

由于影响城市化发展产生边际社会收益和边际社会成本的因素较多，城市适度人口应该由影响其边际社会收益和边际社会成本的因素共同决定，既包括社会经济发展方面的因素，又包括资源环境方面的因素，因此，城市化发展中静态适度人口可以表示为上述经济、社会、资源和环境等因素的函数：

$$X_{JJ}^* = F_J(Ec,\ So,\ Ro,\ Ev) \tag{5-8}$$

其中：Ec 表示经济方面的因素，So 表示社会方面的因素，Ro 表示资源方面的因素，Ev 表示环境方面的因素，$F_J(\cdot)$ 实际上是代表在既定社会经济发展方式和资源环境利用模式下各因素的静态承载力标准。从以上公式可以看出，在实现城市化发展的边际社会成本等于边际社会收益的条件下，除了需要保证城市适度人口要与社会经济发展相适应，同时还要与该地区的资源环境相协调。

5.1.3 城市适度人口的动态上限模型

如前所述，城市化发展中的动态适度人口其实质是要提升资源环境承载力的空间，即通过转变社会经济发展方式来提高城市人口的边际社会收益，或者通过优化资源环境利用模式来降低城市人口的边际社会成本。因此需要将社会经济发展方式系数 js 和资源环境利用模式系数 zh 纳入城市化的社会收益和社会成本函数，即：

$$\begin{cases} SR = F_1(X,\ js,\ \mu_1) \\ SC = F_2(X,\ zh,\ \mu_2) \end{cases} \tag{5-9}$$

根据静态基准模型的转化方式，实现城市化发展带来的社会净收益最大化的条件可以表示为：

$$MSR = MSC \Rightarrow \frac{\partial F_1(X,\ js,\ \bar{\mu}_1)}{\partial X} = \frac{\partial F_2(X,\ zh,\ \bar{\mu}_2)}{\partial X} \tag{5-10}$$

其中：js 和 zh 为内生变量，假设社会经济发展方式系数和资源环境利用模式系数在某一阶段处于既定水平，分别为 js_0 和 zh_0，则式（5-10）的条件改写为：

$$MSR_0 = MSC_0 \Rightarrow \frac{\partial F_1(X,\ js_0,\ \bar{\mu}_1)}{\partial X} = \frac{\partial F_2(X,\ zh_0,\ \bar{\mu}_2)}{\partial X} \tag{5-11}$$

在该社会经济发展方式和资源环境利用模式条件下，城市化发展的边际社会收益曲线与边际社会成本曲线相交的点所对应的城市适度人口为 X_{JJ}^*，该适度人口属于既定社会经济发展方式和资源环境利用模式条件下的静态适度人口。如果该城市实际人口数为 $X_{s1} < X_{JJ}^*$，则说明在既定社会经济发展方式和资源环境利用模式下还存在人口增加的空间，即可以继续加快推进城市化发展。但是，如果该城市实际人口 $X_{s2} > X_{JJ}^*$，在现行社会经济发展方式和资源环境利用模式下，不仅不能继续增加城市人口，而且还需要通过其他途径向外转移城市人口，可见，城市静态适度人口势必会阻碍城市化发展的推进，如图 5 - 4 所示。

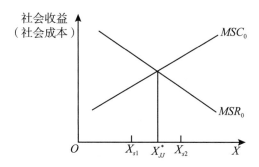

图 5 - 4　初始模式下城市适度人口确定的均衡状态

进一步，假设社会经济发展方式系数通过转化由原来的 js_0 提升到 js_1，资源环境利用模式系数通过优化由原来的 zh_0 提升到 zh_1，实现城市化发展带来的社会净收益最大化条件可以表示为：

$$MSR_1 - MSC_1 \Rightarrow \frac{\partial F_1(X,\ js_1,\ \bar{\mu}_1)}{\partial X} = \frac{\partial F_2(X,\ zh_1,\ \bar{\mu}_2)}{\partial X} \qquad (5-12)$$

由于社会经济发展方式系数提升，将导致城市化社会收益增加，MSR_0 向上移动得到 MSR_1；由于资源环境利用模式系数提升，将导致城市化社会成本降低，MSC_0 向下移动得到 MSC_1。城市化发展所产生新的边际社会收益曲线与边际社会成本曲线相交的点所对应的城市适度人口为 $X_{DS}^* > X_{JJ}^*$，X_{DS}^* 在静态适度人口 X_{JJ}^* 得到了提升，在 X_{s2} 实际人口的条件也为城市化发展提供了空间，换句话讲，即使该地区的实际人口为 X_{s2} 的情况下，通过转变经济发展方式和优化资源利用模式，也能够继续增加城市实际人口，从而推进城市化发展。但是，如果该地区的实际人口为 X_{s3}，则超过了在转变经济发展方式和优化资源利用模式条件下的适度人口上限，要么向外转移实际人口，要么继续转变经济发展方式和优化资源利用模式。由此可见，城市适度人口的理念应该是，建立在转变社会经济发展方式和优化资源环境利用模式基础上提升城市资源环境承载力，形成动态上的城市适度人口空间，而社会经济发展方式和资源环境利用模式的参考选择在确定城市适度人口动态上限时尤为重要，如图 5－5 所示。

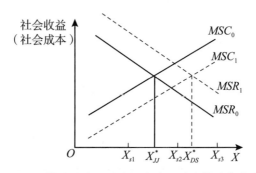

图 5－5　模式改变下城市适度人口确定的均衡状态

在此基础上，设城市适度人口静态基准模型各影响因素对应的初始社会经济发展方式系数和资源环境利用模式系数分别为 js_0 和 zh_0，其实该系数可以通过社会经济发展和资源环境利用的投入产出效率来反映。同时，以人口密度、产业布局、资源禀赋等因素对各类城市进行分类，找出同类样本中最高社会经济发展方式系数和资源环境利用模式系数的样本作为标准，以 $\bar{js}$ 和 $\bar{zh}$ 来表示其效率系数。伴随着参考样本的社会经济发展方式系数和资源环境利用模式系数的提升，各地区在相同经济、社会、资源和环境等因素数量条件下所对应的城市适度人口标准也将得到提升，其计算公式为：

$$X_{DS}^* = F_D(Ec,\ So,\ Ro,\ Ev) \qquad (5-13)$$

其中：Ec 表示经济方面的因素，So 表示社会方面的因素，Ro 表示资源方面的因素，Ev 表示环境方面的因素，$F_D(\cdot)$ 实际上是代表社会经济发展方式转变和资源环境利用模式优化的条件下各因素的动态承载力标准。

5.2　城市适度人口测度的基本方法

从城市化实现净社会收益最大化条件可知，城市适度人口数量直接取决于经济、社会、资源和环境对人口的承载力大小，因此，需要构建合适的方法，通过影响城市人口的因素来估计和确定城市适度人口规模。

5.2.1　城市适度人口承载因素选择

影响城市适度人口的因素包括经济因素、社会因素、资源因素和环境因素，经济因素和社会因素主要从城市人口产生的收益角度考察，资源因素和环境因素主要从城市人口产生的成本角度考察。

5.2.1.1　经济因素选取

在经济因素选取方面，城市化发展能够创造经济，同时经济又是人类社会发展的物质基础，更是支撑城市人口（X）发展的关键变量，主要包括经济总体情况、投资及消费情况、财政情况、金融情况等。因此，本书针对影响城市适度人口的经济因素，主要选取地区生产总值（Ec^1）、全社会固定资产投资（Ec^2）、社会消费品零售总额（Ec^3）、地方财政一般预算收入（Ec^4）、年末金融机构存款余额（Ec^5）5 个变量。为了从总体上验证以上所选因素是否与城市人口数量存在关系，以下分别从统计相关性进行定量检验。

根据所选取的 2011 年全国 282 个地级及以上城市相关数据进行分析，发现各城市辖区人口分别与地区生产总值（Ec^1）、全社会固定资产投资（Ec^2）、社会消费品零售总额（Ec^3）、地方财政一般预算收入（Ec^4）、年末金融机构存款余额（Ec^5）呈现高度线性相关性，其相关系数分别为 0.7970、0.9454、0.9019、0.8816、0.8366，其相关散点图，如图 5 - 6 所示。

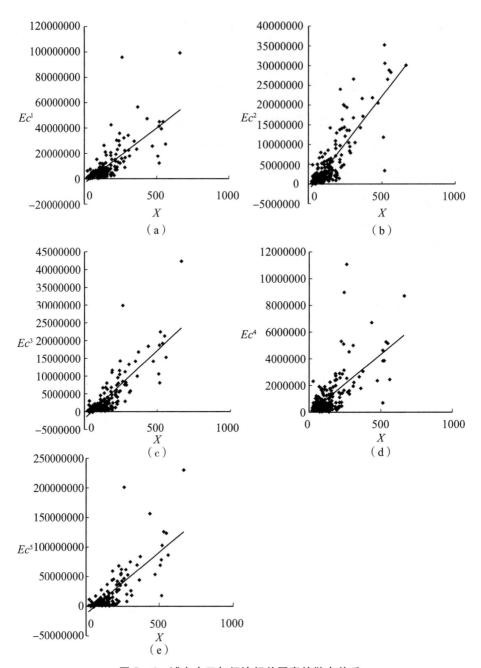

图 5 - 6　城市人口与经济相关因素的散点关系

5.2.1.2　社会因素选取

在社会因素选取方面，伴随着城市化发展推进，经济实现较快发展，社会事业发展水平也不断提升。而社会事业水平也是支撑城市人口数量的重要基础，主要包括就业情况、教育情况、文化情况、医疗情况、交通设施情况等方面。因此，本书针对影响城市适度人口的社会因素初步主要选取在岗职工平均人数（So^1）、中小学专任教师数（So^2）、公共图书馆图书总藏书量（So^3）、医院卫生院床位数（So^4）、年末实有公共汽车营运车辆数（So^5）、年末实有出租汽车数（So^6）6 个变量。为了从总体上验证以上所选因素是否与城市人口数量存在关系，以下分别从统计相关性进行定量检验。

根据所选取的 2011 年全国 282 个地级及以上城市相关数据进行分析，发现各城市辖区人口分别与在岗职工平均人数、中小学专任教师数、公共图书馆图书总藏书量、医院卫生院床位数、年末实有公共汽车营运车辆数、年末实有出租汽车数呈现高度线性相关性，其相关系数分别为 0.9317、0.9570、0.7884、0.9767、0.8635、0.8838，其相关散点图，如图 5 − 7 所示。

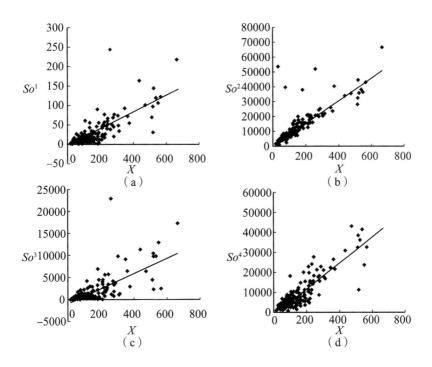

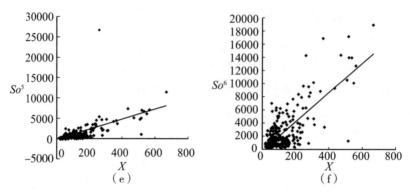

图5-7　城市人口与社会相关因素的散点关系

5.2.1.3　资源因素选取

在资源因素选取方面，伴随着城市化发展推进，社会经济的发展一方面在不断创造可再生资源，但更多的是资源在支撑着城市人口的生存和发展，主要包括土地资源、水资源和能源资源等。因此，本书对影响城市适度人口的资源因素初步主要选取行政区域土地面积（Ro^1）、供水总量（Ro^2）、全社会供电量（Ro^3）和年末实有城市道路面积（Ro^4）4个变量。为了从总体上验证以上所选因素是否与城市人口数量存在关系，以下分别从统计相关性进行定量检验。

根据所选取的2011年全国282个地级及以上城市相关数据进行分析，发现各城市辖区人口分别与行政区域土地面积、供水总量、全社会供电量和年末实有城市道路面积呈现高度线性相关性，其相关系数分别为0.7588、0.8632、0.8981、0.9466，其相关散点图，如图5-8所示。

5.2.1.4　环境因素选取

在环境因素选取方面，伴随着城市化发展推进，社会经济发展对城市环境产生较大污染，较为典型的是"三废"排放，那么环境承载能力将成为决定城市人口数量的关键因素。具体地，本书对影响城市适度人口的环境因素初步主要选取三废综合利用产品价值（Ev^1）、工业废水排放达标量（Ev^2）、工业二氧化硫去除量（Ev^3）、工业烟尘去除量（Ev^4）、建成区绿化覆盖面积（Ev^5）5个变量。为了从总体上验证以上所选因素是否与城市人口数量存在关系，以下分别从统计相关性进行定量检验。

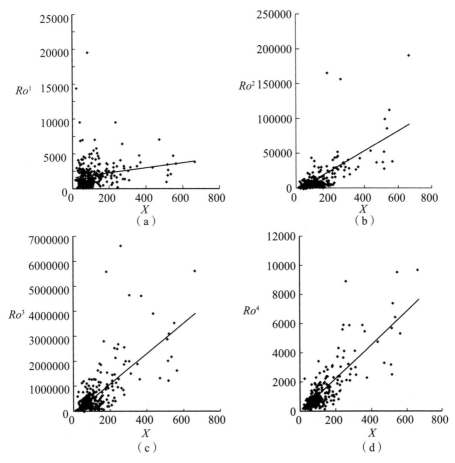

图 5-8　城市人口与资源相关因素的散点关系

　　根据所选取的 2011 年全国 282 个地级及以上城市相关数据进行分析，发现各城市辖区人口分别与三废综合利用产品价值、工业废水排放达标量、工业二氧化硫去除量、工业烟尘去除量、建成区绿化覆盖面积呈现高度线性相关性，其相关系数分别为 0.6688、0.8506、0.7360、0.7641、0.9416，其相关散点图，如图 5-9 所示。

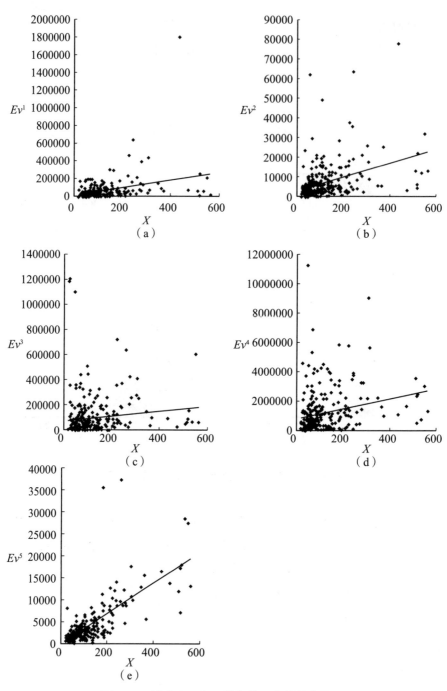

图 5 - 9   城市人口与环境相关因素的散点关系

5.2.2　城市适度人口测度分类公式

根据前文分析可知，影响城市适度人口的因素包括经济因素、社会因素、资源因素和环境因素，以下分类别确定与各类因素对应的城市适度人口计算公式。设通过筛选和分类后的某样本个体为 i $(i=1,2,3,\cdots,m)$，即样本容量为 m，设第 i 个个体的城市实际人口数为 X_i，同时将经济因素、社会因素、资源因素和环境因素分别用 j 来代替，即 j 分别表示 Ec，So，Ro，Ev，令第 j 类因素包含的指标为 k $(k=1,2,\cdots,n)$，因此，可以统一将各因素指标表示成为 Z_i^{jk}。另外，各类城市适度人口公式的确定包含以下步骤：

5.2.2.1　指标权重确定

各类因素所含指标权重确定主要遵循以下思想，即各因素指标与城市实际人口的相关程度越大，其用来估计和预测的城市适度人口的作用就越大，相应的权重也应该较高。但是由于用来估计城市适度人口的因素较多，且各因素之间还存在较强的相关性，即信息重叠。如果直接删除某些因素，将会造成信息的损失；如果直接计算相关系数或者进行直接回归，又会造成信息重叠和多重共线性问题。因此，本书主要采取主成分回归来解决该问题，主成分回归主要是采用原始自变量的主成分代替原始自变量进行回归，既保留了大量信息，同时还可以避免信息重叠问题。

首先，对各原始指标进行主成分分析，假设按照特征根大于 1 的原则提取出 2 个主成分，则存在以下公式：

$$\begin{cases} F1_i^j = \alpha_{11}\overline{Z}_i^{j1} + \alpha_{12}\overline{Z}_i^{j2} + \cdots + \alpha_{1n}\overline{Z}_i^{jn} \\ F2_i^j = \alpha_{21}\overline{Z}_i^{j1} + \alpha_{22}\overline{Z}_i^{j2} + \cdots + \alpha_{2n}Z_i^{jn} \end{cases} \tag{5-14}$$

其中：$\overline{Z}_i^{jn}$ 为标准化指标变量。

其次，以提取的主成分为解释变量，城市实际人口为被解释变量进行回归，假设估计出的方程为：

$$\hat{X}_i^j = \theta_0 + \theta_1 F1_i^j + \theta_2 F2_i^j \tag{5-15}$$

最后，将式（5-14）代入式（5-15）得到：

$$\hat{X}_i^j = \theta_0 + (\theta_1\alpha_{11} + \theta_2\alpha_{21})\overline{Z}_i^{j1} + (\theta_1\alpha_{12} + \theta_2\alpha_{22})$$
$$\overline{Z}_i^{j2} + \cdots + (\theta_1\alpha_{1n} + \theta_2\alpha_{2n})\overline{Z}_i^{jn} \tag{5-16}$$

则第 j 类因素包含的指标 k 的权重为：

$$w^{jk} = \frac{\theta_1\alpha_{1k} + \theta_2\alpha_{2k}}{\sum\limits_{k=1}^{n}(\theta_1\alpha_{1k} + \theta_2\alpha_{2k})} \tag{5-17}$$

5.2.2.2 城市人口实际承载力计算

各类因素指标对应的城市人口承载力主要反映各因素单位水平承载了多少实际人口，这是衡量各地城市人口承载能力的关键，计算公式如下：

$$CC_i^{jk} = \frac{X_i}{Z_i^{jk}} \tag{5-18}$$

5.2.2.3 城市人口标准承载力计算

城市人口的标准承载力主要包括静态基准标准承载力和动态上限标准承载力，其中：静态基准标准承载力主要选取各样本在剔除异常值后的平均承载力水平，反映一般社会经济发展方式或一般资源环境利用模式下的承载力标准，公式表示为：

$$\overline{CCJJ}^{jk} = \frac{\sum\limits_{i=1}^{m} X_i}{\sum\limits_{i=1}^{m} Z_i^{jk}} \tag{5-19}$$

动态上限标准承载力主要选取城市投入产出效率系数较高的样本平均承载力水平作为标准，本书选取最高的 25% 样本容量，反映社会经济发展方式需要转变或资源环境利用模式需要改进条件下的承载力标准，公式表示为：

$$\overline{CCDS}^{jk} = \frac{\sum\limits_{i=0.75m}^{m} X_i}{\sum\limits_{i=0.75m}^{m} Z_i^{jk}} \tag{5-20}$$

5.2.2.4 城市适度人口区间计算

城市适度人口区间主要反映城市适度人口静态基准到城市适度人口动态上限的区间，其中：

城市适度人口静态基准公式为：

$$X_{JJ}^* \big|_i^j = \sum_{k=1}^n w^{jk} \left(\overline{C} CJJ^{jk} \times Z_i^{jk} \right) \tag{5-21}$$

城市适度人口动态上限公式为：

$$X_{DS}^* \big|_i^j = \sum_{k=1}^n w^{jk} \left(\overline{C} CDS^{jk} \times Z_i^{jk} \right) \tag{5-22}$$

即第 i 个个体的第 j 类因素对应的城市适度人口区间为：

$$X^* \big|_i^j \in \left[X_{JJ}^* \big|_i^j, \ X_{DS}^* \big|_i^j \right] \tag{5-23}$$

5.2.3　城市适度人口测度综合公式

以上公式分别可以测算出经济因素、社会因素、资源因素和环境因素对应的城市适度人口区间，但通过比较各类因素对应的城市适度人口，必然存在短板因素制约，即对应较低适度人口的因素，换句话说，即便其他因素计算出的适度人口高于该因素计算出的适度人口，该城市的综合承载力也难以提升，因为存在短板因素的制约。为此，本书将根据"短板原理"，取各类因素中计算出的最低城市适度人口作为该城市的综合适度人口，计算公式分别为：

$$X_{JJ}^* \big|_i = \min_{j \in [1,4]} \left(X_{JJ}^* \big|_i^j \right) \tag{5-24}$$

$$X_{DS}^* \big|_i = \min_{j \in [1,4]} \left(X_{DS}^* \big|_i^j \right) \tag{5-25}$$

即第 i 个个体的城市适度人口区间为：

$$X^* \big|_i \in \left[X_{JJ}^* \big|_i, \ X_{DS}^* \big|_i \right] \tag{5-26}$$

城市适度人口系数为：

$$\theta_i = \frac{X_i - X_{JJ}^* \big|_i}{X_{DS}^* \big|_i - X_{JJ}^* \big|_i} \tag{5-27}$$

假设该个体的城市实际人口为 X_i，根据 X_i 所处的区间范围，形成不同的城市化发展模式，如图 5-10 所示。

情况 1：如果城市实际人口小于城市适度人口静态基准，即 $X_i \leqslant X_{JJ}^* \big|_i$，$\theta_i \leqslant 0$，则该城市可以在既定经济发展方式和资源利用模式下增加城市人口，推进城市化发展；

情况 2：如果城市实际人口大于城市适度人口静态基准，并小于城市适

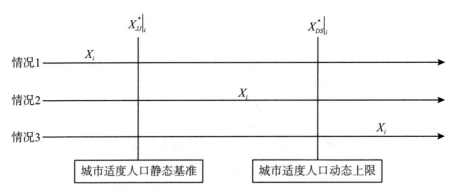

图 5 - 10　实际人口所处城市适度人口的不同位置状态

度人口动态上限，即 $X_{JJ}^{*}|_i \leqslant X_i \leqslant X_{DS}^{*}|_i$，$0 < \theta_i \leqslant 1$，则该城市推进城市化发展的条件是转变经济发展方式或优化资源利用模式，否则就需要分流城市实际人口；

情况 3：如果城市实际人口大于城市适度人口动态上限，即 $X_i \geqslant X_{DS}^{*}|_i$，$\theta_i > 1$，则该城市需要实现更高层次的经济发展方式和资源利用模式，但关键还是需要分流城市实际人口。

第 6 章 我国城市适度人口的实证测度与分析

以上从理论方法的角度阐释了如何测度城市适度人口，并构建了包含城市适度人口静态基准和动态上限所构成的城市适度人口区间公式。以此为基础，该部分主要以中国 2010 年地级及以上城市为样本对各城市适度人口数量进行测度与分析。城市适度人口的测度主要包括三个环节：一是对所选城市进行分类，其目的是要将不同城市化发展阶段进行区分，因为在不同的城市化发展阶段，即使相同数量和类型的因素，所能够承载的城市人口数量具有区别；二是在分类的基础上，按照前文所构建的城市适度人口测度公式，分别测度出城市适度人口静态基准和城市适度人口动态上限；三是对测度出来的适度人口结果进行比较分析。

6.1 测度样本选择与分类

本书测度城市适度人口的样本主要选取 2010 年中国所确定的 287 个地级及以上城市，包括 4 个直辖市、15 个副省级城市、268 个地级市。但是各城市定位及特征具有较大差距，不能采用统一标准进行测度，因此首先需要进行类别划分。

针对 287 个地级及以上城市，首先依据功能定位将其分为两大类别，第一类是特殊城市，包括直辖市、副省级城市和部分省会城市，这些城市在全国经济、政治、文化、社会和生态发展中均具有特殊的定位，即城市化发展具有其本质的特性；第二类是一般城市，主要指除以上省会城市之外的地级市城市。在此基础上，针对以上两大类城市再进行细分，将第一类城市按照其功能重要性分为两类，一类是直辖市和副省级城市，统称为一级特殊城市，另一类是余下的省会城市，统称为二级特殊城市，采用定性划分方法；将第二类城市按照其城市化水平分为四类，包括一级一般城市、二级一般城市、三级一般城市、四级一般城市，采用定量划分方法，如图6－1所示。以上分类体系，无论是按照定性划分还是按照定量划分，均要体现在大类城市群中的小类城市化发展水平的高低差异，即城市化处于不同的阶段。

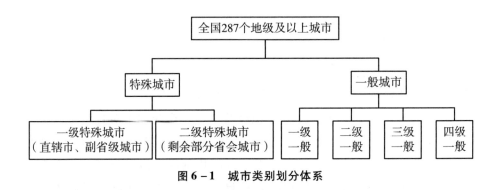

图 6－1　城市类别划分体系

6.1.1　特殊城市的范围与类别

根据以上分类框架可知，36 个特殊城市包括直辖市、副省级城市和省会城市，并将其进一步划分为一级特殊城市和二级特殊城市，具体如下：

一级特殊城市（19 个），包括：北京市、天津市、上海市、重庆市、济南市、青岛市、南京市、杭州市、宁波市、厦门市、广州市、深圳市、武汉市、成都市、西安市、哈尔滨市、长春市、沈阳市、大连市。

二级特殊城市（17 个），包括：石家庄市、太原市、呼和浩特市、合肥市、福州市、南昌市、郑州市、长沙市、南宁市、海口市、贵阳市、昆明市、拉萨市、兰州市、西宁市、银川市、乌鲁木齐市。

根据以上类别的划分，从人口城市化率来看，一级特殊城市和二级特殊城市分别为 0.6750 和 0.5150；从空间城市化率来看，一级特殊城市和二级特殊城市分别为 0.4413 和 0.2204；从经济城市化率来看，一级特殊城市和二级特殊城市分别为 0. 9588 和 0. 8889①，符合不同类型城市化发展阶段差异特征，如图 6 - 2 所示。

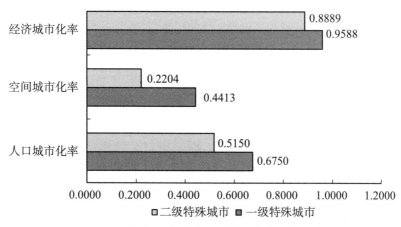

图 6 - 2　不同级别特殊城市的城市化发展水平差异

6.1.2　一般城市的范围与类别

根据以上分类框架可知，251 个一般城市均是地市级城市，但由于各地市级城市还存在着较大的城市化发展水平差异，针对不同城市化水平的城市还应该存在相应的承载力差异。因此，以下主要以人口城市化率、空间城市化率和经济城市化率为指标，采用聚类分析法，将总体样本划分为一级一般城市、二级一般城市、三级一般城市和四级一般城市，具体如下：

一级一般城市（16 个），包括：乌海市、伊春市、舟山市、淮南市、枣庄市、莱芜市、鄂州市、珠海市、汕头市、佛山市、东莞市、中山市、三亚市、铜川市、嘉峪关市、克拉玛依市。

二级一般城市（42 个），包括：朔州市、鹤岗市、大庆市、七台河市、无锡市、常州市、苏州市、淮安市、湖州市、芜湖市、淮北市、铜陵市、宿州市、亳州市、池州市、莆田市、萍乡市、新余市、淄博市、东营市、

---

①　与第 4 章指标选择一致，城市化发展水平仍然选择人口城市化率、空间城市化率和经济城市化率，但该部分适度人口测度主要针对的是具体城市，因此计算公式略有差异，但内涵均一样，具体而言：人口城市化率 = 市辖区年末总人口/全市年末总人口；空间城市化率 = 市辖区面积/全市面积；经济城市化 = 全市第二、第三产业产值/全市 GDP。

日照市、鹤壁市、漯河市、北海市、防城港市、钦州市、贵港市、贺州市、来宾市、自贡市、攀枝花市、广元市、遂宁市、内江市、巴中市、保山市、金昌市、天水市、酒泉市、石嘴山市、固原市、中卫市。

三级一般城市（71个），包括：大同市、阳泉市、包头市、抚顺市、本溪市、营口市、辽阳市、葫芦岛市、吉林市、白山市、鸡西市、黑河市、徐州市、南通市、连云港市、扬州市、镇江市、宿迁市、嘉兴市、金华市、衢州市、台州市、马鞍山市、黄山市、阜阳市、巢湖市、六安市、宣城市、龙岩市、宜春市、烟台市、潍坊市、泰安市、威海市、临沂市、聊城市、商丘市、信阳市、宜昌市、襄阳市、荆门市、孝感市、荆州市、咸宁市、随州市、常德市、张家界市、益阳市、永州市、韶关市、江门市、湛江市、惠州市、崇左市、泸州市、乐山市、南充市、眉山市、广安市、资阳市、安顺市、临沧市、宝鸡市、安康市、商洛市、白银市、武威市、张掖市、平凉市、定西市、陇南市。

四级一般城市（122个），包括：唐山市、秦皇岛市、邯郸市、邢台市、保定市、张家口市、承德市、沧州市、廊坊市、衡水市、长治市、晋城市、晋中市、运城市、忻州市、临汾市、吕梁市、赤峰市、通辽市、鄂尔多斯市、呼伦贝尔市、巴彦淖尔市、乌兰察布市、鞍山市、丹东市、锦州市、阜新市、盘锦市、铁岭市、朝阳市、四平市、辽源市、通化市、松原市、白城市、齐齐哈尔市、双鸭山市、佳木斯市、牡丹江市、绥化市、盐城市、泰州市、温州市、绍兴市、丽水市、蚌埠市、安庆市、滁州市、三明市、泉州市、漳州市、南平市、宁德市、景德镇市、九江市、鹰潭市、赣州市、吉安市、抚州市、上饶市、济宁市、德州市、滨州市、菏泽市、开封市、洛阳市、平顶山市、安阳市、新乡市、焦作市、濮阳市、许昌市、三门峡市、南阳市、周口市、驻马店市、黄石市、十堰市、黄冈市、株洲市、湘潭市、衡阳市、邵阳市、岳阳市、郴州市、怀化市、娄底市、茂名市、肇庆市、梅州市、汕尾市、河源市、阳江市、清远市、潮州市、揭阳市、云浮市、柳州市、桂林市、梧州市、玉林市、百色市、河池市、德阳市、绵阳市、宜宾市、达州市、雅安市、六盘水市、遵义市、曲靖市、玉溪市、昭通市、丽江市、普洱市、咸阳市、渭南市、延安市、汉中市、榆林市、庆阳市、吴忠市。

根据以上类别的划分，从人口城市化率来看，一级一般城市、二级一般城市、三级一般城市和四级一般城市依次为 0.9092、0.4590、0.2970、0.1763；从空间城市化率来看，一级一般城市、二级一般城市、三级一般城市和四级一般城市依次为 0.8878、0.3447、0.1750、0.0617；从经济城市化率来看，一级一般城市、二级一般城市、三级一般城市和四级一般城市依次为 0.9292、0.8615、0.8407、0.8470，符合不同类型城市化发展阶段差异特征，如图 6 - 3 所示。

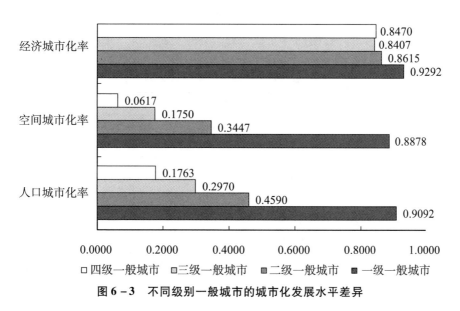

图 6 - 3　不同级别一般城市的城市化发展水平差异

6.2　适度人口的实证测度

该部分主要针对一级特殊城市、二级特殊城市、一级一般城市、二级一般城市、三级一般城市和四级一般城市进行适度人口测度，分别包括分类适度人口区间测度和综合适度人口区间测度两个重要环节。

6.2.1　一级特殊城市适度人口测度

6.2.1.1　基于经济因素的适度人口区间测度

（1）指标权重确定。

首先，对地区生产总值（Ec^1）、全社会固定资产投资（Ec^2）、社会消费品零售总额（Ec^3）、地方财政一般预算收入（Ec^4）、年末金融机构存款余额（Ec^5）5 个变量进行主成分分析。按照特征根大于 1 的原则，共提取出 1 个主成分，累计方差贡献达到 88.26%。进一步，根据因子得分系数，得出主成分表达式：

$$FEc^{11} = 0.221\overline{Ec}^{11} + 0.180\overline{Ec}^{12} + 0.222\overline{Ec}^{13} + 0.220\overline{Ec}^{14} + 0.218\overline{Ec}^{15} \quad (6-1)$$

其次，以提取主成分为解释变量，城市实际人口为被解释变量进行线性回归，估计方程表达式为：

$$X^1 = 583.55 + 292.93FEc^{11} \quad (6-2)$$

根据以上两个方程的估计系数，计算各指标的权重，如表 6-1 所示。

表 6-1　　　　　　　一级特殊城市经济因素指标权重

名称及代码	Ec^{11}	Ec^{12}	Ec^{13}	Ec^{14}	Ec^{15}
公因子 1	0.2214	0.1802	0.2217	0.2200	0.2180
292.93	64.8558	52.7805	64.9565	64.4588	63.8585
权重（%）	20.86	16.98	20.89	20.73	20.54

（2）标准承载力计算。

根据各城市实际人口数和相关因素，计算出城市人口实际承载力，以此为依据，按照式（6-19）和式（6-20）分别计算出各因素对应的静态基准标准承载力和动态上限标准承载力，如表 6-2 所示。

表 6-2　　　　　　一级特殊城市经济因素对应的标准承载力

名称及代码	Ec^{11}	Ec^{12}	Ec^{13}	Ec^{14}	Ec^{15}
静态基准标准承载力	1.02E-05	2.01E-05	2.52E-05	7.61E-05	3.77E-06
动态上限标准承载力	1.99E-05	2.61E-05	4.13E-05	1.67E-04	9.24E-06

（3）城市适度人口区间计算。

根据各城市对应的相关因素、因素对应的权重，在考虑静态基准标准承载力和动态上限标准承载力基础上，分别计算出基于经济因素的适度人口区间，如图 6-4 所示。

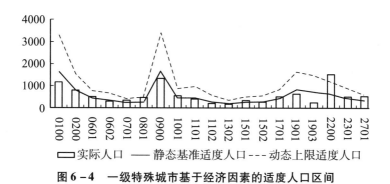

图 6 - 4 一级特殊城市基于经济因素的适度人口区间

6.2.1.2 基于社会因素的适度人口区间测度

（1）指标权重确定。

首先，对在岗职工平均人数（So^1）、中小学专任教师数（So^2）、公共图书馆图书总藏书量（So^3）、医院卫生院床位数（So^4）、年末实有公共汽车营运车辆数（So^5）和年末实有出租汽车数（So^6）6 个变量进行主成分分析。按照特征根大于 1 的原则，共提取出 1 个主成分，累计方差贡献达到 79.96%。进一步，根据因子得分系数，得出主成分表达式：

$$FSo^{11} = 0.195\overline{So}^{11} + 0.184\overline{So}^{12} + 0.190\overline{So}^{13} + 0.189\overline{So}^{14}$$
$$+ 0.166\overline{So}^{15} + 0.193\overline{So}^{16} \quad (6-3)$$

其次，以提取主成分为解释变量，城市实际人口为被解释变量进行线性回归，估计方程表达式为：

$$X^1 = 583.55 + 299.61FSo^{11} \quad (6-4)$$

根据以上两个方程的估计系数，计算各指标的权重，如表 6 - 3 所示。

表 6 - 3　　　　　　　一级特殊城市社会因素指标权重

名称及代码	So^{11}	So^{12}	So^{13}	So^{14}	So^{15}	So^{16}
公因子 1	0.195	0.184	0.190	0.189	0.166	0.193
299.61	58.5499	55.0490	56.9900	56.5107	49.7025	57.8044
权重（%）	17.50	16.45	17.03	16.89	14.85	17.28

（2）标准承载力计算。

根据各城市实际人口数和相关因素，计算出城市人口实际承载力，以此为依据，按照式（6-19）和式（6-20）分别计算出各因素对应的静态基准标准承载力和动态上限标准承载力，如表6-4所示。

表6-4 一级特殊城市社会因素对应的标准承载力

名称及代码	So^{11}	So^{12}	So^{13}	So^{14}	So^{15}	So^{16}
静态基准标准承载力	3.66E+00	1.28E-02	4.02E-02	1.53E-02	6.87E-02	3.24E-02
动态上限标准承载力	6.01E+00	1.50E-02	1.10E-01	2.12E-02	1.25E-01	6.60E-02

（3）城市适度人口区间计算。

根据各城市对应的相关因素、因素对应的权重，在考虑静态基准标准承载力和动态上限标准承载力基础上，分别计算出基于社会因素的适度人口区间，如图6-5所示。

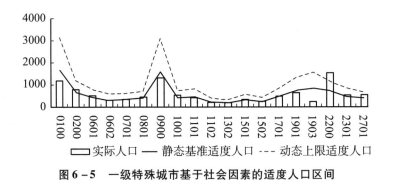

图6-5 一级特殊城市基于社会因素的适度人口区间

6.2.1.3 基于资源因素的适度人口区间测度

（1）指标权重确定。

首先，对行政区域土地面积（Ro^1）、供水总量（Ro^2）、全社会供电量（Ro^3）和年末实有城市道路面积（Ro^4）4个变量进行主成分分析。按照特征根大于1的原则，共提取出1个主成分，累计方差贡献达到67.28%。进一步，根据因子得分系数，得出主成分表达式：

$$FRo^{11} = 0.166\overline{Ro}^{11} + 0.338\overline{Ro}^{12} + 0.345\overline{Ro}^{13} + 0.333\overline{Ro}^{14} \quad (6-5)$$

其次，以提取主成分为解释变量，城市实际人口为被解释变量进行线性回归，估计方程表达式为：

$$X^1 = 583.55 + 307.36FRo^{11} \quad (6-6)$$

根据以上两个方程的估计系数，计算各指标的权重，如表 6-5 所示。

表 6-5　　　　　　　　一级特殊城市资源因素指标权重

名称及代码	Ro^{11}	Ro^{12}	Ro^{13}	Ro^{14}
公因子 1	0.166	0.338	0.345	0.333
307.36	51.0336	103.7942	106.1838	102.2279
权重（%）	14.05	28.57	29.23	28.14

（2）标准承载力计算。

根据各城市实际人口数和相关因素，计算出城市人口实际承载力，以此为依据，按照式（6-19）和式（6-20）分别计算出各因素对应的静态基准标准承载力和动态上限标准承载力，如表 6-6 所示。

表 6-6　　　　　　　　一级特殊城市资源因素对应的标准承载力

名称及代码	Ro^{11}	Ro^{12}	Ro^{13}	Ro^{14}
静态基准标准承载力	1.11E-01	6.69E-03	1.51E-04	8.79E-02
动态上限标准承载力	2.19E-01	1.44E-02	3.16E-04	1.36E-01

（3）城市适度人口区间计算。

根据各城市对应的相关因素、因素对应的权重，在考虑静态基准标准承载力和动态上限标准承载力基础上，分别计算出基于资源因素的适度人口区间，如图 6-6 所示。

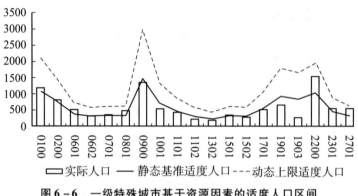

图 6-6　一级特殊城市基于资源因素的适度人口区间

6.2.1.4　基于环境因素的适度人口区间测度

（1）指标权重确定。

首先，对三废综合利用产品价值（Ev^1）、工业废水排放达标量（Ev^2）、工业二氧化硫去除量（Ev^3）、工业烟尘去除量（Ev^4）、建成区绿化覆盖面积（Ev^5）5 个变量进行主成分分析。按照特征根大于 1 的原则，共提取出 2 个主成分，累计方差贡献达到 74.32%。进一步，根据因子得分系数，得出主成分表达式：

$$FEv^{11} = 0.534Ev^{11} + 0.497Ev^{12} + 0.039Ev^{13} - 0.043Ev^{14} - 0.058Ev^{15}$$
$$(6-7)$$
$$FEv^{12} = -0.166Ev^{11} + 0.039Ev^{12} + 0.499Ev^{13} + 0.508Ev^{14} + 0.163Ev^{15}$$

其次，以提取主成分为解释变量，城市实际人口为被解释变量进行线性回归，估计方程表达式为：

$$X^1 = 583.55 + 44.03FEv^{11} + 218.34FEv^{12} \qquad (6-8)$$

根据以上两个方程的估计系数，计算各指标的权重，如表 6-7 所示。

表 6-7　　　　　　　　一级特殊城市环境因素指标权重

名称及代码	Ev^{11}	Ev^{12}	Ev^{13}	Ev^{14}	Ev^{15}
公因子 1	0.5337	0.4966	0.0385	-0.0430	-0.0581
44.03	23.5005	21.8660	1.6965	-1.8930	-2.5600
公因子 2	-0.166	0.039	0.499	0.508	0.163
218.34	-36.3430	8.4278	108.9378	110.9600	35.5522
权重（%）	0.00	10.71	39.10	38.54	11.66

注：将计算出权重为负的指标取消。

（2）标准承载力计算。

根据各城市实际人口数和相关因素，计算出城市人口实际承载力，以此为依据，按照式（6-19）和式（6-20）分别计算出各因素对应的静态基准标准承载力和动态上限标准承载力，如表6-8所示。

表 6-8　　　　　　一级特殊城市环境因素对应的标准承载力

名称及代码	Ev^{11}	Ev^{12}	Ev^{13}	Ev^{14}	Ev^{15}
静态基准标准承载力	2.75E-03	2.93E-02	2.39E-03	2.44E-04	2.47E-02
动态上限标准承载力	2.84E-02	1.02E-01	9.78E-03	5.51E-04	3.86E-02

（3）城市适度人口区间计算。

根据各城市对应的相关因素、因素对应的权重，在考虑静态基准标准承载力和动态上限标准承载力基础上，分别计算出基于环境因素的适度人口区间，如图6-7所示。

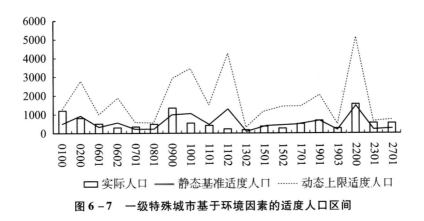

图 6-7　一级特殊城市基于环境因素的适度人口区间

6.2.1.5　综合适度人口区间测度

通过比较经济、社会、资源和环境所分别对应的静态基准适度人口和动态上限适度人口，选取最小测度值作为短板因素，以此作为各城市的综合适度人口区间，如表6-9所示。

表 6 – 9 一级特殊城市综合适度人口区间

城市代码	城市名称	实际人口	静态基准适度人口					动态上限适度人口				
			经济	社会	资源	环境	短板	经济	社会	资源	环境	短板
0100	北京市	1187	1646	1678	1069	514	514	3324	3132	2102	1284	1284
0200	天津市	807	826	680	772	931	680	1543	1204	1483	2772	1204
0601	沈阳市	515	442	450	385	371	371	802	806	727	976	727
0602	大连市	304	371	317	308	594	308	692	590	588	1878	588
0701	长春市	363	241	352	327	244	241	430	630	603	601	430
0801	哈尔滨市	472	280	429	323	231	231	507	729	620	556	507
0900	上海市	1343	1711	1598	1483	994	994	3440	3104	2994	2904	2904
1001	南京市	548	484	415	682	1030	415	914	760	1299	3432	760
1101	杭州市	435	499	462	441	478	441	982	824	858	1500	824
1102	宁波市	223	300	226	292	1305	226	586	398	579	4230	398
1302	厦门市	180	194	205	228	122	122	374	353	436	315	315
1501	济南市	348	283	329	332	400	283	535	596	611	1154	535
1502	青岛市	276	293	258	317	463	258	566	446	585	1407	446
1701	武汉市	521	461	480	554	498	461	850	845	1064	1437	845
1901	广州市	664	851	762	914	705	705	1648	1341	1792	2086	1341
1903	深圳市	260	758	832	844	209	209	1509	1552	1657	497	497
2200	重庆市	1543	649	718	1026	1491	649	1206	1141	1969	5105	1141
2301	成都市	535	456	481	454	246	246	870	841	866	651	651
2701	西安市	563	342	415	335	261	261	622	677	625	723	622

6.2.2 二级特殊城市适度人口测度

6.2.2.1 基于经济因素的适度人口区间测度

（1）指标权重确定。

首先，对地区生产总值（Ec^1）、全社会固定资产投资（Ec^2）、社会消费品零售总额（Ec^3）、地方财政一般预算收入（Ec^4）、年末金融机构存款余额（Ec^5）5 个变量进行主成分分析。按照特征根大于 1 的原则，共提取出 1 个主成分，累计方差贡献达到 84.69%。进一步，根据因子得分系数，得出主成分表达式：

$$FEc^{21} = 0.226\overline{E}c^{21} + 0.201\overline{E}c^{22} + 0.221\overline{E}c^{23}$$
$$+ 0.223\overline{E}c^{24} + 0.214\overline{E}c^{25} \tag{6-9}$$

其次，以提取主成分为解释变量，城市实际人口为被解释变量进行线性回归，估计方程表达式为：

$$X^2 = 223.25 + 63.99FEc^{21} \tag{6-10}$$

根据以上两个方程的估计系数，计算各指标的权重，如表 6-10 所示。

表 6-10　　　　　二级特殊城市经济因素指标权重

名称及代码	Ec^{21}	Ec^{22}	Ec^{23}	Ec^{24}	Ec^{25}
公因子 1	0.2264	0.2013	0.2206	0.2233	0.2142
63.99	14.4865	12.8821	14.1156	14.2879	13.7055
权重（%）	20.85	18.54	20.32	20.56	19.73

（2）标准承载力计算。

根据各城市实际人口数和相关因素，计算出城市人口实际承载力，以此为依据，按照式（6-19）和式（6-20）分别计算出各因素对应的静态基准标准承载力和动态上限标准承载力，如表 6-11 所示。

表 6-11　　　　　二级特殊城市经济因素对应的标准承载力

名称及代码	Ec^{21}	Ec^{22}	Ec^{23}	Ec^{24}	Ec^{25}
静态基准标准承载力	1.71E-05	2.24E-05	3.27E-05	1.32E-04	6.01E-06
动态上限标准承载力	2.72E-05	4.29E-05	4.94E-05	2.56E-04	7.42E-06

（3）城市适度人口区间计算。

根据各城市对应的相关因素、因素对应的权重，在考虑静态基准标准承载力和动态上限标准承载力基础上，分别计算出基于经济因素的适度人口区间，如图 6-8 所示。

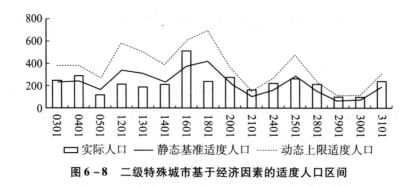

图6-8 二级特殊城市基于经济因素的适度人口区间

6.2.2.2 基于社会因素的适度人口区间测度

（1）指标权重确定。

首先，对在岗职工平均人数（So^1）、中小学专任教师数（So^2）、公共图书馆图书总藏书量（So^3）、医院卫生院床位数（So^4）、年末实有公共汽车营运车辆数（So^5）和年末实有出租汽车数（So^6）六个变量进行主成分分析。按照特征根大于1的原则，共提取出1个主成分，累计方差贡献达到63.45%。进一步，根据因子得分系数，得出主成分表达式：

$$FSo^{21} = 0229\bar{So}^{21} + 0.204\bar{So}^{22} + 0.172\bar{So}^{23} + 0.248\bar{So}^{24}$$
$$+ 0.193\bar{So}^{25} + 0.201\bar{So}^{26} \tag{6-11}$$

其次，以提取主成分为解释变量，城市实际人口为被解释变量进行线性回归，估计方程表达式为：

$$X^2 = 223.25 + 84.59FSo^{21} \tag{6-12}$$

根据以上两个方程的估计系数，计算各指标的权重，如表6-12所示。

表6-12   二级特殊城市社会因素指标权重

名称及代码	So^{21}	So^{22}	So^{23}	So^{24}	So^{25}	So^{26}
公因子1	0.229	0.204	0.172	0.248	0.193	0.201
84.59	19.3294	17.2349	14.5643	21.0165	16.2902	17.0236
权重（%）	18.33	16.34	13.81	19.93	15.45	16.14

（2）标准承载力计算。

根据各城市实际人口数和相关因素，计算出城市人口实际承载力，以此为依据，按照式（6-19）和式（6-20）分别计算出各因素对应的静态基准标准承载力和动态上限标准承载力，如表6-13所示。

表 6-13　　　　　　　二级特殊城市社会因素对应的标准承载力

名称及代码	So^{21}	So^{22}	So^{23}	So^{24}	So^{25}	So^{26}
静态基准标准承载力	4.68E+00	1.28E-02	7.25E-02	1.25E-02	7.77E-02	3.55E-02
动态上限标准承载力	6.31E+00	1.63E-02	1.40E-01	1.59E-02	1.15E-01	6.10E-02

（3）城市适度人口区间计算。

根据各城市对应的相关因素、因素对应的权重，在考虑静态基准标准承载力和动态上限标准承载力基础上，分别计算出基于社会因素的适度人口区间，如图6-9所示。

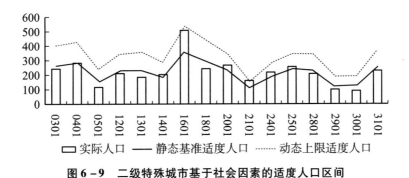

图 6-9　二级特殊城市基于社会因素的适度人口区间

6.2.2.3　基于资源因素的适度人口区间测度

（1）指标权重确定。

首先，对行政区域土地面积（Ro^1）、供水总量（Ro^2）、全社会供电量（Ro^3）和年末实有城市道路面积（Ro^4）4个变量进行主成分分析。按照特征根大于1的原则，共提取出2个主成分，累计方差贡献达到73.58%。进一步，根据因子得分系数，得出主成分表达式：

$$FRo^{21} = 0.039\bar{R}o^{21} + 0.494\bar{R}o^{22} + 0.298\bar{R}o^{23} + 0.454\bar{R}o^{24}$$
$$FRo^{22} = 0.896\bar{R}o^{21} + 0.241\bar{R}o^{22} - 0.264\bar{R}o^{23} - 0.048\bar{R}o^{24} \qquad (6-13)$$

其次，以提取主成分为解释变量，城市实际人口为被解释变量进行线性回归，估计方程表达式为：

$$X^2 = 223.18 + 77.60FRo^{21} - 2.751FRo^{22} \qquad (6-14)$$

根据以上两个方程的估计系数，计算各指标的权重，如表6-14所示。

表6-14　　　　　　　二级特殊城市资源因素指标权重

名称及代码	Ro^{21}	Ro^{22}	Ro^{23}	Ro^{24}
公因子1	0.039	0.494	0.298	0.454
77.6	3.0311	38.3071	23.1019	35.1972
公因子1	0.896	0.241	-0.264	-0.048
-2.751	-2.4636	-0.6631	0.7259	0.1327
权重（%）	0.58	38.66	24.47	36.28

（2）标准承载力计算。

根据各城市实际人口数和相关因素，计算出城市人口实际承载力，以此为依据，按照式（6-19）和式（6-20）分别计算出各因素对应的静态基准标准承载力和动态上限标准承载力，如表6-15所示。

表6-15　　　　二级特殊城市资源因素对应的标准承载力

名称及代码	Ro^{21}	Ro^{22}	Ro^{23}	Ro^{24}
静态基准标准承载力	9.57E-02	8.23E-03	1.93E-04	9.09E-02
动态上限标准承载力	4.85E-01	1.13E-02	3.00E-04	1.48E-01

（3）城市适度人口区间计算。

根据各城市对应的相关因素、因素对应的权重，在考虑静态基准标准承载力和动态上限标准承载力基础上，分别计算出基于资源因素的适度人口区间，如图6 - 10所示。

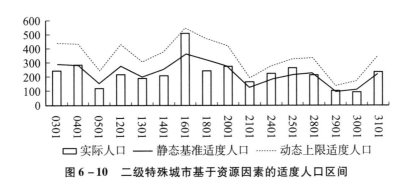

图6 - 10　二级特殊城市基于资源因素的适度人口区间

6. 2. 2. 4　基于环境因素的适度人口区间测度

（1）指标权重确定。

首先，对三废综合利用产品价值（Ev^1）、工业废水排放达标量（Ev^2）、工业二氧化硫去除量（Ev^3）、工业烟尘去除量（Ev^4）、建成区绿化覆盖面积（Ev^5）5个变量进行主成分分析。按照特征根大于1的原则，共提取出2个主成分，累计方差贡献达到68.67%。进一步，根据因子得分系数，得出主成分表达式：

$$FEv^{21} = 0.068Ev^{21} + 0.443Ev^{22} - 0.137Ev^{23} + 0.410Ev^{24} + 0.383Ev^{25}$$
$$FEv^{22} = 0.537Ev^{21} - 0.153Ev^{22} + 0.583Ev^{23} + 0.106Ev^{24} - 0.023Ev^{25} \tag{6 - 15}$$

其次，以提取主成分为解释变量，城市实际人口为被解释变量进行线性回归，估计方程表达式为：

$$X^2 = 223.18 + 72.67FEv^{21} + 12.66FEv^{22} \tag{6 - 16}$$

根据以上两个方程的估计系数，计算各指标的权重，如表6　16所示。

表6 - 16　　　　　　　　二级特殊城市环境因素指标权重

名称及代码	Ev^{21}	Ev^{22}	Ev^{23}	Ev^{24}	Ev^{25}
公因子1	0.068	0.443	- 0.137	0.410	0.383
72.67	4.9773	32.1605	- 9.9370	29.8017	27.8513

续表

名称及代码	Ev^{21}	Ev^{22}	Ev^{23}	Ev^{24}	Ev^{25}
公因子2	0.537	−0.153	0.583	0.106	−0.023
12.66	6.8023	−1.9322	7.3851	1.3407	−0.2953
权重（%）	11.70	30.02	0.00	30.92	27.36

注：将计算出权重为负的指标取消。

（2）标准承载力计算。

根据各城市实际人口数和相关因素，计算出城市人口实际承载力，以此为依据，按照式（6－19）和式（6－20）分别计算出各因素对应的静态基准标准承载力和动态上限标准承载力，如表6－17所示。

表6－17　　　　　　　　二级特殊城市环境因素对应的标准承载力

名称及代码	Ev^{21}	Ev^{22}	Ev^{23}	Ev^{24}	Ev^{25}
静态基准标准承载力	3.74E−03	3.75E−02	1.21E−03	1.78E−04	2.76E−02
动态上限标准承载力	9.39E−03	1.14E−01	8.45E−03	2.12E−03	4.16E−02

（3）城市适度人口区间计算。

根据各城市对应的相关因素、因素对应的权重，在考虑静态基准标准承载力和动态上限标准承载力基础上，分别计算出基于环境因素的适度人口区间，如图6－11所示。

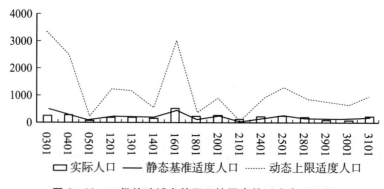

图6－11　二级特殊城市基于环境因素的适度人口区间

6.2.2.5　综合适度人口区间测度

通过比较经济、社会、资源和环境所分别对应的静态基准适度人口和动态上限适度人口，选取最小测度值作为短板因素，以此作为各城市的综合适度人口区间，如表6－18所示。

表6－18　　　　　　　　　二级特殊城市综合适度人口区间

城市代码	城市名称	实际人口	静态基准适度人口					动态上限适度人口				
			经济	社会	资源	环境	短板	经济	社会	资源	环境	短板
0301	石家庄市	244	229	269	287	518	229	375	404	441	3334	375
0401	太原市	285	243	289	284	332	243	383	426	435	2465	383
0501	呼和浩特市	121	168	160	156	92	92	273	241	244	260	241
1201	合肥市	216	338	234	277	227	227	573	347	426	1237	347
1301	福州市	189	309	241	201	208	201	507	364	306	1196	306
1401	南昌市	212	236	192	255	196	192	389	289	380	552	289
1601	郑州市	510	372	364	361	463	361	609	536	549	2996	536
1801	长沙市	242	424	296	312	155	155	699	444	469	391	391
2001	南宁市	271	226	235	269	260	226	369	348	417	904	348
2101	海口市	160	98	115	127	36	36	154	159	196	64	64
2401	贵阳市	222	160	196	184	154	154	263	281	282	889	263
2501	昆明市	260	293	243	216	284	216	484	350	331	1316	331
2801	兰州市	210	144	233	221	158	144	229	348	338	934	229
2901	西宁市	101	70	124	91	125	70	111	188	138	791	111
3001	银川市	95	74	126	109	148	74	120	193	172	644	120
3101	乌鲁木齐市	234	187	255	220	215	187	300	372	348	983	300

6.2.3　一级一般城市适度人口测度

6.2.3.1　基于经济因素的适度人口区间测度

（1）指标权重确定。

首先，对地区生产总值（Ec^1）、全社会固定资产投资（Ec^2）、社会消费品零售总额（Ec^3）、地方财政一般预算收入（Ec^4）、年末金融机构存款余额（Ec^5）5个变量进行主成分分析。按照特征根大于1的原则，共提取出1个主成分，累计方差贡献达到97.17%。进一步，根据因子得分系数，得出主成分表达式：

$$FEc^{31} = 0.204\overline{E}c^{31} + 0.203\overline{E}c^{32} + 0.200\overline{E}c^{33}$$
$$+ 0.203\overline{E}c^{34} + 0.205\overline{E}c^{35} \qquad (6-17)$$

其次，以提取主成分为解释变量，城市实际人口为被解释变量进行线性回归，估计方程表达式为：

$$X^3 = 147.56 + 74.29FEc^{31} \qquad (6-18)$$

根据以上两个方程的估计系数，计算各指标的权重，如表6-19所示。

表6-19　　　　　　　　一级一般城市经济因素指标权重

名称及代码	Ec^{31}	Ec^{32}	Ec^{33}	Ec^{34}	Ec^{35}
公因子1	0.204	0.203	0.200	0.203	0.205
74.29	15.1897	15.0469	14.8710	15.0556	15.1989
权重（%）	20.16	19.97	19.73	19.98	20.17

（2）标准承载力计算。

根据各城市实际人口数和相关因素，计算出城市人口实际承载力，以此为依据，按照式（6-19）和式（6-20）分别计算出各因素对应的静态基准标准承载力和动态上限标准承载力，如表6-20所示。

表6-20　　　　　　一级一般城市经济因素对应的标准承载力

名称及代码	Ec^{31}	Ec^{32}	Ec^{33}	Ec^{34}	Ec^{35}
静态基准标准承载力	1.27E-05	3.35E-05	4.00E-05	1.80E-04	8.66E-06
动态上限标准承载力	4.41E-05	9.41E-05	1.37E-04	7.08E-04	3.77E-05

（3）城市适度人口区间计算。

根据各城市对应的相关因素、因素对应的权重，在考虑静态基准标准

承载力和动态上限标准承载力基础上，分别计算出基于经济因素的适度人口区间，如图6-12所示。

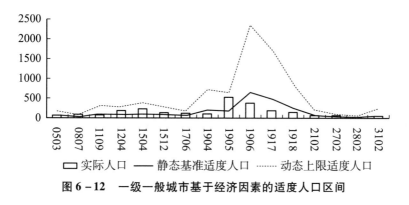

图6-12　一级一般城市基于经济因素的适度人口区间

6.2.3.2　基于社会因素的适度人口区间测度

（1）指标权重确定。

首先，对在岗职工平均人数（So^1）、中小学专任教师数（So^2）、公共图书馆图书总藏书量（So^3）、医院卫生院床位数（So^4）、年末实有公共汽车营运车辆数（So^5）和年末实有出租汽车数（So^6）6个变量进行主成分分析。按照特征根大于1的原则，共提取出2个主成分，累计方差贡献达到89.02%。进一步，根据因子得分系数，得出主成分表达式：

$$FSo^{31} = -0.267\bar{So}^{31} + 0.136\bar{So}^{32} + 0.419\bar{So}^{33} + 0.192\bar{So}^{34}$$
$$- 0.123\bar{So}^{35} + 0.472\bar{So}^{36}$$
$$FSo^{32} = 0.526\bar{So}^{31} + 0.166\bar{So}^{32} - 0.153\bar{So}^{33} + 0.135\bar{So}^{34}$$
$$+ 0.427\bar{So}^{35} - 0.255\bar{So}^{36}$$

$$(6-19)$$

其次，以提取主成分为解释变量，城市实际人口为被解释变量进行线性回归，估计方程表达式为：

$$X^3 = 147.56 + 42.45FSo^{31} + 86.69FSo^{32} \qquad (6-20)$$

根据以上两个方程的估计系数，计算各指标的权重，如表6-21所示。

表 6 – 21　　　　　　　　一级一般城市社会因素指标权重

名称及代码	So^{31}	So^{32}	So^{33}	So^{34}	So^{35}	So^{36}
公因子 1	– 0.267	0.136	0.419	0.192	– 0.123	0.472
42.45	– 11.3309	5.7837	17.7660	8.1707	– 5.2284	20.0272
公因子 2	0.526	0.166	– 0.153	0.135	0.427	– 0.255
86.69	45.6207	14.4086	– 13.2963	11.7288	37.0026	– 22.1482
权重（%）	31.00	18.25	4.04	17.99	28.72	0.00

（2）标准承载力计算。

根据各城市实际人口数和相关因素，计算出城市人口实际承载力，以此为依据，按照式（6 – 19）和式（6 – 20）分别计算出各因素对应的静态基准标准承载力和动态上限标准承载力，如表 6 – 22 所示。

表 6 – 22　　　　　　一级一般城市社会因素对应的标准承载力

名称及代码	So^{11}	So^{12}	So^{13}	So^{14}	So^{15}	So^{16}
静态基准标准承载力	6.80E + 00	9.57E – 03	1.24E – 01	2.09E – 02	1.64E – 01	7.52E – 02
动态上限标准承载力	1.24E + 01	1.28E – 02	3.79E – 01	3.72E – 02	4.49E – 01	2.11E – 01

（3）城市适度人口区间计算。

根据各城市对应的相关因素、因素对应的权重，在考虑静态基准标准承载力和动态上限标准承载力基础上，分别计算出基于社会因素的适度人口区间，如图 6 – 13 所示。

6.2.3.3　基于资源因素的适度人口区间测度

（1）指标权重确定。

首先，对行政区域土地面积（Ro^1）、供水总量（Ro^2）、全社会供电量（Ro^3）和年末实有城市道路面积（Ro^4）四个变量进行主成分分析。按照特

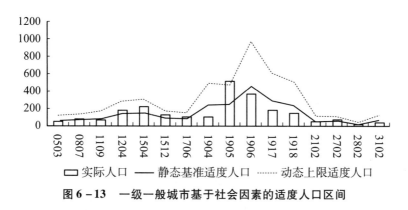

图6-13 一级一般城市基于社会因素的适度人口区间

征根大于1的原则，共提取出1个主成分，累计方差贡献达到53.24%。进一步，根据因子得分系数，得出主成分表达式：

$$FRo^{31} = -0.136\overline{Ro}^{31} + 0.421\overline{Ro}^{32} + 0.438\overline{Ro}^{33} + 0.287\overline{Ro}^{34} \quad (6-21)$$

其次，以提取主成分为解释变量，城市实际人口为被解释变量进行线性回归，估计方程表达式为：

$$X^3 = 147.421 + 65.64FRo^{31} \quad (6-22)$$

根据以上两个方程的估计系数，计算各指标的权重，如表6-23所示。

表6-23　　　　　一级一般城市资源因素指标权重

名称及代码	Ro^{31}	Ro^{32}	Ro^{33}	Ro^{34}
公因子1	-0.136	0.421	0.438	0.287
65.64	-8.8956	27.6307	28.7536	18.8133
权重（％）	0.00	36.74	38.24	25.02

注：将计算出权重为负的指标取消。

（2）标准承载力计算。

根据各城市实际人口数和相关因素，计算出城市人口实际承载力，以此为依据，按照式（6-19）和式（6-20）分别计算出各因素对应的静态基准标准承载力和动态上限标准承载力，如表6-24所示。

表 6 - 24 一级一般城市资源因素对应的标准承载力

名称及代码	Ro^{31}	Ro^{32}	Ro^{33}	Ro^{34}
静态基准标准承载力	3.97E - 02	6.66E - 03	1.16E - 04	1.14E - 01
动态上限标准承载力	1.32E - 01	2.87E - 02	4.14E - 04	1.83E - 01

（3）城市适度人口区间计算。

根据各城市对应的相关因素、因素对应的权重，在考虑静态基准标准承载力和动态上限标准承载力基础上，分别计算出基于资源因素的适度人口区间，如图 6 - 14 所示。

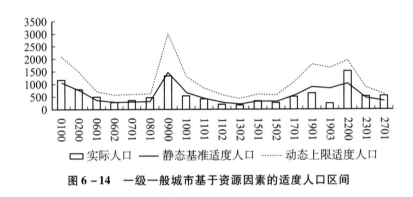

图 6 - 14 一级一般城市基于资源因素的适度人口区间

6.2.3.4 基于环境因素的适度人口区间测度

（1）指标权重确定。

首先，对三废综合利用产品价值（Ev^1）、工业废水排放达标量（Ev^2）、工业二氧化硫去除量（Ev^3）、工业烟尘去除量（Ev^4）、建成区绿化覆盖面积（Ev^5）五个变量进行主成分分析。按照特征根大于 1 的原则，共提取出 2 个主成分，累计方差贡献达到 81.21%。进一步，根据因子得分系数，得出主成分表达式：

$$FEv^{31} = 0.388Ev^{31} - 0.028Ev^{32} + 0.371Ev^{33} + 0.431Ev^{34} - 0.120Ev^{35}$$
$$FEv^{32} = 0.019Ev^{31} + 0.492Ev^{32} + 0.077Ev^{33} - 0.224Ev^{34} + 0.526Ev^{35}$$

（6 - 23）

其次，以提取主成分为解释变量，城市实际人口为被解释变量进行线性回归，估计方程表达式为：

$$X^3 = 147.42 + 27.81FEv^{31} + 47.55FEv^{32} \qquad (6-24)$$

根据以上两个方程的估计系数，计算各指标的权重，如表 6 - 25 所示。

表 6 - 25　　　　　　　　一级一般城市环境因素指标权重

名称及代码	Ev^{31}	Ev^{32}	Ev^{33}	Ev^{34}	Ev^{35}
公因子 1	0.388	- 0.028	0.371	0.431	- 0.120
27.81	10.7778	- 0.7747	10.3058	11.9722	- 3.3329
公因子 2	0.019	0.492	0.077	- 0.224	0.526
47.55	0.8953	23.3791	3.6680	- 10.6545	25.0260
权重（％）	16.38	31.72	19.61	1.85	30.44

（2）标准承载力计算。

根据各城市实际人口数和相关因素，计算出城市人口实际承载力，以此为依据，按照式（6-19）和式（6-20）分别计算出各因素对应的静态基准标准承载力和动态上限标准承载力，如表 6 - 26 所示。

表 6 - 26　　　　　　　一级一般城市环境因素对应的标准承载力

名称及代码	Ev^{31}	Ev^{32}	Ev^{33}	Ev^{34}	Ev^{35}
静态基准标准承载力	4.73E - 03	2.02E - 02	2.28E - 03	1.37E - 04	2.77E - 02
动态上限标准承载力	2.20E - 02	9.37E - 02	1.03E - 02	8.78E - 04	7.08E - 02

（3）城市适度人口区间计算。

根据各城市对应的相关因素、因素对应的权重，在考虑静态基准标准承载力和动态上限标准承载力基础上，分别计算出基于环境因素的适度人口区间，如图 6 - 15 所示。

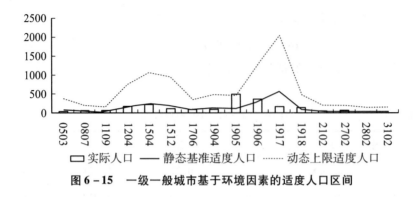

图 6-15　一级一般城市基于环境因素的适度人口区间

6.2.3.5　综合适度人口区间测度

通过比较经济、社会、资源和环境所分别对应的静态基准适度人口和动态上限适度人口，选取最小测度值作为短板因素，以此作为各城市的综合适度人口区间，如表 6-27 所示。

表 6-27　　　　　　一级一般城市综合适度人口区间

城市代码	城市名称	实际人口	静态基准适度人口					动态上限适度人口				
			经济	社会	资源	环境	短板	经济	社会	资源	环境	短板
0503	乌海市	53	51	60	100	91	51	178	124	333	392	124
0807	伊春市	81	22	74	45	62	22	75	141	115	214	75
1109	舟山市	70	82	81	40	44	40	297	173	121	166	121
1204	淮南市	182	78	144	78	175	78	276	287	239	763	239
1504	枣庄市	223	106	153	94	251	94	368	306	253	1083	253
1512	莱芜市	127	73	95	91	216	73	252	182	257	957	182
1706	鄂州市	108	51	81	64	85	51	169	152	197	368	152
1904	珠海市	105	196	240	219	130	130	718	491	650	496	491
1905	汕头市	517	178	248	196	128	128	637	472	610	467	467
1906	佛山市	371	651	456	375	304	304	2356	971	1289	1309	971
1917	东莞市	182	475	292	700	578	292	1730	601	2709	2055	601
1918	中山市	149	238	236	153	109	109	858	511	459	478	459
2102	三亚市	57	57	54	39	51	39	202	113	132	214	113

城市代码	城市名称	实际人口	静态基准适度人口					动态上限适度人口				
			经济	社会	资源	环境	短板	经济	社会	资源	环境	短板
2702	铜川市	76	23	59	42	51	23	82	113	127	204	82
2802	嘉峪关市	22	16	23	52	39	16	57	44	181	149	44
3102	克拉玛依市	38	62	63	71	45	45	226	127	231	159	127

6.2.4　二级一般城市适度人口测度

6.2.4.1　基于经济因素的适度人口区间测度

（1）指标权重确定。

首先，对地区生产总值（Ec^1）、全社会固定资产投资（Ec^2）、社会消费品零售总额（Ec^3）、地方财政一般预算收入（Ec^4）、年末金融机构存款余额（Ec^5）五个变量进行主成分分析。按照特征根大于 1 的原则，共提取出 1 个主成分，累计方差贡献达到 92.48%。进一步，根据因子得分系数，得出主成分表达式：

$$FEc^{41} = 0.209\overline{E}c^{41} + 0.205\overline{E}c^{42} + 0.212\overline{E}c^{43}$$
$$+ 0.201\overline{E}c^{44} + 0.213\overline{E}c^{45} \qquad (6-25)$$

其次，以提取主成分为解释变量，城市实际人口为被解释变量进行线性回归，估计方程表达式为：

$$X^4 = 118.905 + 42.985FEc^{41} \qquad (6-26)$$

根据以上两个方程的估计系数，计算各指标的权重，如表 6-28 所示。

表 6-28　　　　　　　　二级一般城市经济因素指标权重

名称及代码	Ec^{41}	Ec^{42}	Ec^{43}	Ec^{44}	Ec^{45}
公因子1	0.209	0.205	0.212	0.201	0.213
42.985	8.9908	8.8044	9.1088	8.6432	9.1405
权重（%）	20.12	19.70	20.38	19.34	20.45

（2）标准承载力计算。

根据各城市实际人口数和相关因素，计算出城市人口实际承载力，以此为依据，按照式（6-19）和式（6-20）分别计算出各因素对应的静态基准标准承载力和动态上限标准承载力，如表6-29所示。

表6-29 二级一般城市经济因素对应的标准承载力

名称及代码	Ec^{41}	Ec^{42}	Ec^{43}	Ec^{44}	Ec^{45}
静态基准标准承载力	1.89E-05	3.01E-05	6.33E-05	1.53E-04	1.55E-05
动态上限标准承载力	7.83E-05	1.03E-04	2.45E-04	8.00E-04	6.58E-05

（3）城市适度人口区间计算。

根据各城市对应的相关因素、因素对应的权重，在考虑静态基准标准承载力和动态上限标准承载力基础上，分别计算出基于经济因素的适度人口区间，如图6-16所示。

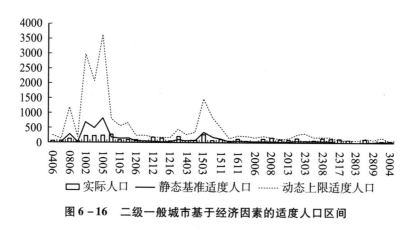

图6-16 二级一般城市基于经济因素的适度人口区间

6.2.4.2 基于社会因素的适度人口区间测度

（1）指标权重确定。

首先，对在岗职工平均人数（So^1）、中小学专任教师数（So^2）、公共图书馆图书总藏书量（So^3）、医院卫生院床位数（So^4）、年末实有公共汽车营运车辆数（So^5）和年末实有出租汽车数（So^6）六个变量进行主成分分析。按照特征根大于 1 的原则，共提取出 1 个主成分，累计方差贡献达到79.19%。进一步，根据因子得分系数，得出主成分表达式：

$$FSo^{41} = 0.202\bar{S}o^{41} + 0.158\bar{S}o^{42} + 0.192\bar{S}o^{43} + 0.204\bar{S}o^{44}$$
$$+ 0.199\bar{S}o^{45} + 0.163\bar{S}o^{46} \tag{6-27}$$

其次，以提取主成分为解释变量，城市实际人口为被解释变量进行线性回归，估计方程表达式为：

$$X^4 = 118.905 + 48.292FSo^{41} \tag{6-28}$$

根据以上两个方程的估计系数，计算各指标的权重，如表 6-30 所示。

表 6-30　　　　　　　　二级一般城市社会因素指标权重

名称及代码	So^{41}	So^{42}	So^{43}	So^{44}	So^{45}	So^{46}
公因子 1	0.202	0.158	0.192	0.204	0.199	0.163
48.292	9.7546	7.6496	9.2771	9.8428	9.6153	7.8581
权重（%）	18.06	14.17	17.18	18.23	17.81	14.55

（2）标准承载力计算。

根据各城市实际人口数和相关因素，计算出城市人口实际承载力，以此为依据，按照式（6-19）和式（6-20）分别计算出各因素对应的静态基准标准承载力和动态上限标准承载力，如表 6-31 所示。

表 6-31　　　　　二级一般城市社会因素对应的标准承载力

名称及代码	So^{41}	So^{42}	So^{43}	So^{44}	So^{45}	So^{46}
静态基准标准承载力	8.64E+00	1.28E−02	2.15E−01	2.42E−02	1.81E−01	8.43E−02
动态上限标准承载力	2.96E+01	1.57E−02	1.11E+00	4.86E−02	7.11E−01	2.99E−01

（3）城市适度人口区间计算。

根据各城市对应的相关因素、因素对应的权重，在考虑静态基准标准承载力和动态上限标准承载力基础上，分别计算出基于社会因素的适度人口区间，如图 6 – 17 所示。

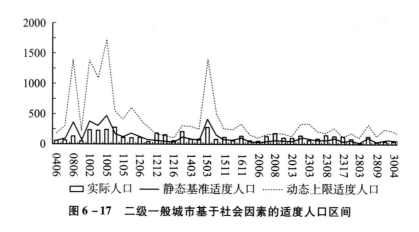

图 6 – 17   二级一般城市基于社会因素的适度人口区间

6.2.4.3　基于资源因素的适度人口区间测度

（1）指标权重确定。

首先，对行政区域土地面积（Ro^1）、供水总量（Ro^2）、全社会供电量（Ro^3）和年末实有城市道路面积（Ro^4）四个变量进行主成分分析。按照特征根大于 1 的原则，共提取出 1 个主成分，累计方差贡献达到 70.81%。进一步，根据因子得分系数，得出主成分表达式：

$$FRo^{41} = -0.065\bar{R}o^{41} + 0.346\bar{R}o^{42} + 0.335\bar{R}o^{43} + 0.342\bar{R}o^{44} \quad (6-29)$$

其次，以提取主成分为解释变量，城市实际人口为被解释变量进行线性回归，估计方程表达式为：

$$X^4 = 121.37 + 41.6FRo^{41} \quad (6-30)$$

根据以上两个方程的估计系数，计算各指标的权重，如表 6 – 32 所示。

表6－32   二级一般城市资源因素指标权重

名称及代码	Ro^{41}	Ro^{42}	Ro^{43}	Ro^{44}
公因子1	－0.065	0.346	0.335	0.342
41.6	－2.6895	14.4138	13.9252	14.2169
权重（%）	0.00	33.87	32.72	33.41

注：将计算出权重为负的指标取消。

（2）标准承载力计算。

根据各城市实际人口数和相关因素，计算出城市人口实际承载力，以此为依据，按照式（6－19）和式（6－20）分别计算出各因素对应的静态基准标准承载力和动态上限标准承载力，如表6－33所示。

表6－33   二级一般城市资源因素对应的标准承载力

名称及代码	Ro^{41}	Ro^{42}	Ro^{43}	Ro^{44}
静态基准标准承载力	4.20E－02	4.20E－02	2.04E－04	1.07E－01
动态上限标准承载力	1.12E－01	5.19E－02	9.64E－04	3.34E－01

（3）城市适度人口区间计算。

根据各城市对应的相关因素、因素对应的权重，在考虑静态基准标准承载力和动态上限标准承载力基础上，分别计算出基于资源因素的适度人口区间，如图6－18所示。

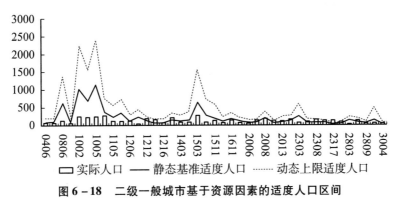

图6－18 二级一般城市基于资源因素的适度人口区间

6.2.4.4 基于环境因素的适度人口区间测度

（1）指标权重确定。

首先，对三废综合利用产品价值（Ev^1）、工业废水排放达标量（Ev^2）、工业二氧化硫去除量（Ev^3）、工业烟尘去除量（Ev^4）、建成区绿化覆盖面积（Ev^5）五个变量进行主成分分析。按照特征根大于 1 的原则，共提取出 1 个主成分，累计方差贡献达到 54.29%。进一步，根据因子得分系数，得出主成分表达式：

$$FEv^{41} = 0.341Ev^{41} + 0.317Ev^{42} + 0.089Ev^{43} + 0.174Ev^{44} + 0.337Ev^{45} \quad (6-31)$$

其次，以提取主成分为解释变量，城市实际人口为被解释变量进行线性回归，估计方程表达式为：

$$X^4 = 118.905 + 36.81FEv^{41} \quad (6-32)$$

根据以上两个方程的估计系数，计算各指标的权重，如表 6-34 所示。

表 6-34　　　　　　　　二级一般城市环境因素指标权重

名称及代码	Ev^{41}	Ev^{42}	Ev^{43}	Ev^{44}	Ev^{45}
公因子 1	0.341	0.317	0.089	0.174	0.337
36.81	12.5375	11.6776	3.2826	6.4045	12.4010
权重（%）	27.08	25.22	7.09	13.83	26.78

（2）标准承载力计算。

根据各城市实际人口数和相关因素，计算出城市人口实际承载力，以此为依据，按照式（6-19）和式（6-20）分别计算出各因素对应的静态基准标准承载力和动态上限标准承载力，如表 6-35 所示。

表 6-35　　　　　　二级一般城市环境因素对应的标准承载力

名称及代码	Ev^{41}	Ev^{42}	Ev^{43}	Ev^{44}	Ev^{45}
静态基准标准承载力	1.63E-03	1.40E-02	1.03E-03	8.69E-05	4.04E-02
动态上限标准承载力	3.44E-02	8.19E-02	2.09E-02	2.78E-03	1.22E-01

（3）城市适度人口区间计算。

根据各城市对应的相关因素、因素对应的权重，在考虑静态基准标准承载力和动态上限标准承载力基础上，分别计算出基于环境因素的适度人口区间，如图 6 - 19 所示。

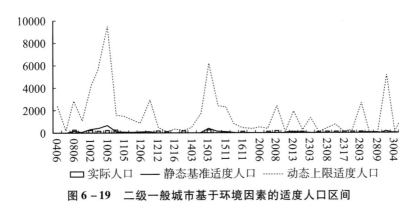

图 6 - 19　二级一般城市基于环境因素的适度人口区间

6.2.4.5　综合适度人口区间测度

通过比较经济、社会、资源和环境所分别对应的静态基准适度人口和动态上限适度人口，选取最小测度值作为短板因素，以此作为各城市的综合适度人口区间，如表 6 - 36 所示。

表 6 - 36　　　　　　　二级一般城市综合适度人口区间

城市代码	城市名称	实际人口	静态基准适度人口					动态上限适度人口				
			经济	社会	资源	环境	短板	经济	社会	资源	环境	短板
0406	朔州市	65	61	66	76	99	61	267	186	205	2383	186
0804	鹤岗市	68	33	92	96	35	33	135	296	196	256	135
0806	大庆市	133	296	364	632	206	206	1204	1387	1350	2810	1204
0809	七台河市	57	38	68	78	70	38	158	213	189	1137	158
1002	无锡市	239	707	389	1019	360	360	2985	1392	2222	4189	1392
1004	常州市	228	493	304	678	429	304	2050	1076	1545	5919	1076
1005	苏州市	242	824	473	1135	720	473	3624	1728	2433	9490	1728

城市代码	城市名称	实际人口	静态基准适度人口					动态上限适度人口				
			经济	社会	资源	环境	短板	经济	社会	资源	环境	短板
1008	淮安市	278	190	181	359	138	138	787	557	748	1596	557
1105	湖州市	109	136	120	232	130	120	576	415	553	1515	415
1202	芜湖市	112	160	184	347	111	111	657	609	727	1137	609
1206	淮北市	110	64	136	130	62	62	262	419	291	887	262
1207	铜陵市	45	60	78	237	166	60	249	269	432	2968	249
1212	宿州市	186	41	68	121	48	41	175	171	229	527	171
1215	亳州市	162	37	56	74	25	25	155	140	175	170	140
1216	池州市	66	41	37	69	30	30	169	106	168	341	106
1303	莆田市	215	116	119	145	36	36	470	306	334	238	238
1403	萍乡市	86	71	88	115	44	44	287	293	271	535	271
1405	新余市	89	90	74	137	113	74	365	246	373	1685	246
1503	淄博市	280	361	417	642	421	361	1484	1396	1563	6266	1396
1505	东营市	83	204	160	272	176	160	840	511	700	2455	511
1511	日照市	123	132	89	204	164	89	537	251	584	2345	251
1606	鹤壁市	62	40	75	108	62	40	162	242	237	798	162
1611	漯河市	141	61	113	185	60	60	250	345	339	436	250
2005	北海市	62	60	51	106	37	37	239	165	212	373	165
2006	防城港市	54	43	37	66	45	37	173	111	150	521	111
2007	钦州市	138	53	53	78	28	28	230	162	178	372	162
2008	贵港市	190	48	70	205	163	48	194	171	382	2464	171
2011	贺州市	113	32	59	55	19	19	126	181	149	131	126
2013	来宾市	108	34	49	77	225	34	142	131	243	2012	131
2302	自贡市	149	67	112	127	45	45	270	339	275	241	241
2303	攀枝花市	69	72	108	257	77	72	297	344	579	1403	297
2307	广元市	92	44	71	72	27	27	176	210	188	164	164
2308	遂宁市	150	44	72	66	47	44	175	189	147	431	147
2309	内江市	141	45	92	71	53	45	182	274	131	804	131
2317	巴中市	138	22	50	27	10	10	88	123	48	50	48
2504	保山市	90	25	62	43	30	25	105	184	84	297	84
2803	金昌市	20	21	31	147	143	21	88	101	232	2713	88

续表

城市代码	城市名称	实际人口	静态基准适度人口					动态上限适度人口				
			经济	社会	资源	环境	短板	经济	社会	资源	环境	短板
2805	天水市	130	37	103	87	19	19	153	317	197	97	97
2809	酒泉市	40	24	44	55	21	21	98	137	115	104	98
3002	石嘴山市	46	42	72	145	213	42	170	248	475	5154	170
3004	固原市	45	10	64	25	11	10	40	214	66	38	38
3005	中卫市	40	15	43	23	76	15	62	144	73	1671	62

6.2.5 三级一般城市适度人口测度

6.2.5.1 基于经济因素的适度人口区间测度

（1）指标权重确定。

首先，对地区生产总值（Ec^1）、全社会固定资产投资（Ec^2）、社会消费品零售总额（Ec^3）、地方财政一般预算收入（Ec^4）、年末金融机构存款余额（Ec^5）五个变量进行主成分分析。按照特征根大于1的原则，共提取出1个主成分，累计方差贡献达到89.55%。进一步，根据因子得分系数，得出主成分表达式：

$$FEc^{51} = 0.217\overline{Ec}^{51} + 0.209\overline{Ec}^{52} + 0.216\overline{Ec}^{53} + 0.202\overline{Ec}^{54} + 0.213\overline{Ec}^{55} \quad (6-33)$$

其次，以提取主成分为解释变量，城市实际人口为被解释变量进行线性回归，估计方程表达式为：

$$X^5 = 112.9 + 34.856FEc^{51} \quad (6-34)$$

根据以上两个方程的估计系数，计算各指标的权重，如表6-37所示。

表6-37　　　　　　　三级一般城市经济因素指标权重

名称及代码	Ec^{51}	Ec^{52}	Ec^{53}	Ec^{54}	Ec^{55}
公因子1	0.217	0.209	0.216	0.202	0.213
34.856	7.5539	7.2782	7.5197	7.0433	7.4265
权重（％）	20.51	19.77	20.42	19.13	20.17

（2）标准承载力计算。

根据各城市实际人口数和相关因素，计算出城市人口实际承载力，以此为依据，按照式（6-19）和式（6-20）分别计算出各因素对应的静态基准标准承载力和动态上限标准承载力，如表6-38所示。

表6-38　　　　　三级一般城市经济因素对应的标准承载力

名称及代码	Ec^{51}	Ec^{52}	Ec^{53}	Ec^{54}	Ec^{55}
静态基准标准承载力	2.46E-05	3.66E-05	6.54E-05	1.67E-04	1.82E-05
动态上限标准承载力	7.79E-05	9.83E-05	1.95E-04	5.15E-04	4.76E-05

（3）城市适度人口区间计算。

根据各城市对应的相关因素、因素对应的权重，在考虑静态基准标准承载力和动态上限标准承载力基础上，分别计算出基于经济因素的适度人口区间，如图6-20所示。

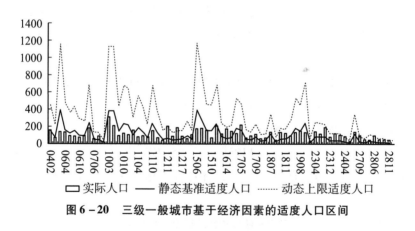

图6-20　三级一般城市基于经济因素的适度人口区间

6.2.5.2　基于社会因素的适度人口区间测度

（1）指标权重确定。

首先，对在岗职工平均人数（So^1）、中小学专任教师数（So^2）、公共图书馆图书总藏书量（So^3）、医院卫生院床位数（So^4）、年末实有公共汽车营运车辆数（So^5）和年末实有出租汽车数（So^6）六个变量进行主成分

分析。按照特征根大于 1 的原则，共提取出 1 个主成分，累计方差贡献达到
65.55%。进一步，根据因子得分系数，得出主成分表达式：

$$FSo^{51} = 0.211\bar{So}^{51} + 0.203\bar{So}^{52} + 0.173\bar{So}^{53} + 0.236\bar{So}^{54}$$
$$+ 0.231\bar{So}^{55} + 0.173\bar{So}^{56} \qquad (6-35)$$

其次，以提取主成分为解释变量，城市实际人口为被解释变量进行线性回归，估计方程表达式为：

$$X^5 = 112.9 + 42.26FSo^{51} \qquad (6-36)$$

根据以上两个方程的估计系数，计算各指标的权重，如表 6 - 39 所示。

表 6 - 39　　　　　　　三级一般城市社会因素指标权重

名称及代码	So^{51}	So^{52}	So^{53}	So^{54}	So^{55}	So^{56}
公因子 1	0.211	0.203	0.173	0.236	0.231	0.173
42.26	8.9193	8.5652	7.3056	9.9606	9.7575	7.3081
权重（%）	17.21	16.53	14.10	19.22	18.83	14.10

（2）标准承载力计算。

根据各城市实际人口数和相关因素，计算出城市人口实际承载力，以此为依据，按照式（6-19）和式（6-20）分别计算出各因素对应的静态基准标准承载力和动态上限标准承载力，如表 6-40 所示。

表 6 - 40　　　　　　三级一般城市社会因素对应的标准承载力

名称及代码	So^{51}	So^{52}	So^{53}	So^{54}	So^{55}	So^{56}
静态基准标准承载力	8.03E + 00	1.24E − 02	1.69E − 01	2.18E − 02	1.95E − 01	7.05E − 02
动态上限标准承载力	1.89E + 01	1.51E − 02	8.02E − 01	3.53E − 02	5.35E − 01	1.96E − 01

（3）城市适度人口区间计算。

根据各城市对应的相关因素、因素对应的权重，在考虑静态基准标准

承载力和动态上限标准承载力基础上，分别计算出基于社会因素的适度人口区间，如图6-21所示。

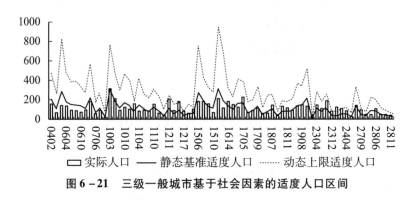

图6-21 三级一般城市基于社会因素的适度人口区间

6.2.5.3 基于资源因素的适度人口区间测度

（1）指标权重确定。

首先，对行政区域土地面积（Ro^1）、供水总量（Ro^2）、全社会供电量（Ro^3）和年末实有城市道路面积（Ro^4）四个变量进行主成分分析。按照特征根大于1的原则，共提取出1个主成分，累计方差贡献达到63.69%。进一步，根据因子得分系数，得出主成分表达式：

$$FRo^{51} = -0.141\overline{Ro}^{51} + 0.360\overline{Ro}^{52} + 0.367\overline{Ro}^{53} + 0.329\overline{Ro}^{54} \quad (6-37)$$

其次，以提取主成分为解释变量，城市实际人口为被解释变量进行线性回归，估计方程表达式为：

$$X^5 = 112.9 + 32.045FRo^{51} \quad (6-38)$$

根据以上两个方程的估计系数，计算各指标的权重，如表6-41所示。

表6-41　　　　　　　　　三级一般城市资源因素指标权重

名称及代码	Ro^{51}	Ro^{52}	Ro^{53}	Ro^{54}
公因子1	-0.141	0.360	0.367	0.329
32.045	-4.5133	11.5282	11.7684	10.5498
权重（%）	0.00	34.06	34.77	31.17

（2）标准承载力计算。

根据各城市实际人口数和相关因素，计算出城市人口实际承载力，以此为依据，按照式（6-19）和式（6-20）分别计算出各因素对应的静态基准标准承载力和动态上限标准承载力，如表 6-42 所示。

表 6-42　　　　　　　一级特殊城市资源因素对应的标准承载力

名称及代码	Ro^{51}	Ro^{52}	Ro^{53}	Ro^{54}
静态基准标准承载力	4.61E-02	4.61E-02	2.39E-04	1.12E-01
动态上限标准承载力	1.07E-01	4.12E-02	9.44E-04	2.63E-01

（3）城市适度人口区间计算。

根据各城市对应的相关因素、因素对应的权重，在考虑静态基准标准承载力和动态上限标准承载力基础上，分别计算出基于资源因素的适度人口区间，如图 6-22 所示。

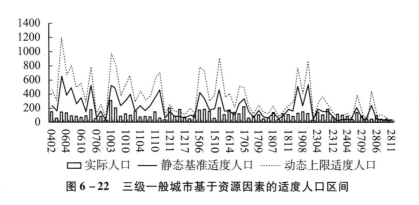

图 6-22　三级一般城市基于资源因素的适度人口区间

6.2.5.4　基于环境因素的适度人口区间测度

（1）指标权重确定。

首先，对三废综合利用产品价值（Ev^1）、工业废水排放达标量（Ev^2）、工业二氧化硫去除量（Ev^3）、工业烟尘去除量（Ev^4）、建成区绿化覆盖面积（Ev^5）五个变量进行主成分分析。按照特征根大于 1 的原则，共提取出 1 个主成分，累计方差贡献达到 51.06%。进一步，根据因子得分系数，得出主成分表达式：

$$FEv^{51} = 0.249Ev^{51} + 0.268Ev^{52} + 0.264Ev^{53}$$
$$+ 0.321Ev^{54} + 0.291Ev^{55} \qquad (6-39)$$

其次，以提取主成分为解释变量，城市实际人口为被解释变量进行线性回归，估计方程表达式为：

$$X^5 = 112.9 + 31.994FEv^{51} \qquad (6-40)$$

根据以上两个方程的估计系数，计算各指标的权重，如表6-43所示。

表6-43　　　　　　　　三级一般城市环境因素指标权重

名称及代码	Ev^{51}	Ev^{52}	Ev^{53}	Ev^{54}	Ev^{55}
公因子1	0.249	0.268	0.264	0.321	0.291
31.994	7.9619	8.5805	8.4555	10.2799	9.3150
权重（%）	17.85	19.24	18.96	23.05	20.89

注：将计算出权重为负的指标取消。

（2）标准承载力计算。

根据各城市实际人口数和相关因素，计算出城市人口实际承载力，以此为依据，按照式（6-19）和式（6-20）分别计算出各因素对应的静态基准标准承载力和动态上限标准承载力，如表6-44所示。

表6-44　　　　　　三级一般城市环境因素对应的标准承载力

名称及代码	Ev^{51}	Ev^{52}	Ev^{53}	Ev^{54}	Ev^{55}
静态基准标准承载力	2.67E-03	1.97E-02	1.40E-03	1.17E-04	3.59E-02
动态上限标准承载力	1.89E-02	6.89E-02	1.79E-02	2.04E-03	8.01E-02

（3）城市适度人口区间计算。

根据各城市对应的相关因素、因素对应的权重，在考虑静态基准标准承载力和动态上限标准承载力基础上，分别计算出基于环境因素的适度人口区间，如图6-23所示。

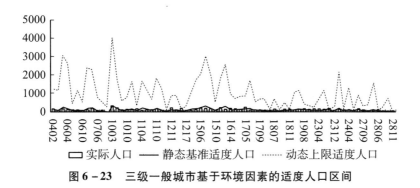

图 6 - 23　三级一般城市基于环境因素的适度人口区间

6.2.5.5　综合适度人口区间测度

通过比较经济、社会、资源和环境所分别对应的静态基准适度人口和动态上限适度人口，选取最小测度值作为短板因素，以此作为各城市的综合适度人口区间，如表 6 - 45 所示。

表 6 - 45　三级一般城市综合适度人口区间

城市代码	城市名称	实际人口	静态基准适度人口					动态上限适度人口				
			经济	社会	资源	环境	短板	经济	社会	资源	环境	短板
0402	大同市	156	158	209	240	145	145	450	476	461	1213	450
0403	阳泉市	69	79	109	162	101	79	226	266	302	1152	226
0502	包头市	143	399	286	651	269	269	1163	824	1181	3086	824
0604	抚顺市	138	162	179	383	223	162	472	469	671	2605	469
0605	本溪市	95	123	152	495	70	70	361	388	808	448	361
0608	营口市	90	153	148	258	113	113	443	391	492	1136	391
0610	辽阳市	75	99	136	348	71	71	287	350	557	477	287
0614	葫芦岛市	100	89	112	150	199	89	259	272	296	2417	259
0702	吉林市	183	239	220	529	242	220	694	575	793	2311	575
0706	白山市	59	46	70	67	66	46	134	170	131	762	131
0803	鸡西市	88	47	118	168	61	47	135	275	255	527	135
0811	黑河市	19	16	25	21	19	16	46	65	41	249	41
1003	徐州市	313	385	315	525	360	315	1126	765	974	4022	765

城市代码	城市名称	实际人口	静态基准适度人口					动态上限适度人口				
			经济	社会	资源	环境	短板	经济	社会	资源	环境	短板
1006	南通市	212	389	183	490	222	183	1128	465	811	1851	465
1007	连云港市	94	149	114	240	80	80	433	293	382	602	293
1010	扬州市	122	232	171	304	113	113	679	470	508	792	470
1011	镇江市	104	223	142	396	180	142	645	400	662	1662	400
1013	宿迁市	160	103	86	152	67	67	302	186	286	357	186
1104	嘉兴市	84	191	148	243	232	148	556	420	453	1692	420
1107	金华市	93	142	106	167	160	106	419	250	310	1145	250
1108	衢州市	83	77	80	233	104	77	225	214	382	671	214
1110	台州市	155	235	131	353	210	131	685	310	628	1842	310
1205	马鞍山市	64	130	90	463	130	90	375	231	709	1288	231
1209	黄山市	44	54	43	74	24	24	154	101	117	68	68
1211	阜阳市	207	68	116	155	91	68	198	243	260	894	198
1213	巢湖市	89	45	62	100	92	45	132	147	151	887	132
1214	六安市	187	53	88	87	41	41	154	173	145	186	145
1217	宣城市	86	52	42	65	50	42	151	86	113	249	86
1308	龙岩市	59	93	64	112	143	64	271	151	209	1120	151
1409	宜春市	105	54	59	84	152	54	160	124	134	1744	124
1506	烟台市	179	403	274	422	246	246	1177	747	778	2032	747
1507	潍坊市	182	263	183	340	318	183	765	428	729	3003	428
1509	泰安市	159	156	134	177	212	134	458	327	313	2074	313
1510	威海市	65	155	114	194	81	81	451	281	375	482	281
1513	临沂市	211	235	313	474	200	200	686	942	919	1802	686
1515	聊城市	116	82	194	173	294	82	240	677	353	2576	240
1614	商丘市	177	67	139	176	98	67	194	314	414	938	194
1615	信阳市	148	74	103	115	84	74	214	228	218	718	214
1704	宜昌市	124	185	161	268	139	139	533	411	507	845	411
1705	襄阳市	225	159	165	344	125	125	463	382	482	841	382

续表

城市代码	城市名称	实际人口	静态基准适度人口					动态上限适度人口				
			经济	社会	资源	环境	短板	经济	社会	资源	环境	短板
1707	荆门市	69	57	71	164	171	57	164	176	237	1703	164
1708	孝感市	96	47	83	74	67	47	136	203	121	529	121
1709	荆州市	113	81	132	167	96	81	233	332	259	684	233
1711	咸宁市	60	37	51	85	66	37	107	121	157	701	107
1712	随州市	65	40	81	76	21	21	115	252	122	69	69
1807	常德市	141	116	109	148	113	109	342	257	230	693	230
1808	张家界市	50	28	37	49	20	20	81	79	80	132	79
1809	益阳市	133	62	81	96	82	62	180	188	161	483	161
1811	永州市	121	57	82	182	31	31	167	177	241	118	118
1902	韶关市	93	94	91	164	118	91	273	209	295	1062	209
1907	江门市	138	181	142	513	143	142	530	373	778	1128	373
1908	湛江市	153	154	154	238	85	85	449	340	396	391	340
1911	惠州市	134	249	217	536	90	90	722	514	873	356	356
2014	崇左市	36	21	18	31	45	18	63	43	51	249	43
2304	泸州市	147	87	118	191	79	79	252	290	278	654	252
2310	乐山市	115	85	85	159	140	85	246	183	372	1174	183
2311	南充市	193	80	118	163	29	29	231	257	247	84	84
2312	眉山市	85	44	43	81	57	43	127	83	153	259	83
2314	广安市	125	40	40	38	170	38	116	75	78	2130	75
2318	资阳市	109	43	54	53	22	22	126	114	87	77	77
2404	安顺市	87	25	54	61	99	25	73	117	136	1284	73
2508	临沧市	32	16	27	24	18	16	45	67	37	86	37
2703	宝鸡市	143	119	137	217	126	119	343	338	388	868	338
2709	安康市	101	29	50	83	30	29	84	96	126	318	84
2710	商洛市	55	20	35	31	37	20	58	81	44	346	44
2804	白银市	50	38	89	241	127	38	111	225	437	1546	111
2806	武威市	102	31	90	58	11	11	88	204	103	38	38

城市代码	城市名称	实际人口	静态基准适度人口					动态上限适度人口				
			经济	社会	资源	环境	短板	经济	社会	资源	环境	短板
2807	张掖市	52	21	49	55	31	21	61	114	118	237	61
2808	平凉市	51	23	43	34	56	23	66	93	71	720	66
2811	定西市	47	12	31	14	6	6	35	70	24	19	19
2812	陇南市	58	17	23	6	6	6	47	44	11	49	11

6.2.6 四级一般城市适度人口测度

6.2.6.1 基于经济因素的适度人口区间测度

（1）指标权重确定。

首先，对地区生产总值（Ec^1）、全社会固定资产投资（Ec^2）、社会消费品零售总额（Ec^3）、地方财政一般预算收入（Ec^4）、年末金融机构存款余额（Ec^5）五个变量进行主成分分析。按照特征根大于1的原则，共提取出1个主成分，累计方差贡献达到78.44%。进一步，根据因子得分系数，得出主成分表达式：

$$FEc^{61} = 0.241\overline{Ec}^{61} + 0.210\overline{Ec}^{62} + 0.228\overline{Ec}^{63}$$
$$+ 0.213\overline{Ec}^{64} + 0.235\overline{Ec}^{65} \qquad (6-41)$$

其次，以提取主成分为解释变量，城市实际人口为被解释变量进行线性回归，估计方程表达式为：

$$X^6 = 72.533 + 29.4306FEc^{61} \qquad (6-42)$$

根据以上两个方程的估计系数，计算各指标的权重，如表6-46所示。

表6-46　　　　　四级一般城市经济因素指标权重

名称及代码	Ec^{61}	Ec^{62}	Ec^{63}	Ec^{64}	Ec^{65}
公因子1	0.241	0.210	0.228	0.213	0.235
29.4306	7.0964	6.1896	6.7078	6.2781	6.9097
权重（%）	21.39	18.65	20.22	18.92	20.82

（2）标准承载力计算。

根据各城市实际人口数和相关因素，计算出城市人口实际承载力，以此为依据，按照式（6-19）和式（6-20）分别计算出各因素对应的静态基准标准承载力和动态上限标准承载力，如表6-47所示。

表6-47　　　　　　四级一般城市经济因素对应的标准承载力

名称及代码	Ec^{61}	Ec^{62}	Ec^{63}	Ec^{64}	Ec^{65}
静态基准标准承载力	2.30E-05	3.45E-05	5.60E-05	1.13E-04	1.45E-05
动态上限标准承载力	4.70E-05	7.42E-05	1.20E-04	2.38E-04	2.86E-05

（3）城市适度人口区间计算。

根据各城市对应的相关因素、因素对应的权重，在考虑静态基准标准承载力和动态上限标准承载力基础上，分别计算出基于经济因素的适度人口区间，如图6-24所示。

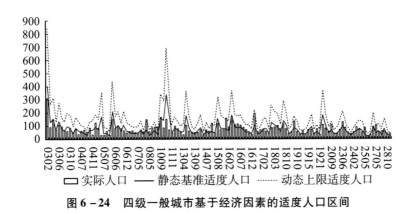

图6-24　四级一般城市基于经济因素的适度人口区间

6.2.6.2　基于社会因素的适度人口区间测度

（1）指标权重确定。

首先，对在岗职工平均人数（So^1）、中小学专任教师数（So^2）、公共图书馆图书总藏书量（So^3）、医院卫生院床位数（So^4）、年末实有公共汽车营运车辆数（So^5）和年末实有出租汽车数（So^6）六个变量进行主成分分析。按照特征根大于 1 的原则，共提取出 1 个主成分，累计方差贡献达到 55.26%。进一步，根据因子得分系数，得出主成分表达式：

$$FSo^{61} = 0.272\overline{So}^{61} + 0.133\overline{So}^{62} + 0.194\overline{So}^{63} + 0.262\overline{So}^{64}$$
$$+ 0.247\overline{So}^{65} + 0.206\overline{So}^{66} \tag{6-43}$$

其次，以提取主成分为解释变量，城市实际人口为被解释变量进行线性回归，估计方程表达式为：

$$X^6 = 72.533 + 31.186FSo^{61} \tag{6-44}$$

根据以上两个方程的估计系数，计算各指标的权重，如表 6-48 所示。

表 6-48　　　　　　　四级一般城市社会因素指标权重

名称及代码	So^{61}	So^{62}	So^{63}	So^{64}	So^{65}	So^{66}
公因子 1	0.272	0.133	0.194	0.262	0.247	0.206
31.186	8.4825	4.1430	6.0631	8.1612	7.7154	6.4284
权重（%）	20.69	10.11	14.79	19.91	18.82	15.68

（2）标准承载力计算。

根据各城市实际人口数和相关因素，计算出城市人口实际承载力，以此为依据，按照式（6-19）和式（6-20）分别计算出各因素对应的静态基准标准承载力和动态上限标准承载力。如表 6-49 所示。

表 6-49　　　　　　四级一般城市社会因素对应的标准承载力

名称及代码	So^{61}	So^{62}	So^{63}	So^{64}	So^{65}	So^{66}
静态基准标准承载力	6.23E+00	1.05E-02	1.58E-01	1.51E-02	1.31E-01	4.04E-02
动态上限标准承载力	1.12E+01	1.47E-02	5.21E-01	2.56E-02	3.58E-01	1.20E-01

（3）城市适度人口区间计算。

根据各城市对应的相关因素、因素对应的权重，在考虑静态基准标准

承载力和动态上限标准承载力基础上，分别计算出基于社会因素的适度人口区间，如图 6 – 25 所示。

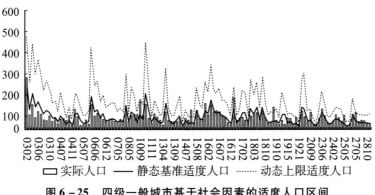

图 6 – 25　四级一般城市基于社会因素的适度人口区间

6.2.6.3　基于资源因素的适度人口区间测度

（1）指标权重确定。

首先，对行政区域土地面积（Ro^1）、供水总量（Ro^2）、全社会供电量（Ro^3）和年末实有城市道路面积（Ro^4）四个变量进行主成分分析。按照特征根大于 1 的原则，共提取出 1 个主成分，累计方差贡献达到 52.06%。进一步，根据因子得分系数，得出主成分表达式：

$$FRo^{61} = -0.070\overline{Ro}^{61} + 0.392\overline{Ro}^{62} + 0.402\overline{Ro}^{63} + 0.400\overline{Ro}^{64} \quad (6-45)$$

其次，以提取主成分为解释变量，城市实际人口为被解释变量进行线性回归，估计方程表达式为：

$$X^6 = 72.533 + 31.29FRo^{61} \quad (6-46)$$

根据以上两个方程的估计系数，计算各指标的权重，如表 6 – 50 所示。

表 6 – 50　　　　　　　　四级一般城市资源因素指标权重

名称及代码	Ro^{61}	Ro^{62}	Ro^{63}	Ro^{64}
公因子1	– 0.070	0.392	0.402	0.400
31.29	– 2.1802	12.2770	12.5741	12.5254
权重（%）	0.00	30.23	30.96	30.84

注：将计算出权重为负的指标取消。

（2）标准承载力计算。

根据各城市实际人口数和相关因素，计算出城市人口实际承载力，以此为依据，按照式（6-19）和式（6-20）分别计算出各因素对应的静态基准标准承载力和动态上限标准承载力，如表6-51所示。

表6-51   四级一般城市资源因素对应的标准承载力

名称及代码	Ro^{61}	Ro^{62}	Ro^{63}	Ro^{64}
静态基准标准承载力	6.33E-02	6.33E-02	1.79E-04	9.12E-02
动态上限标准承载力	2.45E-01	2.54E-02	5.35E-04	1.99E-01

（3）城市适度人口区间计算。

根据各城市对应的相关因素、因素对应的权重，在考虑静态基准标准承载力和动态上限标准承载力基础上，分别计算出基于资源因素的适度人口区间，如图6-26所示。

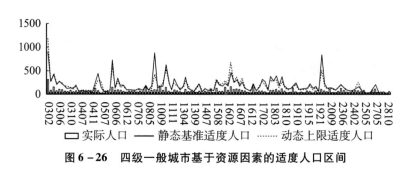

图6-26 四级一般城市基于资源因素的适度人口区间

6.2.6.4 基于环境因素的适度人口区间测度

（1）指标权重确定。

首先，对三废综合利用产品价值（Ev^1）、工业废水排放达标量（Ev^2）、工业二氧化硫去除量（Ev^3）、工业烟尘去除量（Ev^4）、建成区绿化覆盖面积（Ev^5）五个变量进行主成分分析。按照特征根大于1的原则，共提取出2个主成分，累计方差贡献达到68.11%。进一步，根据因子得分系数，得出主成分表达式：

$$FEv^{61} = 0.302Ev^{61} - 0.243Ev^{62} + 0.489Ev^{63} + 0.422Ev^{64} + 0.073Ev^{65}$$
$$FEv^{62} = 0.167Ev^{61} + 0.720Ev^{62} - 0.263Ev^{63} - 0.048Ev^{64} + 0.439Ev^{65} \qquad (6-47)$$

其次，以提取主成分为解释变量，城市实际人口为被解释变量进行线性回归，估计方程表达式为：

$$X^6 = 72.53 + 15.47FEv^{61} + 19.86FEv^{62} \qquad (6-48)$$

根据以上两个方程的估计系数，计算各指标的权重，如表 6-52 所示。

表 6-52　　　　　　　四级一般城市环境因素指标权重

名称及代码	Ev^{61}	Ev^{62}	Ev^{63}	Ev^{64}	Ev^{65}
公因子 1	0.302	-0.243	0.489	0.422	0.073
15.47	4.6746	-3.7586	7.5725	6.5209	1.1350
公因子 2	0.167	0.720	-0.263	-0.048	0.439
19.86	3.3242	14.2929	-5.2256	-0.9467	8.7192
权重（%）	22.03	29.01	6.46	15.35	27.14

注：将计算出权重为负的指标取消。

（2）标准承载力计算。

根据各城市实际人口数和相关因素，计算出城市人口实际承载力，以此为依据，按照式（6-19）和式（6-20）分别计算出各因素对应的静态基准标准承载力和动态上限标准承载力，如表 6-53 所示。

表 6-53　　　　　四级一般城市环境因素对应的标准承载力

名称及代码	Ev^{61}	Ev^{62}	Ev^{63}	Ev^{64}	Ev^{65}
静态基准标准承载力	1.53E-03	1.06E-02	7.59E-04	6.04E-05	2.92E-02
动态上限标准承载力	1.14E-02	3.67E-02	1.15E-02	6.07E-04	5.25E-02

（3）城市适度人口区间计算。

根据各城市对应的相关因素、因素对应的权重，在考虑静态基准标准承载力和动态上限标准承载力基础上，分别计算出基于环境因素的适度人口区间，如图 6-27 所示。

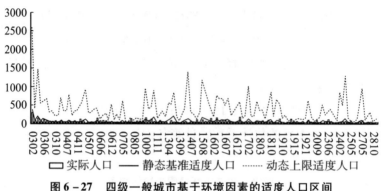

图6-27 四级一般城市基于环境因素的适度人口区间

6.2.6.5 综合适度人口区间测度

通过比较经济、社会、资源和环境所分别对应的静态基准适度人口和动态上限适度人口，选取最小测度值作为短板因素，以此作为各城市的综合适度人口区间，如表6-54所示。

表6-54　　　　　　　　四级一般城市综合适度人口区间

城市代码	城市名称	实际人口	静态基准适度人口					动态上限适度人口				
			经济	社会	资源	环境	短板	经济	社会	资源	环境	短板
0302	唐山市	308	403	245	896	391	245	839	548	1177	2587	548
0303	秦皇岛市	86	123	117	273	83	83	256	280	264	409	256
0304	邯郸市	148	149	211	432	214	149	311	505	401	1477	311
0305	邢台市	72	60	133	201	95	60	124	326	220	531	124
0306	保定市	106	130	168	270	134	130	272	414	272	588	272
0307	张家口市	90	81	122	231	100	81	168	306	254	671	168
0308	承德市	58	59	92	152	71	59	123	231	169	305	123
0309	沧州市	54	93	115	121	63	63	195	289	167	357	167
0310	廊坊市	80	85	99	129	54	54	177	248	147	216	147
0311	衡水市	49	42	68	105	47	42	88	162	121	230	88
0404	长治市	73	80	73	191	97	73	167	165	158	685	158
0405	晋城市	35	64	48	51	58	48	132	104	63	356	63

续表

城市代码	城市名称	实际人口	静态基准适度人口					动态上限适度人口				
			经济	社会	资源	环境	短板	经济	社会	资源	环境	短板
0407	晋中市	60	50	81	78	46	46	104	218	91	349	91
0408	运城市	66	45	61	63	107	45	94	132	94	794	94
0409	忻州市	53	31	35	51	26	26	65	73	44	220	44
0410	临汾市	84	63	61	68	51	51	132	133	84	346	84
0411	吕梁市	28	64	26	33	50	26	136	58	32	341	32
0504	赤峰市	121	87	95	234	68	68	181	214	200	464	181
0505	通辽市	77	70	98	440	79	70	147	197	306	607	147
0506	鄂尔多斯市	26	169	51	150	144	51	353	127	280	921	127
0507	呼伦贝尔市	27	40	36	57	47	36	83	86	50	296	50
0508	巴彦淖尔市	56	39	37	57	46	37	82	82	75	300	75
0509	乌兰察布市	30	23	44	76	46	23	47	111	65	393	47
0603	鞍山市	147	209	195	720	92	92	434	484	580	419	419
0606	丹东市	79	79	103	115	32	32	166	258	130	131	130
0607	锦州市	93	100	117	343	48	48	208	287	258	232	208
0609	阜新市	79	55	72	181	48	48	114	163	144	276	114
0611	盘锦市	61	100	91	193	30	30	208	206	196	99	99
0612	铁岭市	45	59	50	105	74	50	123	125	97	549	97
0613	朝阳市	58	49	59	77	22	22	102	144	72	113	72
0703	四平市	61	42	67	80	45	42	87	159	105	276	87
0704	辽源市	48	43	60	72	23	23	90	158	84	114	84
0705	通化市	45	41	46	99	96	41	85	109	84	613	84
0707	松原市	59	66	55	117	18	18	137	127	100	52	52
0708	白城市	51	28	45	77	15	15	59	105	50	44	44
0802	齐齐哈尔市	142	70	138	192	55	55	145	326	184	164	145
0805	双鸭山市	50	30	42	68	28	28	63	95	71	94	63
0808	佳木斯市	82	49	103	170	48	48	101	250	110	171	101
0810	牡丹江市	89	60	84	877	37	37	125	196	442	120	120

续表

城市代码	城市名称	实际人口	静态基准适度人口					动态上限适度人口				
			经济	社会	资源	环境	短板	经济	社会	资源	环境	短板
0812	绥化市	90	26	41	114	23	23	54	102	169	125	54
1009	盐城市	163	160	83	185	170	83	335	185	194	981	185
1012	泰州市	83	136	61	164	90	61	284	144	194	387	144
1103	温州市	146	332	212	625	106	106	688	511	534	463	463
1106	绍兴市	65	165	96	264	194	96	341	228	236	919	228
1111	丽水市	39	46	32	94	40	32	97	74	78	158	74
1203	蚌埠市	93	79	76	335	67	67	166	168	235	274	166
1208	安庆市	74	66	53	182	67	53	138	119	167	351	119
1210	滁州市	54	44	36	90	52	36	93	80	99	196	80
1304	三明市	28	51	40	160	107	40	108	99	128	589	99
1305	泉州市	103	173	155	363	135	135	360	364	305	528	305
1306	漳州市	56	85	56	118	222	56	177	128	126	843	126
1307	南平市	50	41	36	77	44	36	85	83	92	195	83
1309	宁德市	44	32	35	48	13	13	66	79	45	67	45
1402	景德镇市	46	55	57	146	67	55	114	134	119	283	114
1404	九江市	64	84	80	226	93	80	175	199	216	420	175
1406	鹰潭市	24	24	18	46	143	18	50	43	42	1425	42
1407	赣州市	65	60	50	122	77	50	125	114	107	309	107
1408	吉安市	55	35	31	73	58	31	73	70	60	265	60
1410	抚州市	115	52	39	104	38	38	110	78	103	109	78
1411	上饶市	40	45	34	84	56	34	95	74	76	343	74
1508	济宁市	112	150	108	304	180	108	314	247	329	1194	247
1514	德州市	65	80	63	188	144	63	168	148	194	893	148
1516	滨州市	64	73	55	176	110	55	154	123	210	591	123
1517	菏泽市	153	65	110	232	86	65	135	281	284	406	135
1602	开封市	86	60	93	184	51	51	126	218	176	188	126
1603	洛阳市	166	176	173	463	131	131	366	386	671	775	366

城市代码	城市名称	实际人口	静态基准适度人口					动态上限适度人口				
			经济	社会	资源	环境	短板	经济	社会	资源	环境	短板
1604	平顶山市	103	87	111	254	98	87	180	239	252	669	180
1605	安阳市	109	80	94	313	126	80	167	212	356	695	167
1607	新乡市	101	88	107	172	110	88	184	244	202	507	184
1608	焦作市	84	62	77	257	143	62	130	171	345	688	130
1609	濮阳市	68	49	77	125	52	49	101	170	130	225	101
1610	许昌市	41	50	61	106	62	50	105	149	101	330	101
1612	三门峡市	29	33	36	58	57	33	68	83	74	467	68
1613	南阳市	189	101	118	191	102	101	212	253	222	587	212
1616	周口市	54	33	41	61	36	33	70	84	73	153	70
1617	驻马店市	68	42	54	119	46	42	88	115	127	203	88
1702	黄石市	71	71	98	321	134	71	149	229	284	1014	149
1703	十堰市	54	76	99	262	48	48	159	218	196	213	159
1710	黄冈市	37	34	32	79	37	32	72	79	78	194	72
1802	株洲市	81	124	123	388	102	102	258	288	320	617	258
1803	湘潭市	87	99	90	274	73	73	207	204	275	365	204
1804	衡阳市	99	91	132	398	81	81	190	279	308	378	190
1805	邵阳市	69	51	57	171	38	38	106	129	124	134	106
1806	岳阳市	110	137	131	371	98	98	287	311	278	485	278
1810	郴州市	72	106	72	195	126	72	225	164	143	866	143
1812	怀化市	36	36	40	113	45	36	75	89	90	209	75
1813	娄底市	47	42	47	116	113	42	88	107	111	678	88
1909	茂名市	133	83	48	150	87	48	173	92	142	550	92
1910	肇庆市	54	66	55	244	53	53	136	122	189	161	122
1912	梅州市	32	33	33	102	43	33	69	68	93	234	68
1913	汕尾市	54	29	86	89	16	16	61	221	92	85	61
1914	河源市	31	35	89	113	28	28	72	151	91	123	72
1915	阳江市	68	53	40	125	24	24	111	90	91	81	81

城市代码	城市名称	实际人口	静态基准适度人口					动态上限适度人口				
			经济	社会	资源	环境	短板	经济	社会	资源	环境	短板
1916	清远市	66	89	45	233	36	36	186	99	187	149	99
1919	潮州市	35	30	34	111	35	30	62	80	85	160	62
1920	揭阳市	70	50	35	160	30	30	104	78	141	110	78
1921	云浮市	30	29	18	51	27	18	60	38	38	154	38
2002	柳州市	105	176	131	837	117	117	367	297	515	617	297
2003	桂林市	76	91	125	224	51	51	190	330	159	255	159
2004	梧州市	51	40	47	124	24	24	84	113	104	75	75
2009	玉林市	101	59	56	131	29	29	124	122	123	86	86
2010	百色市	35	28	27	119	36	27	60	59	123	193	59
2012	河池市	34	37	19	81	103	19	79	42	60	525	42
2305	德阳市	66	58	44	130	52	44	121	95	118	238	95
2306	绵阳市	122	99	103	206	80	80	206	229	198	345	198
2313	宜宾市	81	60	72	123	76	60	125	160	120	400	120
2315	达州市	43	33	35	87	47	33	69	80	72	286	69
2316	雅安市	35	21	31	74	17	17	44	71	49	86	44
2402	六盘水市	50	43	47	65	94	43	89	106	79	852	79
2403	遵义市	86	54	62	119	66	54	113	130	118	474	113
2502	曲靖市	70	66	58	159	153	58	137	128	258	1310	128
2503	玉溪市	50	64	48	70	28	28	132	117	88	182	88
2505	昭通市	83	27	28	38	10	10	56	58	44	47	44
2506	丽江市	15	18	19	37	10	10	38	46	28	38	28
2507	普洱市	30	21	22	32	24	21	43	48	34	95	34
2704	咸阳市	90	91	82	105	80	80	191	181	106	475	106
2705	渭南市	98	41	48	188	106	41	86	98	205	961	86
2706	延安市	46	54	42	40	20	20	112	91	40	98	40
2707	汉中市	55	30	41	55	33	30	63	87	48	210	48
2708	榆林市	52	73	38	46	50	38	151	82	60	302	60
2810	庆阳市	36	24	35	19	3	3	51	83	21	8	8
3003	吴忠市	38	19	36	67	36	19	39	92	76	154	39

6.3　适度人口的结果分析

6.3.1　全国总体结果分析

6.3.1.1　适度人口比较

从以上测算结果来看，全国城市适度人口静态基准为 27787.89 万人，城市适度人口动态上限为 71816.27 万人，而当年城市实际人口为 38866.20 万人，适度人口系数为 0.252。由此可知，从全国总体情况来看，城市实际人口已经超过城市适度人口静态基准，但是小于城市适度人口动态上限，因此，要继续推进城市化发展的前提条件是必须转变经济发展方式或优化资源利用方式。

6.3.1.2　短板因素分析

具体来看，在静态基准适度人口测度中，经济承载能力为 38866.02 万人，与城市实际人口持平；社会承载能力为 38866.13 万人，与城市实际人口持平；资源承载能力为 62174.83 万人，高于实际人口；环境承载能力为 38866.43 万人，与城市实际人口持平。因此，从全国来看，推进城市化发展的关键是提高经济发展水平、社会发展水平和保护生态环境。但从长期来看，资源承载力也将成为适度人口的短板，还得注重提高资源利用方式，如图 6－28 所示。

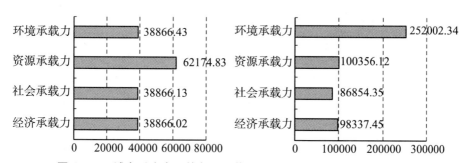

图 6－28　城市适度人口的各项承载力（静态基准和动态上限）比较

6.3.2 各类区域结果分析

6.3.2.1 适度人口比较

根据以上测算结果，东部地区城市适度人口静态基准为 15060.34 万人，城市适度人口动态上限为 39977.63 万人，而当年城市实际人口为 18043.56 万人，适度人口系数为 0.120；中部地区城市适度人口静态基准为 7536.69 万人，城市适度人口动态上限为 19297.47 万人，而当年城市实际人口为 11048.38 万人，适度人口系数为 0.299；西部地区城市适度人口静态基准为 5190.86 万人，城市适度人口动态上限为 12541.17 万人，而当年城市实际人口为 977.08 万人，适度人口系数为 0.624。由此可知，无论东部、中部还是西部地区，城市实际人口已经超过城市适度人口静态基准，但是小于城市适度人口动态上限，而从城市实际人口超过的程度来看，西部地区最严重，其次是中部地区，最低是东部地区，如表 6－55 所示。

表 6－55　　　　　　全国各区域适度人口比较

区域	省（市、自治区）	实际人口		静态基准适度人口		动态上限适度人口		适度人口系数	
		分省份	分区域	分省份	分区域	分省份	分区域	分省份	分区域
东部	北京	1187		514		1284		0.874	
	天津	807		680		1204		0.242	
	河北	1295		1196		2578		0.072	
	辽宁	1880		1508		4222		0.137	
	上海	1343		994		2904		0.183	
	江苏	2785	18044	2733	15060	8422	39978	0.009	0.120
	浙江	1501		1524		3718		－0.011	
	福建	924		703		1668		0.229	
	山东	2764		2534		6922		0.052	
	广东	3339		2599		6878		0.173	
	海南	217		75		177		1.394	

区域	省（市、自治区）	实际人口		静态基准适度人口		动态上限适度人口		适度人口系数	
		分省份	分区域	分省份	分区域	分省份	分区域	分省份	分区域
中部	山西	972		842		1811		0.135	
	吉林	869		644		1486		0.268	
	黑龙江	1371		783		2739		0.300	
	安徽	1973	11048	1101	7537	3348	19297	0.388	0.299
	江西	899		670		1580		0.251	
	河南	2135		1408		3149		0.418	
	湖北	1542		1169		2864		0.220	
	湖南	1287		920		2320		0.262	
西部	内蒙古	654		697		1816		−0.038	
	广西	1374		715		1976		0.522	
	重庆	1543		649		1141		1.817	
	四川	2397		1018		2960		0.710	
	贵州	444		277		528		0.666	
	云南	630	9774	382	5191	774	12541	0.633	0.624
	陕西	1278		663		1510		0.727	
	甘肃	818		329		870		0.905	
	青海	101		70		111		0.765	
	宁夏	263		159		429		0.382	
	新疆	271		232		427		0.198	

具体来看，所分析的全国 30 个省（市、自治区）中有 2 个省份（分别是海南和重庆）的适度人口系数大于 1，说明城市实际人口已经超过动态上限适度人口，这类地区面临的选取是更高层次的社会经济发展方式和资源环境利用模式转变，但更为关键的是需要分流城市实际人口。另外还有 2 个省份（分别是浙江和内蒙古）的适度人口系数小于 0，说明城市实际人口低于静态基准适度人口，这类地区还可以在现行社会经济发展模式和资源

环境利用方式下推进城市化发展。其余地区的适度人口系数均在 0 ~ 1，说明城市实际人口高于静态基准适度人口，但低于动态上限适度人口，这些地区途径城市化发展的关键是转变社会经济发展方式和资源环境利用模式。

6.3.2.2　短板因素分析

就所分析的全国30个省（市、自治区）而言，在静态基准适度人口测度中，有13个省（市、自治区）存在经济发展短板，有8个省（市、自治区）存在社会发展短板，有9个省（市、自治区）存在环境发展短板，还不存在资源发展短板。在动态上限适度人口测度中，有11个省（市、自治区）存在经济发展短板，有14个省（市、自治区）存在社会发展短板，有3个省（市、自治区）存在资源发展短板，有2个省（市、自治区）存在环境发展短板。由此可知，当前城市化发展中经济发展短板是主导，存在着大量的社会发展短板和环境发展短板，但未来城市化发展中社会发展短板和经济发展短板成为主要问题，资源环境短板将逐渐消失，如表6－56所示。

表6－56　　　　　　　　全国各区域适度人口短板情况

区域	省（市、自治区）	静态基准适度人口				动态上限适度人口			
		经济	社会	资源	环境	经济	社会	资源	环境
东部	北京				1				1
	天津		1				1		
	河北	1				1			
	辽宁				1	1			
	上海				1				1
	江苏		1				1		
	浙江		1				1		
	福建		1				1		
	山东		1				1		
	广东				1		1		
	海南				1		1		
合计		1	5	0	5	2	7	0	2

续表

区域	省（市、自治区）	静态基准适度人口				动态上限适度人口			
		经济	社会	资源	环境	经济	社会	资源	环境
中部	山西	1						1	
	吉林	1				1			
	黑龙江				1	1			
	安徽	1					1		
	江西		1				1		
	河南	1				1			
	湖北	1				1			
	湖南				1	1			
	合计	5	1	0	2	4	3	1	0
西部	内蒙古		1				1		
	广西	1					1		
	重庆	1					1		
	四川				1	1			
	贵州	1				1			
	云南		1					1	
	陕西				1			1	
	甘肃	1				1			
	青海	1				1			
	宁夏	1				1			
	新疆	1					1		
	合计	7	2	0	2	5	4	2	0
	总计	13	8	0	9	11	14	3	2

　　东部地区：在静态基准适度人口测度中，有 1 个省（市、自治区）存在经济发展短板，有 5 个省（市、自治区）存在社会发展短板，有 5 个省（市、自治区）存在环境发展短板；在动态上限适度人口测度中，有 2 个省（市、自治区）存在经济发展短板，有 7 个省（市、自治区）存在社会发展

短板，有2个省（市、自治区）存在环境发展短板。可见，在东部地区，社会发展和环境发展是城市化发展存在的重要短板因素。

中部地区：在静态基准适度人口测度中，有5个省（市、自治区）存在经济发展短板，有1个省（市、自治区）存在社会发展短板，有2个省（市、自治区）存在环境发展短板；在动态上限适度人口测度中，有4个省（市、自治区）存在经济发展短板，有3个省（市、自治区）存在社会发展短板，有1个省（市、自治区）存在资源发展短板。可见，在中部地区，经济发展是城市化发展存在的重要短板因素。

西部地区：在静态基准适度人口测度中，有7个省（市、自治区）存在经济发展短板，有2个省（市、自治区）存在社会发展短板，有2个省（市、自治区）存在环境发展短板；在动态上限适度人口测度中，有5个省（市、自治区）存在经济发展短板，有4个省（市、自治区）存在社会发展短板，有2个省（市、自治区）存在资源发展短板。可见，在中部地区，经济发展也是城市化发展存在的重要短板因素。

总体来看，在推进城市化发展中，东部地区需要在提供社会公共产品和保护生态环境方面做出更大的努力，而中西部地区主要需要在提高经济发展水平以及提供公共产品方面需要做出更大努力。

6.3.3 不同城市结果分析

6.3.3.1 适度人口比较

根据所测度的全国287个城市来看，有40个城市（占13.94%）适度人口系数大于1，说明城市实际人口已经超过动态上限适度人口，这类城市面临的选取是更高层次的社会经济发展方式和资源环境利用模式转变，但更为关键的是需要分流城市实际人口。有55个城市（占19.16%）的适度人口系数小于0，说明城市实际人口低于静态基准适度人口，这类地区还可以在现行社会经济发展模式和资源环境利用方式下推进城市化发展。其余的192个城市（占66.90%）的适度人口系数均在0~1，说明城市实际人口高于静态基准适度人口，但低于动态上限适度人口，这些地区推进城市化发展的关键是转变社会经济发展方式和资源环境利用模式，如表6-57所示。

表 6 - 57　　　　　　　　各类城市适度人口系数分布

城市适度人口系数	主要城市
[1，+∞]（40 个）	忻州市、松原市、白城市、伊春市、绥化市、阜阳市、宿州市、六安市、亳州市、宣城市、抚州市、菏泽市、永州市、汕头市、茂名市、贵港市、玉林市、海口市、重庆市、遂宁市、内江市、南充市、眉山市、广安市、巴中市、资阳市、安顺市、保山市、昭通市、渭南市、延安市、汉中市、安康市、商洛市、天水市、武威市、庆阳市、定西市、陇南市、固原市
[-∞，0]（55 个）	邯郸市、保定市、承德市、沧州市、阳泉市、晋城市、包头市、鄂尔多斯市、呼伦贝尔市、大连市、抚顺市、营口市、铁岭市、吉林市、大庆市、无锡市、徐州市、常州市、苏州市、镇江市、杭州市、宁波市、嘉兴市、湖州市、绍兴市、金华市、合肥市、马鞍山市、铜陵市、福州市、三明市、泉州市、漳州市、龙岩市、景德镇市、九江市、淄博市、东营市、烟台市、潍坊市、威海市、许昌市、三门峡市、宜昌市、株洲市、郴州市、广州市、珠海市、江门市、梅州市、东莞市、柳州市、攀枝花市、金昌市、克拉玛依市
(0，1)（192 个）	北京市、天津市、石家庄市、唐山市、秦皇岛市、邢台市、张家口市、廊坊市、衡水市、太原市、大同市、长治市、朔州市、晋中市、运城市、临汾市、吕梁市、呼和浩特市、乌海市、赤峰市、通辽市、巴彦淖尔市、乌兰察布市、沈阳市、鞍山市、本溪市、丹东市、锦州市、阜新市、辽阳市、盘锦市、朝阳市、葫芦岛市、长春市、四平市、辽源市、通化市、白山市、哈尔滨市、齐齐哈尔市、鸡西市、鹤岗市、双鸭山市、佳木斯市、七台河市、牡丹江市、黑河市、上海市、南京市、南通市、连云港市、淮安市、盐城市、扬州市、泰州市、宿迁市、温州市、衢州市、舟山市、台州市、丽水市、芜湖市、蚌埠市、淮南市、淮北市、安庆市、黄山市、滁州市、巢湖市、池州市、厦门市、莆田市、南平市、宁德市、南昌市、萍乡市、新余市、鹰潭市、赣州市、吉安市、宜春市、上饶市、济南市、青岛市、枣庄市、济宁市、泰安市、日照市、莱芜市、临沂市、德州市、聊城市、滨州市、郑州市、洛阳市、平顶山市、安阳市、鹤壁市、新乡市、焦作市、濮阳市、漯河市、南阳市、商丘市、信阳市、周口市、驻马店市、武汉市、黄石市、十堰市、襄阳市、鄂州市、荆门市、荆州市、黄冈市、咸宁市、随州市、长沙市、湘潭市、衡阳市、邵阳市、岳阳市、常德市、张家界市、益阳市、怀化市、娄底市、韶关市、深圳市、佛山市、湛江市、肇庆市、惠州市、汕尾市、河源市、阳江市、清远市、中山市、潮州市、揭阳市、云浮市、南宁市、桂林市、梧州市、北海市、防城港市、钦州市、百色市、贺州市、河池市、来宾市、崇左市、三亚市、成都市、自贡市、泸州市、德阳市、绵阳市、广元市、乐山市、宜宾市、达州市、雅安市、贵阳市、六盘水市、遵义市、昆明市、曲靖市、玉溪市、丽江市、普洱市、临沧市、西安市、铜川市、宝鸡市、咸阳市、榆林市、兰州市、嘉峪关市、白银市、张掖市、平凉市、酒泉市、西宁市、银川市、石嘴山市、吴忠市、中卫市、乌鲁木齐市

6.3.3.2 短板因素分析

在静态基准适度人口测度中，有96个城市（占33.45%）存在经济发展短板；有65个城市（占22.64%）存在社会发展短板；有10个城市（占3.48%）存在资源发展短板，有115个城市（占40.07%）存在环境发展短板。在动态上限适度人口测度中，有95个城市（占33.10%）存在经济发展短板；有100个城市（占34.84%）存在社会发展短板；有60个城市（占20.91%）存在资源发展短板，有31个城市（占10.80%）存在环境发展短板。由此可知，当前我国各城市推进城市化发展中面临的短板因素主要是环境发展和经济发展，但在未来转变社会经济发展发展方式和资源环境利用模式之后，各城市推进城市化面临的短板因素主要是社会发展、经济发展和资源发展，如表6－58所示。

表6－58　　　　　　　　各类城市适度人口短板因素分布

短板因素	静态基准测度所辖城市	动态上限测度所辖城市
经济发展短板	石家庄市、邯郸市、邢台市、保定市、张家口市、承德市、衡水市、太原市、阳泉市、朔州市、运城市、乌海市、通辽市、乌兰察布市、抚顺市、葫芦岛市、长春市、四平市、通化市、白山市、鸡西市、鹤岗市、伊春市、七台河市、黑河市、衢州市、铜陵市、阜阳市、宿州市、巢湖市、景德镇市、宜春市、济南市、淄博市、莱芜市、聊城市、菏泽市、平顶山市、安阳市、鹤壁市、新乡市、焦作市、濮阳市、许昌市、三门峡市、南阳市、商丘市、信阳市、周口市、驻马店市、武汉市、黄石市、鄂州市、荆门市、孝感市、荆州市、咸宁市、益阳市、怀化市、娄底市、潮州市、南宁市、贵港市、来宾市、重庆市、攀枝花市、遂宁市、内江市、乐山市、宜宾市、达州市、六盘水市、遵义市、安顺市、保山市、普洱市、临沧市、铜川市、	石家庄市、秦皇岛市、邯郸市、邢台市、保定市、张家口市、承德市、衡水市、太原市、大同市、阳泉市、赤峰市、通辽市、乌兰察布市、本溪市、锦州市、阜新市、辽阳市、葫芦岛市、长春市、四平市、哈尔滨市、齐齐哈尔市、鸡西市、鹤岗市、双鸭山市、大庆市、伊春市、佳木斯市、七台河市、绥化市、蚌埠市、淮北市、铜陵市、阜阳市、巢湖市、景德镇市、九江市、济南市、临沂市、聊城市、菏泽市、开封市、洛阳市、平顶山市、安阳市、鹤壁市、新乡市、焦作市、濮阳市、漯河市、三门峡市、南阳市、商丘市、信阳市、周口市、驻马店市、黄石市、十堰市、荆门市、荆州市、黄冈市、咸宁市、株洲市、衡阳市、邵阳市、怀化市、娄底市、汕尾市、

短板因素	静态基准测度所辖城市	动态上限测度所辖城市
经济发展短板	宝鸡市、渭南市、汉中市、安康市、商洛市、兰州市、嘉峪关市、金昌市、白银市、张掖市、平凉市、西宁市、银川市、石嘴山市、吴忠市、固原市、中卫市、乌鲁木齐市	河源市、潮州市、贺州市、攀枝花市、泸州市、达州市、雅安市、贵阳市、遵义市、安顺市、西安市、铜川市、渭南市、安康市、兰州市、金昌市、白银市、张掖市、平凉市、酒泉市、西宁市、银川市、石嘴山市、吴忠市、中卫市、乌鲁木齐市
社会发展短板	天津市、唐山市、长治市、晋城市、吕梁市、鄂尔多斯市、呼伦贝尔市、巴彦淖尔市、铁岭市、吉林市、南京市、徐州市、常州市、苏州市、南通市、盐城市、镇江市、泰州市、宁波市、嘉兴市、湖州市、绍兴市、金华市、台州市、丽水市、马鞍山市、安庆市、滁州市、宣城市、三明市、漳州市、南平市、龙岩市、南昌市、九江市、新余市、鹰潭市、赣州市、吉安市、上饶市、青岛市、东营市、潍坊市、济宁市、泰安市、日照市、德州市、滨州市、黄冈市、常德市、郴州市、韶关市、江门市、茂名市、梅州市、东莞市、云浮市、防城港市、百色市、河池市、崇左市、德阳市、眉山市、曲靖市、榆林市	天津市、唐山市、朔州市、呼和浩特市、包头市、乌海市、鄂尔多斯市、抚顺市、营口市、吉林市、南京市、无锡市、徐州市、常州市、苏州市、南通市、连云港市、淮安市、盐城市、扬州市、镇江市、泰州市、宿迁市、杭州市、宁波市、嘉兴市、湖州市、绍兴市、金华市、衢州市、台州市、丽水市、合肥市、芜湖市、马鞍山市、安庆市、滁州市、宿州市、亳州市、池州市、宣城市、三明市、南平市、龙岩市、南昌市、新余市、宜春市、抚州市、上饶市、青岛市、淄博市、东营市、烟台市、潍坊市、济宁市、威海市、日照市、莱芜市、德州市、滨州市、郑州市、武汉市、宜昌市、襄阳市、鄂州市、湘潭市、张家界市、广州市、韶关市、珠海市、佛山市、江门市、湛江市、茂名市、肇庆市、梅州市、清远市、东莞市、揭阳市、云浮市、南宁市、柳州市、北海市、防城港市、钦州市、贵港市、百色市、河池市、来宾市、崇左市、三亚市、重庆市、德阳市、乐山市、眉山市、广安市、曲靖市、宝鸡市、嘉峪关市、克拉玛依市
资源发展短板	大连市、杭州市、舟山市、淮南市、福州市、枣庄市、郑州市、三亚市、广安市、昆明市	沧州市、廊坊市、长治市、晋城市、晋中市、运城市、忻州市、临汾市、吕梁市、呼伦贝尔市、巴彦淖尔市、沈阳市、大连市、丹东市、铁岭市、朝阳市、辽源市、通化市、白山市、黑河市、舟山市、淮南市、六安市、

续表

短板因素	静态基准测度所辖城市	动态上限测度所辖城市
资源发展短板	大连市、杭州市、舟山市、淮南市、福州市、枣庄市、郑州市、三亚市、广安市、昆明市	福州市、泉州市、漳州市、宁德市、萍乡市、鹰潭市、赣州市、吉安市、枣庄市、泰安市、许昌市、孝感市、岳阳市、常德市、益阳市、郴州市、中山市、桂林市、绵阳市、遂宁市、内江市、宜宾市、巴中市、六盘水市、昆明市、玉溪市、保山市、昭通市、丽江市、普洱市、临沧市、咸阳市、延安市、汉中市、榆林市、商洛市、陇南市
环境发展短板	北京市、秦皇岛市、沧州市、廊坊市、大同市、晋中市、忻州市、临汾市、呼和浩特市、包头市、赤峰市、沈阳市、鞍山市、本溪市、丹东市、锦州市、营口市、阜新市、辽阳市、盘锦市、朝阳市、辽源市、松原市、白城市、哈尔滨市、齐齐哈尔市、双鸭山市、大庆市、佳木斯市、牡丹江市、绥化市、上海市、无锡市、连云港市、淮安市、扬州市、宿迁市、温州市、合肥市、芜湖市、蚌埠市、淮北市、黄山市、六安市、亳州市、池州市、厦门市、莆田市、泉州市、宁德市、萍乡市、抚州市、烟台市、威海市、开封市、洛阳市、漯河市、十堰市、宜昌市、襄阳市、随州市、长沙市、株洲市、湘潭市、衡阳市、邵阳市、岳阳市、张家界市、永州市、广州市、深圳市、珠海市、汕头市、佛山市、湛江市、肇庆市、惠州市、汕尾市、河源市、阳江市、清远市、中山市、揭阳市、柳州市、桂林市、梧州市、北海市、钦州市、玉林市、贺州市、海口市、成都市、自贡市、绵阳市、广元市、南充市、雅安市、巴中市、资阳市、贵阳市、玉溪市、昭通市、丽江市、西安市、咸阳市、延安市、天水市、武威市、酒泉市、庆阳市、定西市、陇南市、克拉玛依市	北京市、鞍山市、盘锦市、松原市、白城市、牡丹江市、上海市、温州市、黄山市、厦门市、莆田市、随州市、长沙市、永州市、深圳市、汕头市、惠州市、阳江市、梧州市、玉林市、海口市、成都市、自贡市、广元市、南充市、资阳市、天水市、武威市、庆阳市、定西市、固原市

第7章 研究结论及政策建议

本书首先回顾国内外关于适度人口研究的相关文献，并梳理可持续发展、人口城市化、适度人口等相关理论，以及人口与社会经济、人口与资源环境等相关关系，树立城市适度人口概念框架。在此基础上，从我国城市化发展面临的问题出发，紧紧围绕城市人口与社会经济、城市人口与资源环境的两个关系，构建城市化发展的收益效应函数和成本效应函数，以此为依据，系统构建我国城市适度人口研究体系，包括理论方法、测度分析。以下主要归纳本书研究结论，并在此基础上构建实现我国城市适度人口的路径框架。

7.1 主要研究结论

（1）塑造城市适度人口理念必须以可持续发展、人口城市化和适度人口等理论为基础，同时需要厘清人口与社会经济、人口与资源环境的两个关系。研究我国城市适度人口，实际上是在城市人口、社会经济和资源环境协调发展目标下确定城市适度人口规模与实现路径。具体来看：可持续发展理论强调发展，同时还强调有限度，为城市适度人口确定指明思想；人口城市化理论不仅提出了人口城市化是人口资源在城乡间的最优配置，还提出了城市化对资源环境的危害，强化了城市适度人口研究理念；适度人口理论为城市适度人口测度与实现提供了多元化目标和方法体系，而人口与社会经济、人口与资源环境的两个关系实际上为确定城市化的收益效应与成本效应提供依据。以此为依据，形成的城市适度人口理念包括三个方面：一是要继续推进我国城市化发展，必须从城市静态适度人口转向动态适度人口，实质上是要提升社会经济和资源环境对城市人口的承载力；二是城市适度人口测度方面也需要从静态走向动态，同时还需要从数量测度转向路径实现；三是在城市适度人口理念重塑和方法重构的基础上，需要构建我国城市适度人口的技术路径。

（2）当前，我国城市化发展水平、质量和效率呈现典型的东中西梯度差异，并面临着社会经济、城市人口和资源环境方面的问题。从城市化发展水平来看，东部地区得分为 0.4655，中部地区得分为 -0.1800，西部地区得分为 -0.3067，呈现东中西梯度差异，发展较快的仍然是东部地区；从城市化发展质量来看，主要呈现出东部最高、中部居中、西部落后的格局，但在人口发展、经济发展和社会发展方面，东部地区占有绝对优势，而在资源利用和环境保护方面西部地区却占绝对优势；从城市化发展效率来看，总技术效率最高的是东部地区，纯技术效率最高的也是东部地区，说明东部地区在城市化发展资源配置技术上具有优势，并具备健全的相关城市化发展制度和机制，而西部地区的总技术效率和纯技术效率虽然均低于东部地区，但高于中部地区，说明西部地区在合理利用自然资源和保护生态环境方面具有优势，在规模效率上各地区也具有明显差距，要么城市化发展水平超过发展质量，要么城市化发展水平落后于发展质量，处于完全规模最优的只有江苏、山东、海南、内蒙古和西藏 5 个省（自治区）。由此可见，在我国城市化快速发展时期，社会经济、城市人口和资源环境方面已经存在较大的问题，突出表现为不协调。

（3）伴随着城市人口的增加，一方面为人类社会发展提供物质资料，形成社会收益，另一方面为人类社会发展提供生存环境，形成社会成本。从社会发展行为视角来看，在社会经济发展为城市人口带来利益诱导的条件下，城市化发展中的城市人口数量增加，必然导致资源环境的不断损耗，同时也会促进社会经济的不断发展，即城市化发展中的成本效应与收益效益同时存在。从城市化对社会经济的影响检验来看，城镇人口占总人口比重每增加 1 个单位能带动人均地区生产总值增长 0.4881%，城市建成区面积占国土面积的比重每增加 1 个单位能带动人均地区生产总值增长 10.4156%，第二、第三产业产值占地区生产总值的比重每增加 1 个单位能带动人均地区生产总值增长 1.3089%。在时期上，表现为后一时期各因素影响作用更加明显，在区域上，主要表现为东部地区各因素作用更加明显，尤其是在西部地区尚未体现城市化对经济的促进作用。从城市化对资源环境的影响检验来看，在资源方面，城市供水总量和建成区面积与人口城市化间呈现正"U"形关系，能源消费总量与人口城市化间呈现倒"U"形关系，其城市化率拐点分别是64.38%、81.55%、81.28%，在环境方面，工业废气排放总量、工业废水排放总量、工业固体废物产生量和城市生活垃圾清运量分别与人口城市化间呈现倒"U"形关系，其城市化率拐点分别是66.57%、76.02%、63.61%、72.37%。

（4）城市化发展中的静态基准和动态上限适度人口确定，主要依据城市化发展的边际成本与边际收益相等原则，并受到经济、社会、资源和环境因素的影响。城市化发展的静态基准适度人口主要根据城市人口边际社会收益与边际社会成本相等的原则确定，而城市化发展的动态上限适度人口需要通过提升社会经济发展方式系数和资源环境利用模式系数，以此导致城市化发展的边际社会收益曲线与边际社会成本曲线向右移动，从而确定更高水平的城市适度人口。而影响城市化发展的边际社会收益与边际社会成本的因素大致涵盖经济、社会、资源和环境各个方面，在经济方面影响较为显著的因素包括地区生产总值、全社会固定资产投资、社会消费品零售总额、地方财政一般预算收入、年末金融机构存款余额等，在社会方面影响较为显著的因素包括在岗职工平均人数、中小学专任教师数、公共图书馆图书总藏书量、医院卫生院床位数、年末实有公共汽车营运车辆数、年末实有出租汽车数，在资源方面影响较为显著的因素包括行政区域土地面积、供水总量、全社会供电量和年末实有城市道路面积，在环境方面影响较为显著的因素包括三废综合利用产品价值、工业废水排放达标量、工业二氧化硫去除量、工业烟尘去除量、建成区绿化覆盖面积。并基于以上因素分别构建城市适度人口分类测度和综合测度公式。

（5）通过对各类城市适度人口的测度发现，大部分城市的实际人口已经超过适度人口静态基准规模，但低于适度人口动态上限规模，并不同程度地呈现出社会经济和资源环境短板。分别对2个级别的特殊城市和4个级别的一般城市适度人口测度得出，全国城市适度人口静态基准规模为27787.89万人，城市适度人口上限规模为71816.27万人，而当年城市实际人口为 38866.20 万人，适度人口系数为 0.252。城市实际人口已经超过城市适度人口静态基准，但是小于城市适度人口动态上限，要继续推进城市化发展的前提条件是必须转变经济发展方式或优化资源利用方式，而存在的短板因素主要是经济发展、社会发展和环境发展，长期内还会存在资源短板。而从区域来看，西部地区城市实际人口超过城市适度人口静态基准程度较大，其次分别是中部和东部地区，而东部地区重要的短板因素是社会发展和环境发展，中西部地区重要的短板因素是经济发展。再从具体城市来看，全国 287 个城市中，有 40 个城市实际人口已经超过动态上限适度人口，有 55 个城市实际人口低于静态基准适度人口，有 192 个城市实际人口高于静态基准适度人口，但低于动态上限适度人口，在静态基准适度人口测度中主要表现为环境发展和经济发展短板，在动态上限适度人口测度中主要表现为社会发展、经济发展和资源发展短板。

7.2 实现城市适度人口：一个路径框架

通过前面分析可知，我国绝大部分城市实际人口已经超过静态基准适度人口，部分城市实际人口已经超过动态上限适度人口，对此如果不采取相应措施，将不利于我国城市化发展的推进。具体来看，很多城市测算得到的适度人口之所以低于实际人口，主要原因是这些城市的发展存在严重的经济、社会、资源或环境短板，从而阻碍了城市人口的增加。因此，要继续推进城市化发展，必须实现城市适度人口，而解决这一问题的关键就是要从城市实际人口出发，研究如何提升适度人口标准，主要包括转变社会经济发展模式和改变资源环境利用模式等。

7.2.1 路径机制

实现城市适度人口的关键，是要从城市实际人口出发，通过提升城市对人口的承载能力，即适度人口标准，以此实现城市化战略的推进。城市适度人口实现的路径主要包括模式选择和短板弥补两个环节，如图 7-1 所示。

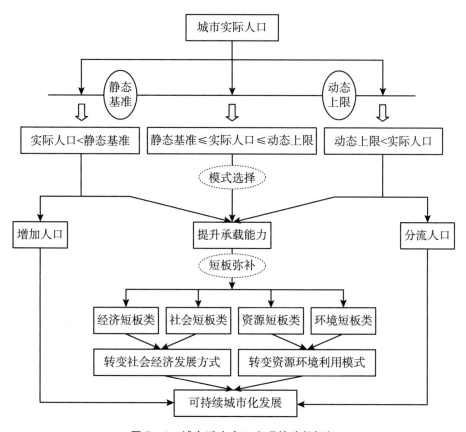

图 7 - 1　城市适度人口实现的路径框架

7.2.1.1　模式选择

通过对各城市的适度人口测度，并通过与城市实际人口相比较，发现主要存在三种情况及其相应的实现模式，具体包括：

（1）针对城市实际人口小于城市适度人口静态基准的城市。该类城市需要采取两种模式：一是可以在既定社会经济发展方式和资源环境利用模式下增加城市人口，推进城市化发展；二是为了避免城市人口增加带来的压力，仍然需要转变经济发展方式和资源环境利用模式，提升城市承载能力。

（2）针对城市实际人口介于静态基准和动态上限间的城市。该类城市推进城市化发展的条件，必须转变社会经济发展方式或资源环境利用模式，否则现有城市承载能力不仅难以承载实际人口，同时还无法继续推进城市化发展。

（3）针对城市实际人口大于城市适度人口动态上限的城市。该类城市需要采取两种模式：一是由于城市实际人口已经超过城市适度人口动态上限，因此需要进行人口分流，即通过周边卫星城镇的建设缓解城市人口；二是即便进行人口分流也还面临着实际人口的承载，因此还需要转变经济发展方式和资源环境利用模式，提升城市承载能力。

7.2.1.2 短板弥补

无论处于何种模式，要保证可持续城市化发展的推进，均面临着转变社会经济发展方式和资源环境利用模式的问题，因此需要根据各城市面临的短板问题有针对性地制定相关策略，具体而言：一是针对经济发展短板城市。该类城市要实现城市适度人口，重点是通过转变经济发展方式提升经济发展能力，包括提升经济总量、社会投资、社会消费、财政能力、金融水平等具体指标。二是针对社会发展短板城市。该类城市要实现城市适度人口，重点是通过转变社会发展方式提升社会发展能力，包括增加就业岗位、教师人数、文化设施、医疗卫生设施、公共交通工具等具体指标。三是针对资源发展短板城市。该类城市要实现城市适度人口，重点是通过转变资源利用模式提升资源承载能力，包括增加城市有效土地面积、城市供水、城市供电、道路交通等具体指标。四是针对环境发展短板城市。该类城市要实现城市适度人口，重点是通过转变环境利用模式提升环境承载能力，包括提升三废处理能力以及城市绿化水平等具体指标。

7.2.2 政策措施

实现城市适度人口的模式选择和短板弥补，只是解决了各类城市实现适度人口的路径选择问题，但就具体如何实现而言，还需要采取相关有效措施，以下主要从转变社会经济发展方式和资源环境利用模式两个角度，提出相关政策措施。

7.2.2.1 转变经济发展方式的政策措施

（1）大力发展第二、第三产业，增加经济发展能力。城市化发展速度更多是依靠第二、第三产业，尤其是工业和服务业的带动，不仅仅因为它们是工业化和现代化的体现，更重要的是它们能够创造更多的就业岗位、提高人们的收入水平。由于第一产业的发展，劳动生产率不断提高，出现了大批的剩余劳动力，这就需要第二、第三产业有足够的吸纳能力将这部分剩余劳动力吸纳进来，并作为产业发展的推动力量。

（2）产业结构的转变要走集约化和可持续发展的道路。我国目前所提倡的走新型工业化道路，其核心就在于实现集约化和可持续的发展模式，彻底取代原来的粗放型发展模式，由最初的资源密集型和劳动密集型产品和产业逐步向资本密集型和技术密集型产品和产业转变，进而提高产品在国际市场上的竞争力。

（3）要根据各地区的比较优势选择适合的发展模式。由于地理位置的不同和自然因素的影响，不同区域间都有各自的资源禀赋，将这些资源充分利用起来，不仅能够促进经济发展、推进城市化发展，还能充分发挥地区优势、缩小区域间差距。例如：东部沿海地区就可以凭借资本和地理位置的优势，发展资本密集型产业和进出口贸易产业；而西部地区则可以利用当地的自然资源发展生态产业。这样一来，不仅节约了生产成本和运输费用，而且城市化发展也逐渐趋于均衡化。

（4）各区域内部的城乡间要逐步趋向一体化发展。目前我国城乡间的二元发展格局仍然较为突出，其主要原因归结为"三农"问题，既影响了经济的发展，同时也阻碍了城市化的进程。2013年中央1号文件明确指出："为全面建成小康社会而奋斗，必须固本强基，始终把解决好农业农村农民问题作为全党工作重中之重，把城乡发展一体化作为解决'三农'问题的根本途径"。可见，实现农业现代化仍然是产业结构升级和城市化发展的前提和基础。

7.2.2.2 转变社会发展方式的政策措施

（1）加强城市基础设施建设。在加快城市化发展的过程中，政府面临的工作重点是建立完善的基础设施。如何提高城市基础设施规划标准和建设水平是政府做好城市规划的另一重点任务。城市基础设施是城市现代经济增长和城市化水平提高的硬件条件，要统筹规划，地上地下基础设施要全面兼顾，少搞形象工程。从直观上看，城市基础设施建设的好坏体现了该城市的经济发展水平；从更深一层次看，加强城市基础设施建设力度，能够解决部分"城市病"问题，有效扩大城市人口的吸纳能力，提高适度人口的承载能力。

（2）不断完善城市规划体制。要进一步强调城市规划的硬约束，严格执行城市规划法和有关政策、法规，为搞好新一轮城市规划铺平道路，同时要加大监督规划实施的力度。着重思考城市体系的规划工作，针对我国重点城市群的建设，尽快制定出合理可行的规划方案。对于大城市和特大城市，要防止"空城"现象，不能只重规模而轻结构；对于中小城市，要有计划地发展，不能重数量而轻质量。另外，在具体制定每个阶段的城市规划和建设时，要不失时机地强调各个主体的形式、范围和作用，深化政府职能的转变，进一步完善城市规划体制。

（3）提高城市公共服务的质量。以人为本是各级政府追求的核心目标，要想实现这一目标，提高城市公共服务的质量是最直接的办法，这其中就包括了实现全民覆盖的社会保障和文化教育、医疗卫生、住房、公共安全等服务，实现城市的和谐发展。这样一来，不仅能够吸引更多的人口向城市聚集，同时其向周边城市的辐射能力也有所增强，能够带动周边城市的经济发展，从而有助于城市群的建设。

7.2.2.3 转变资源利用模式的政策措施

随着人口增长和城市化发展的不断加速，土地、能源、淡水等资源的消耗量与日俱增，资源的稀缺性日益凸显，严重制约着经济的可持续发展。因此，解决资源短缺问题就成为发展经济和推进城市化的重要战略之一。当然，控制人口数量能够有效地节约资源，但这对于资源本身来讲，只是一种具有外部效应的方法。要想从根本上解决资源短缺问题，还得从资源的开发和利用上下功夫，寻找具有内部效应的解决方案，主要包括：

（1）对资源实施有效的保护。即对现存的、未被破坏的资源，包括土地资源、水资源、能源资源等加以保护，不得随意乱砍滥伐，胡采乱挖，肆意破坏。国家应加大对资源的保护力度，扩大宣传范围并通过制定法律法规来加强保护资源的约束力。同时，对已经被破坏但还具有修复价值的资源及时进行修复。我国虽然地大物博，但是人口数量庞大，人均资源占有率很低，因此，应把保护资源这种事前行为给予足够的重视，不要等到资源短缺甚至枯竭才意识到问题的严重性，才去寻找各种应对措施。

（2）提高资源的再生能力。首先就要区分可再生资源和不可再生资源。对于可再生资源而言，要加强维护，同时要扩大再生规模和提高再生质量，其中包括耕地、林木和草场的再生以及水资源污染的治理。有效的"再生"和根本的"治理"都需要科学技术的不断创新，国家应给予政策和资金双方面的支持，同时鼓励相关企业加入其中。

（3）提高资源的利用率。面对我国目前的资源消耗情况，提高资源利用率应是战略选择的重中之重，即走资源节约型的发展道路，包括节约资源、寻找替代资源、减少单位产值的资源消耗量。具体的做法应是积极转变粗放型的经济发展模式，建立节约和集约资源化的产业结构，其中涉及三次产业结构的合理升级和转型，具体地说，农业产业结构要节约和集约化使用水、土地以及生物资源；工业产业结构要节约和综合利用水、能源、矿产等资源；第三次产业结构要节约和集约化经营使用相关的可再生资源和不可再生资源。与此同时，居民消费结构、科学技术结构、城乡结构、进出口贸易结构等都应以节约资源为前提进行改革和升级，最大限度地将提高资源利用率与可持续城市化发展结合起来。

7.2.2.4　转变环境利用模式的政策措施

在全球经济形势日新月异的今天，环境作为人们赖以生存和发展的一种资源，正遭受着不同程度和形式的破坏，保护和改善生态环境就成了全人类迫切而艰巨的任务。然而对于中国而言，由于人口众多、幅员辽阔、经济发展不平衡等因素的影响，要想做到人口与环境的和谐发展，并最终实现环境的可持续发展，必须将保护环境、改善环境、人口与环境和谐发展相结合，实行"保护"、"改善"、"和谐发展"三位一体，不同时期有所侧重的方略，具体包括：

（1）加大环保的宣传力度，提高全民的环保意识。环境承载着人类的生存，同样也受制于人类的发展，人们对环境重要性的认识直接关系到人与环境的和谐发展。各地方政府及相关部门应通过讲座、知识竞赛和交流互动等各种办法，从人们的自身利益出发，呼吁民众关心环境、爱护环境和改善环境，认识到赖以生存的地球只有一个，保护环境是唯一的选择。

（2）严格执法，加大惩治力度。目前我国已将环境保护列为基本国策之一，并制定和颁布了《环境保护法》。然而，"上有政策、下有对策"的现象普遍存在，执法不严，违法不究。因此，各地要设立专门的、独立于地方政府的监管部门，加大检查和查处力度，依法行事，违法必究。对于情节严重者，除了给予经济处罚外，还要进行刑事处罚。这样做的目的是约束人们为了个人利益而不惜牺牲社会利益，能够起到一种震慑作用。

（3）加大环境治理资金的投入，其中包括中央和地方财政。从全国范围来看，改善环境的工程已普遍展开，如退耕还林、黄河小河流治理、城市污染治理等都已取得明显成效，与此同时，国家和各地方政府需要加大资金和技术的投入，使已经取得的成果能够继续坚持并得以扩大化。从各地区发展来看，中西部地区在实施西部大开发战略中，保护环境是首要解决的问题，需要通过注入资金、技术和输送人才等办法挖掘当地的资源禀赋，提高资源利用率、减少环境污染、保护生态环境。东部地区在推进工业化和城市化的同时，应设立专项资金用于治理和改善环境，保证现存的环境不再遭到破坏，并有计划、有重点地进行治理、改善和提高环境质量。

（4）大力发展环保产业，改革现有制度。由于环境的持续恶化，环保产业应运而生，将企业排出的"三废"变废为宝，为相应产业的发展提供原材料，既保护了环境，又提高了资源的利用率。因此，政府要大力支持环保产业的发展，给予政策和资金上的支持。另外，应将社会效益转化为企业的内部效益，在国家允许的排污限度内，污染生产者（排放者）和消费者（受害者）之间建立一定的补偿制度，符合市场经济通行原则的一种补偿制度，使加快发展与保护环境兼顾起来。

7.2.3 保障条件

除了实现社会经济发展方式转变和资源环境利用模式转变外，实现城市适度人口还需要从人的发展和制度建设方面提出相关保障条件。

（1）提高城市人口的素质水平。人口作为居住在一定地域内的居民总体而言，是数量和质量的统一。自新中国成立以来，人口数量随着社会经济发展的需要经历了大起大落的发展态势，然而，伴随城市化发展的不断深入，人口质量的高低逐渐占据了主导地位，对城市化的发展有着深远的影响，包括人口的身体素质和文化教育素质的提升。

（2）改革人口迁移体制，降低农民进入城市的门槛。随着社会经济的飞速发展、城市化发展的不断深入，改革人口迁移体制已势在必行，改革的方向主要以人口的自由流动和合法迁移为标准。那么，现存的户籍城乡分置制度就应逐步被取消，根据居民居住地的实际情况建立新型的登记制度和变更登记制度。只要居民符合所在地的经济发展要求，有能力生存和生活并为当地社会发展有所贡献，就应有权申领当地户口。另外，附加在户籍制度上的社会经济方面的规定也要逐步改善，如城乡社会保障、教育、就业、住房等方面的问题，要探索一套切实可行的一体化方案，不断缩小城乡社会保障之间的差距，逐步提高社会保障统筹的层次，对其子女的上学和升学问题给予一定的优惠政策，优先在"城中村"推进这方面的改革。当然，在农村户口转变为城市户口的过程中，不能以土地作为交换的条件，"土地换城市户口、换社保"不利于土地集约经营的推进，应寻求一套城乡居民身份自由相互转换的可行办法。

（3）深化土地制度改革，对于进城农民实行土地退出机制。一是对于现有的征地制度实行改革。合理划分公益性用地和非公益性用地，并由此安排土地的所有制结构，无论处于何种理由征收农民非公有性土地，都要按照法定程序给予合理补偿。二是要加快农村建设用地流转，并依照土地规划对城乡土地实行同地、同权、同价。这样做的目的不仅要让农民尝到城市化带来的农村土地增值的实惠，同时还要赋予农村居民与城市居民对于宅基地使用同等的权利。允许农民宅基地使用权在不同集体所有制成员之间以及城乡居民之间转让；在确保耕地面积不减的情况下，允许农民通过旧村合并整治在节省出的建设用地上兴建改善性或商品性住房。三是要加大农村家庭承包地的使用效率。扩大农用地的经营规模，解放更多剩余农村劳动力，进入到第二、第三产业当中，增加农用地生产的科技含量，逐步实现农业现代化。

（4）建立有助于加快城市化发展的政绩考核制度。城市化是一个综合性概念，涉及经济、文化、教育、社会、生态等各个层面，需要农业部、国土资源部、教育部、文化部、人事部和社会保障部、环保部等政府各个部门的相互配合与协调，因此，建议成立国家统筹城乡发展领导小组，主要职责是制定相关政策，用于协调各部委对于城市化发展的推进。各级政府都要成立相应的机构，协调地方各有关部门对于推进城市化发展的作用。

另外，评价政府对于推进城市化发展的效率，需要建立一套切实可行的政绩考核制度，如把一个城市的城市化水平、"城中村"改造程度、进城务工农民参加社会保险的比例、农民工居有其所的比重、农民工子女受教育的比重、农民工与本市居民享受同等社会保障与医疗保障的比重等列入各级政府及官员的政绩考核指标体系，从而使加快城市化成为各级政府和官员追求政绩的自觉行动。

参 考 文 献

[1] A·索维. 人口通论 [M]. 北京：商务印书馆，1983.

[2] D.J. 博格. 人口学原理 [M]. 威利出版社 1969：753-754.

[3] E.G. 雷文斯坦. 人口迁移的规律 [M] //周叔莲，金碚. 国外城乡经济关系理论比较研究. 北京：经济管理出版社，1993：85.

[4] G.E. 兹普. 人类行为和最小努力原则 [M]. 爱迪生—威斯利出版公司，1949.

[5] 阿尔弗雷·索维，著. 人口通论（上）[M]. 北京经济学院经济研究所人口研究室译. 北京：商务印书馆，1978.

[6] 埃弗雷特·S·李 [M] //顾宝昌编. 社会人口学的视野——西方社会人口学要论选，译. 商务印书馆，1992.

[7] 曹强. 我国城市化发展中政府行为和市场行为机制研究述评[J]. 河南理工大学学报（社会科学版），2009（1）：62-65.

[8] 曹裕，陈晓红，马跃如. 城市化、城乡收入差距与经济增长——基于我国省级面板数据的实证研究 [J]. 统计研究，2010（3）：29-36.

[9] 查尔斯·范·马丙威耶克. 中级国际贸易学：国际贸易与世界经济 [M]. 上海：上海财经大学出版社，2006.

[10] 陈波翀，郝寿义. 自然资源对中国城市化水平的影响研究 [J]. 自然资源学报，2005（3）：394-399.

[11] 陈明星，陆大道，张华. 中国城市化水平的综合测度及其动力因子分析 [J]. 地理学报，2009（4）：387-398.

[12] 陈如勇. 中国适度人口研究的回顾与再认识 [J]. 中国人口. 资源与环境，2000（1）：36-38.

[13] 陈淑云，付振奇. 城市化、房地产投资与经济增长的关系分

析——以湖北省1990～2009年时间序列数据为例 [J]. 经济体制改革，2012 (2)：30-35.

[14] 陈文峰，孟德友，贺振. 河南省城市化水平综合评价及区域格局分析 [J]. 地理科学进展，2011 (8)：978-985.

[15] 大卫·李嘉图. 政治经济学及赋税原理 [M]. 北京：光明日报出版社，2009.

[16] 戴利. 超越增长：可持续发展经济学 [M]. 上海：上海译文出版社，2005.

[17] 戴维·皮尔斯，杰瑞米·沃福德，著. 世界无末日：经济学、环境与可持续发展 [M]. 北京：中国财政经济出版社，1996.

[18] 丹尼斯·梅多斯等. 增长的极限 [M]. 北京：机械工业出版社，2006.

[19] 丁任重，刘攀. 中国省级生态占用与承载力分析：1978～2007 [J]. 经济学动态，2009 (11).

[20] 杜江，刘渝. 城市化与环境污染：中国省际面板数据的实证研究 [J]. 长江流域资源与环境，2008 (6)：825-830.

[21] 方创琳，王德利. 中国城市化发展质量的综合测度与提升路径 [J]. 地理研究，2011 (11)：1931-1946.

[22] 方铭，徐振成，彭晓春，董家华. 人口城市化与城市环境定量关系研究——以广州市为例 [J]. 安徽农业科学，2009 (34)：17041-17044.

[23] 方音，姚丽丽. 山东省区域城市化水平综合测度研究 [J]. 城市发展研究，2006 (4)：19-24.

[24] 郭晔，赵艳群. 城市化演进与经济增长关系研究评述 [J]. 经济学动态，2009 (1)：109-114.

[25] 国家城调总队福建省城调队课题组. 建立中国城市化质量评价体系及应用研究 [J]. 统计研究，2005 (7)：7-15.

[26] 韩旭. 中国环境污染与经济增长的实证研究 [J]. 中国人口、资源与环境，2010 (4)：85-89.

[27] 韩燕，聂华林. 我国城市化水平与区域经济增长差异实证研究 [J]. 城市问题，2012 (4)：22-26.

[28] 侯学英. 中国城市化发展时空差异分析 [M]. 经济科学出版

社，2008.

［29］胡鞍钢．城市化是今后中国经济发展的主要推动力［J］．中国人口科学，2003（6）：5-12．

［30］胡少维．加快城镇化步伐促进经济发展［J］．当代经济研究，1999（10）：40-45．

［31］黄晨熹．人口容量研究：回顾与展望［J］．地域研究与开发，1996（3）：10-14．

［32］蒋洪强，张静，王金南，张伟，卢亚灵．中国快速城镇化的边际环境污染效应变化实证分析［J］．生态环境学报，2012（2）：293-297．

［33］蒋南平，曾伟．土地资源与城市化发展：理论分析与中国实证研究［J］．经济学家，2012（4）：52-62．

［34］金荣学，解洪涛．中国城市化水平对省际经济增长差异的实证分析［J］．管理世界，2010（2）：167-168．

［35］靳玮，徐琳瑜，杨志峰．城市适度人口规模的多目标决策方法及应用［J］．环境科学学报，2010（2）：438-443．

［36］克劳德·F·齐梅曼．适度人口经济理论［M］．北京：北京大学出版社，1996．

［37］李竟能．现代西方人口理论［M］．上海：复旦大学出版社，2004．

［38］李林．中国城市化质量差异与其影响因素研究［M］．北京：中国农业出版社，2008．

［39］李善同．中国城市化过程存在的主要问题及对策［J］．中国建设信息，2008（6）：6．

［40］李双成，赵志强，王仰麟．中国城市化过程及其资源与生态环境效应机制［J］．地理科学进展，2009（1）：63-70．

［41］李义平．论中国经济发展中的失衡与校正［J］．经济学动态，2011（4）：79-83．

［42］凌亢．城市经济发展与环境污染关系的统计研究——以南京市为例［J］．统计研究，2001（10）：46-54．

［43］刘传江．论城市化的生成机制［J］．经济评论，1998（5）：57-62．

[44] 刘雅轩, 张小雷, 雷军. 新疆适度人口初步研究 [J]. 干旱区资源与环境, 2007 (5): 35 – 40.

[45] 刘亚臣, 常春光. 基于层次分析法的城镇化水平模糊综合评价 [J], 沈阳建筑大学学报, 2008 (1): 132 – 136.

[46] 刘雁, 刘春艳. 基于 P – R – E 模型的区域适度人口研究 [J]. 社会科学战线, 2009 (11): 271 – 273.

[47] 刘耀彬, 李仁东, 宋学锋. 城市化与城市生态环境关系研究综述与评价 [J]. 中国人口. 资源与环境, 2005 (3): 55 – 60.

[48] 刘耀彬, 李仁东. 转型时期中国城市化水平变动及动力分析 [J]. 长江流域资源与环境, 2003 (1): 8 – 12.

[49] 刘耀彬, 杨新梅. 基于内生经济增长理论的城市化发展中资源环境 "尾效" 分析 [J]. 中国人口. 资源与环境, 2011 (2): 24 – 30.

[50] 刘勇. 中国城镇化发展的历程、问题和趋势 [J]. 经济与管理研究, 2011 (3): 20 – 26.

[51] 吕健. 城市化驱动经济增长的空间计量分析: 2000 ~ 2009 [J]. 上海经济研究, 2011 (5): 3 – 15, 43.

[52] 马磊. 中国城市化与环境质量研究 [J]. 中国人口科学, 2010 (2): 73 – 81.

[53] 毛泽东. 论十大关系 [N]. 人民日报, 1956 – 12 – 26.

[54] 毛志锋. 适度人口与控制 [M]. 西安: 陕西人民出版社, 1995.

[55] 梅多斯等. 增长的极限 [M]. 北京: 机械工业出版社, 2006.

[56] 穆勒. 政治经济学原理 [M]. 北京: 华夏出版社, 2009.

[57] 牛文元, 刘怡君. 2012 中国新型城市化报告 [M]. 北京: 科学出版社, 2012.

[58] 欧向军, 甄峰, 秦永东, 朱灵子, 吴泓. 区域城市化水平综合测度及其理想动力分析 [J]. 地理研究, 2008 (9): 993 – 1002.

[59] 彭松建. 西方人口经济学概论 [M]. 北京: 北京大学出版社, 1987.

[60] 彭宇柯. 经济适度人口规模研究——以湖南省为例 [J]. 生产力研究, 2011 (9): 10 – 13.

[61] 史文利，高天宝，王树恩．基于主成分分析与聚类分析的城市化水平综合评价 [J]．工业工程，2008 (5)：112 - 115.

[62] 世界环境与发展委员会编，王之佳等译．我们共同的未来 [M]．长春：吉林人民出版社，1997.

[63] 世界自然保护同盟 (IUCN)，联合国环境规划署 (UNEP) 和世界野生生物基金会 (WWF)．保护地球：可持续生存战略 [M]．北京：中国环境科学出版社，1992.

[64] 斯帕思．环境：技术长青 [M]．北京：中国环境科学出版社，1989.

[65] 宋建波，武春友．城市化与生态环境协调发展评价研究——以长江三角洲城市群为例 [J]．中国软科学，2010 (2)：78 - 87.

[66] 宋健，于景元．人口控制论 [M]．北京：科学出版社，1985.

[67] 苏雪串．城市化发展中的要素集聚、产业集群和城市群发展[J]．中央财经大学学报，2004 (1)：49 - 52.

[68] 孙本文．八亿人口是我国最适宜的人口数量 [N]．文汇报，1957 - 5 - 11.

[69] 孙文凯．城市化与经济增长关系分析——兼评中国特色 [J]．经济理论与经济管理，2011 (4)：33 - 40.

[70] 覃子建．我国城市环境问题及其对策 [J]．中国人口、资源与环境，2000 (s2)：55 - 56.

[71] 田雪原，陈玉光．从经济发展角度探讨适度人口 [C]．第三次全国人口科学讨论会论文选集，1981.

[72] 田雪原．人口老龄化与可持续发展 [J]．中国人口．资源与环境，2001 (1)：66 - 70.

[73] 田雪原．人口、资源、环境可持续发展宏观与决策选择 [J]．人口研究，2001 (4)：1 - 11.

[74] 托马斯·罗伯特·马尔萨斯．人口原理 [M]．西安：陕西师范大学出版社，2008.

[75] 王爱民，尹向东．城市化地区多目标约束下的适度人口探析——以深圳为例 [J]．中山大学学报（自然科学版），2006 (1)：116 - 120.

[76] 王国刚．城镇化：中国经济发展方式转变的重心所在 [J]．经济

研究, 2010 (12): 70-81, 148.

[77] 王家庭, 唐袁. 我国城市化质量测度的实证研究 [J]. 财经问题研究, 2009 (12): 127-132.

[78] 王稳琴, 王成军, 刘大龙. 中国城市化与经济增长关系研究[J]. 山西大学学报 (哲学社会科学版), 2011 (2): 123-128

[79] 王小鲁. 城市化与经济增长 [J]. 经济社会体制比较, 2002 (1): 23-32.

[80] 王新建, 高建昆. 较高人均生活水平: 中国适度人口研究的一个主要变量 [J]. 马克思主义研究, 2010 (2): 47-56.

[81] 王颖, 黄进, 赵娟莹. 多目标决策视角下中国适度人口规模预测 [J]. 人口学刊, 2011 (4): 21-29.

[82] 吴瑞君, 朱宝树, 王大犇. 开放型区域经济适度人口的研究方法及其应用 [J]. 人口研究, 2003 (5): 19-24.

[83] 吴忠观, 刘家强. 对四川人口容量的初步研究 [J]. 财经科学, 1994 (1): 50-52.

[84] 吴忠观. 人口增长理论: 马克思主义与西方学者比较研究 [J]. 财经科学, 1997 (6): 24-27.

[85] 项本武, 张鸿武. 城市化与经济增长的长期均衡与短期动态关系——基于省际面板数据的经验证据 [J]. 华中师范大学学报 (人文社会科学版), 2013 (2): 47-54.

[86] 徐建华. 论人口容量及其研究方法 [J]. 地理学与国土研究, 1995 (3): 11-16.

[87] 徐建中, 毕琳. 基于因子分析的城市化发展水平评价 [J]. 哈尔滨工程大学学报, 2006 (2): 313-318.

[88] 徐琳瑜, 杨志峰, 毛显强. 城市适度人口分析方法及其应用[J]. 环境科学学报, 2003 (3): 355-359.

[89] 徐亲知, 徐大鹏. 关于大庆适度人口问题的研究及其意义 [J]. 工业技术经济, 2000 (5): 38-39.

[90] 薛俊菲, 陈雯, 张蕾. 中国市域综合城市化水平测度与空间格局研究 [J]. 经济地理, 2010 (12): 2005-2011.

［91］亚当·斯密．国民财富的性质与原因的研究［M］．商务印书馆，1972．

［92］杨波，吴聘奇．城市化发展中城市集中度对经济增长的影响［J］．社会科学研究，2007（4）：20－26．

［93］杨垣国．适度人口新论［J］．人口学刊，2001（6）：3－7．

［94］姚士谋，陈振光，武清华等，我国城市群总体发展趋势与方向初探［J］．地理研究，2010（8）：1345－1354．

［95］俞宪忠．适度人口理论与适度流动人口［J］．山东师范大学学报（人文社会科学版），2005（2）：91－95．

［96］袁晓玲，杨万平．政府、居民消费与中国经济增长的因果关系［J］．当代经济科学，2008（5）：49－56．

［97］原华荣．适度人口的分野与述评［J］．浙江大学学报（人文社会科学版），2002（6）：12－20．

［98］原华荣．"适度人口"的分野与述评［J］．浙江大学学报（人文社会科学版），2002（6）：12－20．

［99］原新．可持续适度人口的理论构想［J］．人口与经济，1999（4）：34－39．

［100］约翰·穆勒．政治经济学原理［M］．华夏出版社，2009．

［101］曾勇，吴永兴，俞小明，蒋晔．上海市浦东新区土地利用与适度人口规模研究［J］．人文地理，2004（6）：30－35．

［102］张帆，王新心．秦皇岛市适度人口规模研究［J］．城市问题，2001（6）：54－57．

［103］张福生．秦皇岛人口城市化的现状与对策［J］．人口战线，1996（2）：10－12．

［104］张文忠．我国城市化过程中应注意土地资源减少的几个问题［J］．中国人口．资源与环境，1999（1）：36－40．

［105］张晓．中国环境政策的总体评价［J］．中国社会科学，1999（5）：88－99．

［106］章振华．中国城市化研究的一部有价值的新著——简评《明清时期杭嘉湖市镇史研究》［J］．中国社会经济史研究，1995（1）：102－103．

［107］赵晓，岳安时."人的城镇化"才能推动消费［ED/OL］. http：//house. hexun. com/2013 - 01 - 12/150086575. html.

［108］中共中央马克思列宁恩格斯斯大林著作编译局编译. 马克思恩格斯全集（第46卷）. 资本论（第3卷，第2版）［M］. 北京：人民出版社，2003.

［109］中国经济增长前沿课题组，张平，刘霞辉. 城市化、财政扩张与经济增长［J］. 经济研究，2011（11）：4 - 20.

［110］朱宝树. 人口与经济—资源承载力区域匹配模式探讨［J］. 中国人口科学，1993（6）：8 - 13.

［111］朱栋梁. 论人口与环境可持续发展［J］. 山西财经大学学报，2000（2）：13 - 17.

［112］朱国宏. 人地关系论［J］. 人口与经济，1995（1）：18 - 24.

［113］朱孔来，李静静，乐菲菲. 中国城镇化进程与经济增长关系的实证研究［J］. 统计研究，2011（9）：80 - 87.

［114］朱孔来. 中国城镇化进程与经济增长关系的实证研究［J］. 统计研究，2010（9）：80 - 87.

［115］朱铁臻著. 城市现代化研究［M］. 北京：红旗出版社，2002.

［116］Acemoglu, Daron, and Simon Johnson（2003）, Unbundling Institutions, NBER Working Paper, No. 9934.

［117］Berry B JL., City classification handbook; methods and Applications［M］. New York; John Wiley & Sons, 1970.

［118］Black, D., Henderson, V., Urban evolution in the USA. Journal of Economic Geography 3（2003）：343 - 372.

［119］Brakman, S., Garretsen, H., Schramm, M., The strategic bombing of German cities during WWII and its impact on city growth. Journal of Economic Geography4（2004）：201 - 218.

［120］Brian C. O'Neill, Xiaolin Ren, Leiwen Jiang, Michael Dalton, The effect of urbanization on energy use in India and China in the iPETS model. Energy Economics 34（2012）：339 - 345.

［121］Coran Ohlin, Population Control and Economic Development, Paris,

1968.

［122］ David Pimentel, Rebecca Harman. Natural Resources and an Optimum Human Population. Population & Environment, May 94, Vol. 15 Issue 5: 347 – 369.

［123］ Dobkins, L. H. , Ioannides, Y. M. , Spatial interactions among U. S. cities: 1900 – 1990. Regional Science and Urban Economics 31 (2001): 701 – 731.

［124］ Edwin. Cannan, The Influence of Population on Produce. A review of Economic Theory. London and Edinburgh: P. S. King, 1929: 62 – 88.

［125］ Ehrlich, Paul R. and Holdren, John P. , Impact of Population Growth. Science, Vol. 171, No. 3977, Mar 1971: 1212 – 1217.

［126］ Ehrlich, P. R. & A. H.. The Population Explosion. Mar. 1993 PDR Vol. 19, No. 1.

［127］ Forman, R. T. , Land Mosaics: The Ecology of Landscapes and Regions. Cambridge University Press, 1995.

［128］ Garrett Hardin, The Tragedy of the Commons, Science, 162 (1968): 1243 – 1248.

［129］ Gene M. Grossman, Alan B. Krueger. Economic Growth and the Environment. Quarterly Journal of Economics, May 1995, v. 110, iss. 2: 353 – 377.

［130］ Grimm N B, Global Change and The Ecology of Cities. Science, Vol. 319, No. 5864, Feb2008: 756 – 760.

［131］ Gustav Ranis. John C Fei, A Theory of Economic Development. American Economic Review, Sep61, Vol. 51 Issue 4: 533 – 565.

［132］ Hannu Tervo, Cities, hinterlands and agglomeration shadows: Spatial developments in Finland during 1880 – 2004. Explorations in Economic History 47 (2010): 476 – 486.

［133］ Hawley, Amos H. , Human Ecology: A Theory of Community Structure, 1950. New York: Ronald, P. 10.

［134］ Hope, Kempe Ronald, Sr. , Urbanization and the Environment in Southern Africa Towards a Managed Framework for the Sustainability of Cities. Journal of Environmental Planning and Management, Vol. 42, No. 6, Nov1999: 837 – 859.

[135] James Andreoni, Arik Levinson. The Simple Analytics of the Environmental Kuznets Curve. Journal of Public Economics, May 2001, v. 80, iss. 2: 269 – 286.

[136] James A. Yunker, An Empirical Estimate of Optimum Population: Reply. Nebraska Journal of Economics & Business, Spring74, Vol. 13 Issue 2: 63 – 72.

[137] James A. Yunker, A Statistical Estimate of Optimum Population in The United States. Nebraska Journal of Economics & Business, Winter73, Vol. 12 Issue 1: 3 – 11.

[138] J. Dirck Stryker, Optimum Population in Rural Areas: Empirical Evidence From The Franc Zone. Quarterly Journal of Economics. May77, Vol. 91 Issue 2: 177 – 193.

[139] J. Kenneth Smail, Remembering Malthus II: Establishing Sustainable Population Optimums. American Journal of Physical Anthropology, Nov2003, Vol. 122 Issue 3: 287 – 294.

[140] Joseph L. Fisher. Impact of Population on Resources and the Environment. American Economic Review, May71, Vol. 61 Issue 2: 392 – 398.

[141] Juan Antonio Duro, Emilio Padilla. International Inequalities in Per Capita CO_2 Emissions: A Decomposition Methodology by Kaya Factons. Energy Economics, Volume 28, Issue 2, Mar2006: 170 – 187.

[142] Juan Francisco Muñoz, Optimum ratio estimators for the population proportion. International Journal of Computer Mathematics, Feb2012, Vol. 89 Issue 3: 357 – 365.

[143] Keyfitz, N. , Population Growth, Development and Environment. Population Studies, 1996 Vol. 50, No. 3.

[144] Klaus Jaeger & Wolfgang Kuhle, The optimum growth rate for population reconsidered. Journal of Population Economics, Jan2009, Vol. 22 Issue 1: 23 – 41.

[145] Lewis. W. A. 1954. Economic Development with Unlimited Supplies of Labor. Manchester School of Economics and Social Studies. Vol. 22 (2): 139 – 191.

[146] Lowry, I. S. : Migration and Metropolitan Growth: Two Analytical

Models, Chandler, 1966.

[147] Marietta A. Constantinides, Optimum Population, Overlapping Generations and Social Security in a Model Maximizing u (c1, c2, X), Journal of Economics. 1987, Vol. 47 Issue 1: 69 – 75.

[148] Michael P. Todaro. A Model of Labor Migration and Urban Unemployment in Less Developed Countries. American Economic Review, Mar1969, Vol. 59 Issue 1: 138 – 149.

[149] M. R. Narayana, Optimum Population Size for a Regional Economy: An Analytical Approach. Indian Journal of Quantitative Economics, 1988, v. 4, iss. 2: 77 – 83.

[150] Oliver E. Williamson, The Logic of Economic Organization. Journal of Law, Economics, &Organization, Vol. 4, No. 1 (Spring, 1988): 65 – 93.

[151] Overman, H. G. , Ioannides, Y. , Cross-sectional evolution of the US city size distribution. Journal of Urban Economics 49 (2001): 543 – 566.

[152] Panayotou, T. , 1993, Empirical Tests and Policy Analysis of Development, ILO technology and Employment Programme Working Paper, WP238.

[153] Paul A. Samuelson, Economics, New York: McGrow – Hill, 1970: 550.

[154] Pearce D. Environmentalism and the Green Economy. Environment and Planning A, July 1990, v. 22, iss. 7: 852 – 854.

[155] P. S. Dasgupta, On the Concept of Optimum Population. Global aspects of the environment, Volume 2, 1999: 343 – 366.

[156] Richard T. Carson a1, Yongil Jeon a1 and Donald R. McCubbin. The relationship between air pollution emissions and income: US Data. Environment and Development Economics, Vol. 2, 1997: 433 – 450.

[157] Robert E. Lucas, Life Earnings and Rural – Urban Migration. Journal of Political Economy, Part 2 Supplement February 2004, v. 112, iss. 1: 29 – 59.

[158] Shen, J. 1995. Rural Development and Rural to Urban Migration in Chian 1978 – 1990. Geoforum, No. 26: 395 – 409.

[159] Smil, V. . How Many People Can the earth feed? Jun. 1994 PDR Vol. 20, No. 3.

［160］ Song, Shunfeng, Zhang, K. H. 2002. Urbanization and City Size Distribution in china. Urban Studies, Vol. 9, No. 12: 2317 – 2327.

［161］ Thomas Renström & Luca Spataro, The Optimum Growth Rate for Population under Critical – Level Utilitarianism. Journal of Population Economics, July 2011, v. 24, iss. 3: 1181 – 1201.

［162］ Timothy D. Hogan, A Note on Empirical Estimation of Optimum Population. Nebraska Journal of Economics & Business, Winter74, Vol. 13 Issue 1: 70 – 73.

［163］ Vincent J. Testing for Environmental Kuznets Curves with in a developing country. Environment and Developmental Economics. 1997 (2).

［164］ Volker Krey, Brian C. O'Neill, Bas van Ruijven, Vaibhav Chaturvedi, Vassilis Daioglou, Jiyong Eom, Leiwen Jiang, Yu Nagai, Shonali Pachauri, Xiaolin Ren, Urban and rural energy use and carbon dioxide emissions in Asia. Energy Economics 34 (2012): 272 – 283.

［165］ Von Thunen, J. H. Der Isoliorte Staat in Beziehung auf Landschaft und National okonomie. Hamburg, 1826. (English Translation by C. M. Wartenberg, Von Thunen's Isolated State. Oxford: Pergamon Press, 1966).

［166］ W. Arthur Lewis. Economic Development with Unlimited Supplies of Labour. The International Political Economy and the Developing Countries, Volume 1, 1995: 119 – 171.

［167］ Weber, Anda Ferrin, The Growth of The Cities in Nineteenth Century. New York: Macmillan Publisher Ltd. , 1899: 21 – 22.

［168］ Yoichi Kaya. Impact of Carbon Dioxide Emission on GNP Growth: Interpretation of Proposed Scenarios ［R］. Presentation to the Energy and Industry Subgroup, Response Strategies Working Group, IPCC, Paris: 1989.